了不起的世界之最

动物之最

DONGWU ZHI ZUI

王旭东◎主编

SPM 南方传媒 | 广东人民出版社
·广州·

图书在版编目（CIP）数据

了不起的世界之最：全 8 册 / 王旭东主编． — 广州：广东人民出版社，2024.1

ISBN 978-7-218-17241-5

Ⅰ．①了… Ⅱ．①王… Ⅲ．①科学知识—少儿读物 Ⅳ．① Z228.1

中国国家版本馆 CIP 数据核字（2023）第 252144 号

LIAOBUQI DE SHIJIE ZHI ZUI

了不起的世界之最

王旭东 主编

出 版 人：肖风华

责任编辑：马妮璐
责任技编：吴彦斌
装帧设计：朝旭文化

出版发行：广东人民出版社
地　　址：广东省广州市越秀区大沙头四马路 10 号（邮政编码：510199）
电　　话：（020）85716809（总编室）
传　　真：（020）83289585
网　　址：http://www.gdpph.com
印　　刷：天津泰宇印务有限公司
开　　本：890mm×1240mm 1/32
印　　张：24　　字　　数：230 千
版　　次：2024 年 1 月第 1 版
印　　次：2024 年 1 月第 1 次印刷
定　　价：138.00 元（全 8 册）

如发现印装质量问题，影响阅读，请与出版社（020-85716849）联系调换。
售书热线：（020）87716172

前言

人类发展的驱动力，很大一部分来自无穷无尽的好奇心，因此人类对于未知事物有着永无止境的探索欲望。面对充满奥秘的世界，我们不禁想要知道：最高的山有多高？最大的动物是什么？最像地球的行星是哪颗？

我们在满怀疑问探索大自然的同时，不知不觉间也创造了许多难以想象的奇迹：第一盏电灯、最高的建筑、第一个进入太空的人……各种各样的“世界之最”彰显出大自然的独特魅力、历史的源远流长、宇宙的神秘莫测以及人类的无穷智慧。

为此，我们编写了《了不起的世界之最》系列丛书，按地理、动物、植物、宇宙、建筑、人类、国家、文艺八个主题，讲解一个个令人眼界大开的“世界之最”。本套丛书每册为一个主题，每篇内容紧扣每个“世界之最”的突出

特点，并设置了生动的小标题，有助于小读者快速理解相应的知识。

本套丛书注重内容的知识性与趣味性，选用大量有趣的真实事例，使用前沿数据资料，从少年儿童的认知水平以及阅读能力出发，用生动活泼的语言给小读者讲解众多新奇、罕见的科学知识，将小读者领进丰富多彩的科学世界，使小读者在开阔视野的同时收获知识，提高综合能力。

本套丛书体例编排注重各篇章间的逻辑层次和内在联系，海量的知识并非简单生硬地罗列，而是有着清晰的结构和明显的层次感；版式灵活多变，插图精美清晰、富有视觉冲击力，让知识一目了然，给小读者展示了一个个直观、真实、精彩的“世界之最”。

总而言之，本套丛书集合了诸多领域的科学知识，视角独特、内容全面、图文并茂，能够为小读者打开知识的大门，满足小读者旺盛的好奇心和强烈的求知欲，让孩子在阅读中锻炼探索能力，提高综合素养。

现在，请小读者翻开本书，去探寻那些令人大开眼界的“世界之最”、领略世界的独特魅力吧！

目录

奔跑最快的动物

在弱肉强食的动物世界中，速度往往能够决定动物的生死。捕食者利用它们超群的速度抓捕猎物，没有特殊防御本领的动物则只能依靠速度来逃命，否则就会成为捕食者的美餐。而陆地上奔跑最快的动物，就是大名鼎鼎的猎豹。

短跑王者

猎豹是食肉目猫科动物，是猎豹属下仅有的物种。猎豹身材瘦削，四肢细长，趾爪较直，头小而圆，全身淡黄并长有许多小黑点。

猎豹以鹿类、羚羊、野兔等为猎物，这些猎物中有些非常善于奔跑，如羚羊拼命奔跑的速度会超过每小时 70 千米。而猎豹追捕猎物时的速度

能达到每小时 110 千米，换算一下约为 30.6 米 / 秒。要知道，人类百米赛跑的世界纪录是 9.58 秒，所以猎豹的奔跑速度是人类无法企及的。

但是，猎豹很难以最快的速度长时间奔跑，这是因为猎豹的呼吸系统和循环系统在时速 110 千米以上时会处于超负荷运转状态，身体无法把囤积的热量快速排出。所以猎豹只能短跑几百米，之后便自动减速，以免因过热而死。因此猎豹一般都会尽力捕捉近处的猎物。

完美的奔跑机器

由于猎豹的爪子露在外面，且不能完全缩回，因此猎豹是唯一无法上树的猫科动物。虽然失去了猫科动物普遍具备的攀爬技能，但独特的身体构造却让猎豹成为完美的奔跑机器。它的脚掌就像天生的“钉鞋”，外露的爪子是鞋底的铁钉，粗糙的脚掌则是橡胶鞋底，让猎豹在奔跑时能更有力地抓住地面，并借力蹬踏。流畅矫健的躯干、修长的四肢和较小的头部能减少奔跑时的风阻。硬而长的尾巴宛如一个质地良好的风舵，保持了奔跑时的重心平衡并控制着急弯造成的离心力。种种造物的绝妙设计令猎豹成为陆地上跑得最快的动物。

猎豹在奔跑时通常只有一足触地，中间有段时间还会四肢离地，就像一台不受重力羁绊、准备起飞的机器，能够在奔跑与飞翔之间找到最佳的平衡点。当它用头骨撞倒猎物后，就用门齿切入猎物的喉咙，等猎物逐渐窒息后，它就可以开始享用自己的美餐。

趣味大发现

猎豹是天生的短跑健将，还有着运动员一样规律的作息，通常日出而作、日落而息。一般早晨5点左右开始外出觅食，中午还会午休，但午睡时会每隔几分钟起来查看一下，看看周围有什么危险。一般猎豹每次只捕杀一只猎物，每天行走约5千米，最多十几千米。虽然它善于奔跑，但是行走距离并不远。

体形最大的动物

我们都知道，鲸是动物界中毋庸置疑的巨无霸，鲸类家族中有抹香鲸、座头鲸、露脊鲸等庞然大物，而蓝鲸则是它们中体形最大的。实际上，蓝鲸不仅是现存的世界上最大的动物，也是已知地球上出现过的最大的动物。

海中巨兽

一头成年蓝鲸的身长可达二三十米，体重超过 150 吨，几乎有一架波音 737 飞机那么大。它的心脏大得像

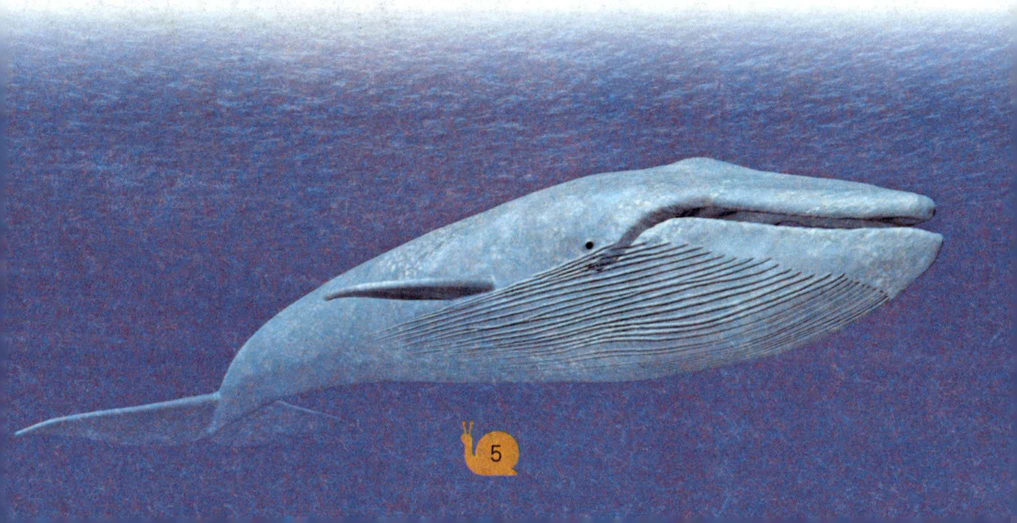

一辆小轿车，舌头上可以同时站立50个人。当它浮出水面呼吸时，喷出的灼热气流至少有9米高，周围还会出现壮观的水柱。即便是刚出生的蓝鲸宝宝，体长也可达7米，体重超过2吨。蓝鲸以大海为家，不畏两极之严寒，不惧赤道之酷暑，往返穿梭于各大洋中。

海上“移动喷泉”

许多人都见过浮出水面的鲸从头顶上喷出高高的水柱，就像一个巨大的喷泉。其实，那是鲸在呼吸。鲸是哺乳动物而不是鱼类，它没有鳃，是用肺来呼吸的。鲸

的鼻孔也被叫作喷水孔，长在头顶上。有些鲸只有一个喷水孔，而另一些鲸，如蓝鲸，则有两个喷水孔。和人类不同，鲸类可以自主选择什么时候进行呼吸。这一点对鲸类十分重要，因为它们无法在水下呼吸，每隔几分钟就要浮出水面一次，喷出气水混合物，再吸入新鲜的空气。

大块头有大饭量

鲸和人类一样都是哺乳动物，因此鲸也有哺育幼崽的行为。蓝鲸的乳汁有着丰富的营养，是蓝鲸宝宝最爱的美味。一头鲸宝宝每天要吃掉几百升乳汁。鲸宝宝长到 8 个月时，就可以自己捕食了。

别看蓝鲸有如此大的体形，它的主食却是不到自己体重的千万分之一的磷虾。为了获得足够的能量，一头成年蓝鲸每天要吃掉4000万只磷虾，有4～6吨重。为了填饱肚子，蓝鲸总是张开大嘴，一口吞进50吨的海水，然后利用口中形如梳子的鲸须将海水过滤出去，再将可口的磷虾吞入腹中。

趣味大发现

鲸鱼喷出的水柱是海面上一类奇特的景观，许多渔民将其视作好运的象征，不少人还想亲眼看到，或是近距离感受一下鲸鱼喷出的水柱。千万别这么做，实际上，鲸鱼喷出的水柱是它呼出的废气溅起的水花，其中包含大量的二氧化碳、黏液及微生物，不仅味道难闻，还有强烈的腐蚀性，对人体十分有害。

陆地上最大的哺乳动物

大象是陆地上现存体形最大的哺乳动物，不论是狮子、河马还是犀牛，在大象眼里都是“小不点儿”。虽然大象的体形十分巨大，总是让人敬而远之，但实际上它是性格温和的动物。目前，地球上的大象有两属，分别是非洲象属和亚洲象属。

非洲霸主

非洲象主要分布于非洲地区，是体形最大的一种象，也是现存体形最大的陆生哺乳动物。成年非洲象一般高于 3 米，体重为 2.7～6 吨。它们的耳朵很大，雌、雄象都长有一对较长的牙齿，但雌性的要短一些，四肢粗大

如圆柱，支撑着巨大的身体，膝关节缺乏灵活性。非洲象长鼻末端有 2 个指状突起，非常敏感和灵巧，可以用来抓东西。它们是草食性动物，最喜欢吃多汁的树枝，也会吃香蕉等水果，觅食时用鼻子卷取食物，每天要喝超过 100 升的水。

非洲象是群居动物，通常一个象群有 8 至 30 名成员。在非洲大陆上，狮群是最顶尖的猎食群体，但象群却完全不把狮群放在眼里，毕竟，一头大象已经十分强大了，更何况是一群大象。与狮群类似，象群中也有严格的等级制度，象群的成员们在走路、喝水、交配时都要严格遵照地位高低进行排序，不过，象群成员们之间的关系都十分融洽。值得一提的是，象群的头领并非最强大的雄象，而是由年龄较大、有威信的雌象担任。

亚洲巨人

亚洲象又名印度象，是亚洲哺乳动物中的庞然大物。体形较非洲象小，耳朵也比非洲象小，头顶凸起，四肢粗壮。亚洲象的鼻子是现存动物中最长的，只在鼻末上端有一个突起。雌性亚洲象没有象牙，只有雄性亚洲象长有象牙，象牙长达 1 米多。它们多栖息于热带地区，常在海拔 1000 米以下的沟谷、河边、竹林、树林中游荡，好群居、喜游泳，没有固定的住所，活动范围很广。在我国，亚洲象属于国家一级保护动物。

趣味大发现

在野外，人们很难发现自然死亡的野生非洲象的遗骸，因此许多地方都有着“大象墓地”的传说，传说那里有大量的大象遗骸，是许多偷猎者的“梦想之地”。其实，这都是人们捏造出来的。行将就木的非洲象往往会主动脱离象群，在一个隐蔽的地方迎接死亡，它们死后，很快就被其他动物分食了。它们的骸骨不是被暴雨或泛滥的河水冲散，就是被埋藏于泥沙之下，因此人们很少发现完整的大象遗骸。

体形最大的猫科动物

说起猫科动物，很多人会想起温顺可爱的小猫、灵活迅猛的猎豹，以及威风凛凛的狮子。可别忘了，老虎也是猫科动物，在一些地方，人们还形象地称老虎为“大猫”。事实上，体形最大的猫科动物，就是东北虎。

百兽之王

东北虎也称西伯利亚虎，为世界濒危物种，主要分布在我国东北部和俄罗斯的西伯利亚地区。东北虎是世界稀有动物，也是最大的老虎，属食肉目，猫科。它个子高大，身躯雄伟。一般成年东北虎

身长 2 米以上，头圆、耳短、嘴方阔，四肢粗壮，尾长 1 米以上。背上长着金黄色或棕黄色的毛，腹毛为白色，周身布满黑色条纹，额头上的花纹呈“王”字，号称“百兽之王”。

凶猛的猎手

东北虎居于深山老林之中，有固定的领地，多昼伏夜出，最喜欢吃马鹿和野猪。野猪是一种凶猛而善于奔跑的野兽，论赛跑，东北虎不是野猪的对手。因此东北虎要捕食野猪，只能偷偷地接近野猪，然后乘其不备，突然猛扑过去，常常是野猪来不及防御而成了东北虎的

口中餐。由于东北虎发现野猪之后，总是偷偷跟在后面，野猪走到哪里，它就跟到哪里，好像一个勤勤恳恳的猪倌似的。因此山里人给它起了个雅号叫“猪倌”。

孤独的王者

在长白山所有动物中，东北虎是最凶猛、最厉害的。各种动物都怕它，对它敬而远之。因而东北虎就像个孤独的王者，常常形单影只地漫步在深山老林的各个角落。19 世纪末至 20 世纪初，由于长白山林区的树木不断被采伐，再加上掠夺性的捕猎，那里的东北虎已处于濒临灭绝的境遇。我国野生东北虎的总数量也一度少于 20 只。为了拯救这一珍贵动物资源，我国采取了一系列措施保护东北虎及其生存环境。目前，我国境内东北虎种群已逐渐增加，野生东北虎数量超过了 60 只，它们的栖息环境也在持续恢复。

趣味大发现

虎原本有八个亚种：东北虎、华南虎、孟加拉虎、南亚虎、苏门虎、爪哇虎、里海虎、巴厘虎。20 世纪 30 年代，巴厘虎率先灭绝；1970 年，里海虎也绝种；1972 年，最后一只爪哇虎也在地球上消失了。不到 40 年，先后三个虎种和这个世界告别。但在 2004 年，马来亚虎作为一个新的亚种获得确认。

陆地上最大的食肉动物

食肉动物是指主要以肉类为食物的动物，它们性情凶猛，攻击性强。说起陆地上最大的食肉动物，有人认为是棕熊，有人觉得是老虎……北极熊由于在北极大陆偏安一隅而常被人们忽略，其实它才是食肉动物中真正的“老大”。

北极的霸主

北极熊是陆地上现存的最大的肉食动物。一头雄性成年北极熊体长约 2.5 米，站立起来甚至可以与大象平视，体重可达 1000 千克，雌性北极熊的体重通常是雄性

的一半。北极熊是北极地区最强的猎食者，它有着十分灵敏的嗅觉，即使是数千米外海豹的味道也逃不过它的鼻子，锁定猎物后，北极熊会耐心地接近猎物，然后用自己的熊掌和尖牙将其捕获。北极熊的力量大得惊人，它甚至能够用双掌破开冰面，还能一击重创白鲸。巨大的块头、惊人的力量，以及过人的游泳、奔跑等本领，使北极熊成为北极地区的霸主，没有动物敢与之抗衡。

自带“毛皮大衣”

北极熊之所以能随心所欲地生活在冰天雪地的北极，多亏了那件天生的“毛皮大衣”。从外表看，北极熊披着一身白色的毛，实际上它的毛发是透明的。照到北极熊身上的光线会在这些毛发之间不断折射，导致它看起来是白色的。在这些毛发的帮助下，阳光的热量能够很好地被保存在北极熊体表，这件厚实的“毛皮大衣”还有隔热的作用，可以减少北极熊体内向外散发的热量，此外还能起到防水的作用。

许多人误以为北极熊的皮肤是白色的，其实北极熊的皮肤是黑色的。不信的话，你仔细看看它的鼻子、眼睛及嘴唇周围的皮肤就能看到北极熊皮肤的原貌。黑色的皮肤下面有厚厚的脂肪，这有助于北极熊吸收热量、抵挡寒冷。

糟糕的生存环境

近年来，气候变暖问题日益严重，北极冰川也随之大量融化。并且，由于北极地区越来越多的冰川融化，产生了许多冰川瀑布，这就导致冰川之间的距离逐渐变远，这无疑会让北极熊的生存环境更加糟糕。由于冰川

之间相隔渐远，寻找海豹变得越来越难，北极熊为了捕食往往要跋山涉水，走很远的路，许多时候甚至一无所获。有学者曾预测，由于气候变暖，越来越多的北极熊将无处栖身，其种群数量也将急剧减少，到了2100年甚至可能面临灭绝。

趣味大发现

北极熊在下水捕猎、回到岸上后，经常会在雪地上打几个滚，看起来十分滑稽，其实这是北极熊的特殊习性。由于北极熊的块头很大，散热会比较慢，在雪地上打滚能够让它们感到凉爽。并且，北极熊的毛发在变脏时，或因下水而沾有盐分时，保暖效果会受到影响，因此北极熊会用抖动身体或是打滚等方式来清洁自己的皮毛。

最大的灵长类动物

灵长类动物是最高等的哺乳动物，灵长类动物的特点是大脑发达、手脚灵活。灵长类共有500多个物种，人就是其中的一种。这些物种体形差距很大，大猩猩是其中体形最大的，它身材魁梧，力量惊人，素有“金刚”的称号。

生活习性

大猩猩是现存体形最大的灵长类动物。大猩猩身体粗壮，身高与人类差不多，但体重比人类要重得多。它没有尾巴，嘴巴大，鼻孔大，眼睛小，耳朵小。犬齿特别发达，齿式与人类相同。前肢长于后肢，垂立时过膝。体毛粗硬，呈灰黑色，毛基呈黑褐色。成年雄性大猩猩腰背部为灰白色；老年雄性大猩猩的背部为银灰色，胸部没有毛。

大猩猩主要生活在地面上，用后脚底和前肢的指关

节走路。不过许多大猩猩也喜欢吃高挂在树上的果实，体重比较轻的个体甚至可以用它的上肢从一棵树上荡到另一棵树上，而幼年大猩猩则会在树上嬉戏。虽然大猩猩偏好吃果实，但在很难获得果实的地区或时期，它也会吃树叶、木髓和茎干。

相隔遥远的同胞

大猩猩生活在非洲，分为东非大猩猩和西非大猩猩两个种类，都过着一夫多妻的家族式群居生活，群体成员组成较为稳定，同一批成年大猩猩会一起活动好几个

月甚至好几年。东非与西非的大猩猩的群体数量不同，东非的大猩猩群体数量较多，15～20 只的群体并不少见，有的群体数量甚至超过 30 只；而西非的大猩猩，一个群体似乎很少超过 10 个成员。不过，两种大猩猩的共同点是，群体的首领一般由一只年龄较大、身体强壮、富有经验的“银背大猩猩”担任，因为这些首领的背部通常有银白色的鞍状斑纹，因此被称为“银背”。

两种大猩猩生活在非洲的两片间隔很远的地区，科学家推断它们最初有可能是在中新世时被刚果盆地的湖泊分开的，后来由于湖泊渐渐干涸、森林逐渐生长到海拔更高的地区等原因，这两种大猩猩都没有再回到刚果盆地，于是渐渐变成了两个种类。

趣味大发现

除人类外，大猩猩是陆地上最聪明的动物之一，它不仅可以学会上百种用手语表示的“单词”，甚至能使用简单的“短语”。由于有着粗犷的外表、巨大的力气，还有经常捶打胸膛的动作，大猩猩常被人们“冤枉”成凶残的动物。事实上，大猩猩是非常温柔的巨人，雄性成年大猩猩只有在争夺配偶或者保护家人时才具有攻击性。

最懒的哺乳动物

懒是大多数动物的天性，除了进行寻找食物、躲避天敌、求偶及繁育后代等行为时，一般的动物都会尽量减少活动以保存体力。但是有一种动物，它懒到了极点，它不爱移动、总在睡觉，甚至懒得寻找食物，它就是最懒的哺乳动物——树懒。

食来伸手

树懒大多数时间都待在树上，以树叶、嫩芽和果实为食。它的外形和猴子有些相似，头又圆又小，耳朵也很小，而且隐没在毛中，有短粗的小尾巴。它主要生活在南美洲的潮湿树林中。树懒行动极其缓慢，这是为了最大限度地保存能量。由于树懒生活在热带地区，那里的树叶

生长很快，汁水丰富，生长环境也很潮湿。因此树懒几乎不用移动，食物和水就随手可得了。但是这些食物并不能提供充足的营养和能量，所以树懒只能尽量减缓移动速度来减少能量的损耗。另外，由于树懒长期不动，所以肌肉退化严重，也就不能支持它频繁地高速移动了。

“倒挂金钩”

倒挂在树上是树懒的习性，它可以四肢朝上，脊背朝下，一动不动地挂在树上几小时，饿了就摘些树叶吃，食物不足时，它也懒得去寻找，它有忍饥挨饿的本事，饿上十天半个月，仍然安然无恙。树懒能长时间地挂在树上，是因为它有一副发达的钩状爪，能够牢固地抓住树枝，并能吊起它几千克重的身体。它能倒悬着进行攀爬和移动，从不会跌落下来；它休息、行动，几乎都是颠倒的生活。由于它长期栖息在树上，偶尔到了平地，走起路来摇摇晃晃，难以立足，已经失去了步行的平衡能力。

伪装能手

树懒有高明的伪装本领，因而又有“拟猴”的别名。它很会模拟绿色植物。它本来的毛色是灰褐色的，由于长期悬挂在树上，身上长满绿色的藻类、地衣等，给它增添了一层保护色，挂在树上十分隐蔽，使它非常不易被敌

害发现。这些绿色的藻类，靠树懒身上排出的蒸汽、呼出的二氧化碳，而滋生在它长毛的表面上。这些藻类除了给树懒以伪装，又给吃藻类生活的昆虫幼虫提供了共生的环境。它们靠树懒为生，树懒靠它们伪装保护自己。

趣味大发现

我们常常把行动缓慢比喻成乌龟爬，其实树懒比乌龟爬得还要慢。树懒虽然长着后腿但不能走路，主要靠前肢拖动身体前行，平常树懒每秒钟移动 6 厘米左右，遇到危险也不超过每秒 20 厘米，因此移动 100 米的距离，往往需要 1 个小时以上，因此树懒也是世界上走得最慢的动物。尽管如此，在水里，树懒却是游泳健将。

最负盛名的濒危动物

随着人类的发展速度不断加快、消耗的资源不断增多，大量的野生动物渐渐成为人类发展的牺牲品。许多物种在不知不觉间就走向了灭绝，还有不少则在苟延残喘，成为濒危动物，比如白鳍豚、华南虎、朱鹮、扬子鳄，其中最负盛名的莫过于我国的国宝——大熊猫。

中国的“特产”

大熊猫俗称花熊或竹熊，它是我国特有物种，现存的主要栖息地为我国四川、陕西和甘肃的山区。大熊猫体形较大，外形似熊，头较圆，尾巴较短，头体长120～150厘米，体重80～120千克，人工饲养的

环境下，最大的头体长可达 180 厘米，体重近 200 千克。体毛以白色为主，眼部有形似眼镜的黑色毛区，四肢、肩胛部、耳朵、鼻端也为黑色。

无忧无虑

现今大熊猫生活的环境中，有充足的食物，没有天敌，所以它总以“内八字”的行走方式慢吞吞地行走。它每天除了进食，便是在睡梦中度过。平躺、侧躺、俯卧、伸展或蜷成一团都是它喜好的睡觉方式。大熊猫善于爬树、嗜好饮水，主要以竹子为食。大多数时间它都是在手脚并用地收集、准备食物和进食。随着气候和食物分布的变化，大熊猫也有垂直迁移的习性，夏天爬上凉爽的高山避暑，冬天又迁到比较低洼和避风的地方。

它早晚出来觅食，白天栖息在竹丛中，或是趴在树枝上晒太阳。

被迫“吃素”

大熊猫本来是杂食性动物，吃肉，也吃植物。后来由于生活环境的变化，大熊猫就仅留存在我国四川、陕西和甘肃一带，那些地方生长着许多的竹子，却很难捕捉到合适的猎物，大熊猫只有改变食性，才能生存下去。长期适应环境以后，大熊猫便以竹子为食了。为适应这种食物变化，大熊猫的臼齿也变得越来越大，能将竹子的纤维磨碎。

大熊猫的食量很大，每只大熊猫每天能吃掉将近 20

千克新鲜竹子。为了消化这种纤维性食物，它必须多喝水。除竹子外，它仍保持着祖先的食性，有机会也捉小动物吃。不过由于竹子营养单一，难以储存充足的能量，因此为了节省能量，大熊猫必须减少能量消耗过大的活动，因此我们看到的大熊猫总是懒洋洋的。

趣味大发现

在野外，大熊猫妈妈若产下双胞胎（在圈养的情况下，大熊猫产双胞胎的比例将近 50%），它通常会忽视或拒绝身体较弱的那一个，这样能保证至少有一只成活。但在圈养的情况下，会有工作人员进行人工饲养，并采用换崽技术，尽量使所有的大熊猫幼崽都能成活。

体形最大的鸟

提起鸟类，我们往往会想起树梢上鸣叫的喜鹊、学人说话的鹦鹉、随处可见的麻雀……但这些鸟的体形往往都是很小的。可是有这样一种鸟，它的体形庞大，就连最高的篮球运动员也没它高，它就是鸵鸟。

行走的瞭望塔

在东非辽阔的原野和半沙漠地带，要想看到野生的鸵鸟并非难事。成年鸵鸟身高可达 2.8 米，重 160 千克，就连产的蛋也是世界上最大的鸟蛋，重量接近 1.5 千克。

鸵鸟脖子很长，脖子长度几乎占了整个身高的一半，一个不大的脑袋上长着一张又扁又宽的短嘴，一双大眼睛透出机警的神情。个子高大、头颈很长、目光锐利，这是它能在辽阔平坦的大草原上生存的重要优势，因为当敌人接近时它很容易就能看见。鸵鸟就像一座行走着的瞭望塔，成年鸵鸟为了保卫它的蛋和雏鸟不被天敌偷袭，会时常四处眺望，同时也是为了寻找食物充饥。

鸵鸟一般在每年的3月至9月进行繁殖，有时几只雌性鸵鸟会将卵产在一起，白天由雌鸟孵化，晚上则由雄鸟孵化。孵化时，鸵鸟还常用沙土和砾石将蛋覆盖，以保持一定的温度。在孵化末期，亲鸟会将一些蛋推滚到窝的边缘，以便于蛋同步孵化。孵化出的雏鸟很快就能随着亲鸟四处游荡了。

健步如飞

鸵鸟的长脖子和长腿上没有羽毛，这样可使身体更易散热。身体过热对于生活在炎热地区的大体形动物来说，是一个很严重的问题。鸵鸟的腿十分有力，它只有两个粗大向前的脚趾，外趾小，爪退化，内趾带坚爪，特别发达，趾底还有很厚的肉垫，在沙漠中奔走时不易下陷，这些都为它在沙漠中快速奔跑创造了条件。鸵鸟

是双腿动物中的“跑步冠军”，别看它身体很重，而且不能飞翔，但跑起来却健步如飞，速度可达每小时 70 千米！

如果遇见敌人，它就用自己的“飞毛腿”使劲儿地跑，在短时间内避开敌人。如果遇到敌人的近身偷袭，它还会用强壮的脚爪来保护自己，它的“飞毛腿”威力无穷，就连威风凛凛的狮子，都能被它踢伤或踢死呢！

趣味大发现

因为鸵鸟不会飞，一些体弱多病的鸵鸟在遇到强敌的时候，跑不快，也打不过，就会紧紧地把身体贴在地面上，借助沙子和枯草的遮挡以达到“隐身”的效果，以此来躲避敌人的追击。

体形最小的鸟

鸟类是地球上少数会飞的动物，目前，全世界共发现了 1 万多种鸟类。鸟类大家族中的成员形态各异、体形悬殊。我们已经知道体形最大的鸟类是鸵鸟，与之相对，体形最小的鸟则是蜂鸟，蜂鸟可以像蜜蜂一样穿梭在花丛中，还有许多特殊的本领。

身材小，本领多

蜂鸟科下的鸟是世界上最小的鸟类，其中的红隐蜂鸟和吸蜜蜂鸟，大小和蜜蜂差不多。身体长度不过 5 厘米，体重仅 2 克左右。它们主要分布在南美洲和中美洲的森林地带。由于它飞行采蜜时能发出嗡嗡的响声，因而被人称为蜂鸟。蜂鸟身体娇小，羽毛华丽，翅膀灵活，每秒钟能振动 50 ～ 70 次，因此蜂鸟飞行的速度很快，时速可达 50 千米，高度能达到 4 ～ 5 千米。蜂鸟具有非凡的飞行本领，有 3 种飞行绝技是其他鸟类不具备的：

倒退飞行、垂直上升和下降、停留在空中原“地”不动。因此人们总能看到蜂鸟像迷你直升机一样悬停在空中，利用修长的喙，小心翼翼地采食花蜜。

空中悬停的奥秘

蜂鸟是怎样飞行并在空中悬停的？20 世纪 30 年代，有鸟类学家在野外用高速摄影机拍摄了大量蜂鸟飞行的影片，从慢动作回放的影片中可以看到，飞行时，蜂鸟的翅膀一直在身体两侧的垂直方向高速扇动着，其速率

在不同飞行状态下有所不同。悬停在空中时，蜂鸟的翅膀每秒扇动 54 次；在垂直上升、下降或前进时，每秒扇动 75 次。于是，鸟类学家指出，蜂鸟就是靠改变翅膀扇动的频率进行飞行和悬停的，这种方式与昆虫的飞行方式十分接近，因此人们一直认为，蜂鸟采用的是昆虫的飞行方式。

独特的飞行方式

然而，2005 年，美国俄勒冈州立大学的科学家的一项研究表明，蜂鸟的飞行方式兼具昆虫和普通鸟类的特点，也就是说，人类多年以来都搞错了蜂鸟的飞行方式。

科学家在研究中发现，蜂鸟在垂直方向扇动翅膀的同时还会将身体向上抬。为了获得升力，蜂鸟还会将部分翅膀折叠向某个方向，就像游泳运动员在水中调整摆臂的方向来提高速度一样。科学家指出，其他鸟类飞翔时所需的升力全部来自翅膀下扇；昆虫飞翔的升力有一半来自翅膀下扇，另一半则来自翅膀上扇；而蜂鸟飞翔的升力有 75% 来自翅膀下扇，25% 来自翅膀上扇。因此，蜂鸟的飞行方式介于昆虫和普通鸟类之间。

趣味大发现

蜂鸟种类繁多，有 300 多种，羽毛也有黑、绿、黄等十几种颜色，十分鲜艳，所以有“神鸟”“彗星”“森林女神”和“花冠”等称呼。蜂鸟在中国全境没有分布，只能在一些展馆中见到标本。其中北京师范大学生命科学院的标本室里有多件蜂鸟的标本，是一位美国传教士在 20 世纪初带到中国的。

最不怕冷的鸟

鸟类是大自然中自由的精灵，它们的踪迹遍布世界各个角落。一般来说，大部分鸟类都是怕冷的，它们没有厚厚的脂肪和皮毛，不少候鸟每到秋季还要飞往温暖的地方去躲避寒冷，可是偏偏有一种鸟类生活在最冷的南极，它就是企鹅。

南极原住民

企鹅是一种古老的游禽，主要以鱼类、甲壳类和软体动物等为食。南半球是地球上水族繁荣的区域，因为这里陆地少，海洋面宽，食物丰富，所以企鹅就在此地安家落户了。另外，经过数千万年暴风雪的磨炼，这些南极的“土著”全身羽毛呈重叠、密集的鳞片状。正是这种特殊的羽被，不仅使海水无法浸透，就是南极动辄零下几十摄氏度的温度也不能突破它的保温“防线”。同时，为了维持体温，它的皮下脂肪层特别厚。因此，企鹅能够抵御南极的严寒。

水中“飞行家”

企鹅的身体结构为适应潜水生活而发生了很大变化，其翅特化成潜水时极有用的鳍状翅。企鹅的骨骼不像其他鸟的骨骼那样轻且中空，而是比较坚实的。与其他飞翔能力退化的鸟类不同，企鹅的胸骨和胸肌都很发达，它的鳍翅因而可以很有力地划水。企鹅的身形是完美的流线型，跟海豚非常相似。它的后肢只有三个脚趾发达，大脚趾退化，趾间生有适于划水的蹼，游泳时可以控制方向。

企鹅的羽毛跟其他鸟类不同，它的羽轴偏宽，羽片

狭窄，羽毛均匀而致密地生长在体表，如同鳞片一样。这样的身体结构，使企鹅潜水游泳时划一次水便能游得很远，耗费的能量很少，效率自然很高。据科学家观察，企鹅的游泳速度可以达到每小时 10～15 千米，在水下可以潜游半分钟不换气。它还常常在水中跳跃，因此很多人说企鹅是“在水中飞行的鸟”。

酷寒下的繁衍

企鹅为了抵抗寒冷，会把身体紧靠成一堆，避免体温散失。企鹅的肌肉在 -30 ℃的酷寒中，仍能有规律地控制孵化温度。通常，雌企鹅产卵后，会先交给雄企鹅孵化，而雌企鹅则会离群到海洋中觅食，过一段时间再返回巢穴寻找雄企鹅，与其交换孵化。企鹅幼雏孵出后会有取食行为，会将嘴放入亲鸟口腔取出食物。几个月后（个别种如王企鹅会超过 1 年），企鹅幼雏便能离开父母独立生活了。

趣味大发现

据鸟类学家研究：不会飞的企鹅跟最善飞的信天翁有共同的祖先，它们都有角质片构成的嘴，而大多数鸟类的嘴都是由完整的角质鞘构成的。经过漫长的进化，企鹅变成鸟类中的“潜水艇”，而信天翁则变成了“滑翔机”。

翼展最宽的鸟

信天翁是鸟类中最出色的滑翔高手，以极大的体形和惊人的飞翔能力著称。信天翁将大海当作自己的家，它可以在海上漂泊几个星期甚至几个月都不用上岸。远远地望去，信天翁扇动着长长的白色翅膀，飞翔在蔚蓝色的大海上，显得格外英姿飒爽。

以海为家

信天翁俗称“呆鸥”或“笨鸟”，是大型海洋鸟类，主要分布在南极洲、南美洲、非洲及澳大利亚周围的海

域。信天翁的外形很像海鸥，有一副呈管状的特殊鼻孔；喙的末端有隆起的鼻腺，是一种特殊的海水淡化器，可把体内过多的盐分排出。像其他海鸟一样，信天翁能喝海水，所以它能长期在海上生活，这也是海鸟共有的一种适应海上生活的能力。信天翁通常以海水表层的软体动物、鱼类等为食，有的也常跟随海船吃船上的剩食。

滑翔高手

信天翁是世界上翼展最宽的鸟，翼展可达 3.5 米以上。这对长长的翅膀十分有力，扇动一下就可以向前滑翔很远的距离。翅膀末端还有一片特殊的肌腱可以将翅膀的位置固定，这样信天翁在滑翔时可以极大地减少能量的消耗。有了这对巨大翅膀的加持，信天翁就能化身海上“滑翔机”，在跟随船只乘风破浪时，可以滑翔数个小时而不用扇动翅膀。因此信天翁能够长时间在大海上飞行，是毫无疑问的滑翔高手。不过，由于它的块头比一般的鸟类大得多，因此起飞是个难题，所以信天翁要想起飞，一般要从悬崖边缘起飞或者趁有风的时候助跑起飞。没有风的时候，它常常会漂浮在海面上休息。

繁殖习性

信天翁在繁殖时，会成群地登上远离大陆的海岛。在那里，信天翁成群或成对地进行求偶和交配行为，其中包括展翅和啄嘴“表演”，伴随着大声鸣叫。信天翁

将卵产在地面上或筑起的简易土穴里，每窝产 1 卵，亲鸟轮流孵卵。信天翁还是孵化期最长的鸟，一般持续 70 ～ 80 天。幼雏成长很慢，尤其是大型种类者，幼雏孵出后 3 ～ 10 个月才长齐飞羽，之后在海上度过 5～10 年，在到陆地配对前，需要换几次羽。信天翁的寿命很长。

趣味大发现

信天翁的种类众多，包括阿岛信天翁、皇信天翁、漂泊信天翁、黑脚信天翁、黑背信天翁、加岛信天翁、短尾信天翁、灰背信天翁、乌信天翁、黄鼻信天翁、黑眉信天翁、新西兰信天翁、灰头信天翁等。

毒性最强的蛇

蛇是一种较为常见的爬行动物，也是爬行动物中数量最多的一种。提起蛇，许多人的第一印象往往是带有剧毒，许多人因此对蛇畏惧不已。的确，不少蛇是有毒的，被它们咬中轻则受伤昏迷，重则一命呜呼，而在所有的蛇类中，海蛇的毒性堪称最强。

分布广泛

海蛇属爬行纲，躯干略呈圆筒形，有黑色环带。身体细长，后端及尾侧较扁。背部呈深灰色，腹部为黄色或橄榄色。海蛇以鱼卵和其他鱼类为食，喜欢集群活动，常常是几千条聚集在一起顺水漂游。海蛇还具有趋

光性，人们晚上可以利用灯光诱捕海蛇。大多数海蛇分布在印度洋和西太平洋的热带海域中，也有一些品种分布于温带海洋中。如长吻海蛇广泛分布在我国辽宁、浙江、福建、广东、广西等地的沿岸近海。生活在澳大利亚附近的艾基特林海蛇被列为世界 10 种毒性最强的动物之一，还有生活在亚洲帝汶岛的贝尔彻海蛇也是世界上最毒的动物之一。

致命的剧毒

海蛇的毒液属于最强的动物毒，其成分是一种神经毒素，类似眼镜蛇毒，但海蛇毒液主要损害的是人体的随意肌，而不是神经系统。一般被海蛇咬伤后，并无明

显痛感，其毒性发作有一段潜伏期，在咬伤后半个小时甚至 3 小时内都没有明显中毒症状，正是这个特点，使人不易察觉。而实际上人体吸收海蛇毒的速度非常快，中毒后，人通常会感觉肌肉无力、酸痛，眼睑下垂，症状类似破伤风，此时人的心脏和肾脏已经受到严重损伤。中毒者可能在几小时至几天内死亡。

全身都是宝

海蛇有着很高的药用价值。据现代药理学家研究，海蛇的蛇毒可制成治癌药物“蛇毒血清”，并对治疗毒蛇咬伤、坐骨神经痛、风湿等症有良好效果。此外，海蛇的肉、胆、油、皮、血等均可入药。蛇血对治疗雀斑十分有效；蛇油可制软膏、涂料；蛇胆泡酒，有清热解毒和治疗风湿之效；蛇皮光滑有色泽，可以用来制作手提袋、乐器等。总之，海蛇全身都是宝。

趣味大发现

海蛇虽然凶狠，可是也有它抵抗不了的动物。海鹰和其他肉食海鸟就是海蛇的天敌，它们一看到海蛇在海面上游动，就会迅速从空中俯冲下来，衔起之后就飞走了。而离开了水的海蛇完全没有抵抗能力，只能任其摆布。此外，有些鲨鱼也以海蛇为食。

最会变色的爬行动物

在弱肉强食的自然界中，相对弱小的动物如果没有一身出色的生存本领，很容易就会成为猎食者的美餐。很多动物都进化出了独特的生存本领，最神奇的莫过于变色。变色龙是最有名的伪装大师，它随心所欲的变色本领令人叹为观止。

伪装大师

变色龙能够根据周围环境的背景色、温度等条件迅速地改变皮肤的颜色，这项绝活是许多科学家长期以来研究的目标。过去，人们一直以为变色龙变色的奥秘藏在它皮肤表层的色素细胞中，这些细胞内充满不同颜色的色素，变色龙的中枢神经系统可以控制

它们进行变色。

直到2015年，日内瓦大学的学者们发现这种说法是错误的，真正控制变色龙变色的其实是一种叫作“光子晶体”的纳米物质，变色龙可以通过调节这些透明晶体的结构改变光的折射从而实现变色。简单来说，当变色龙心情放松时，光子晶体呈密集网状分布，只能反射出蓝光；而当变色龙处于兴奋状态时，光子晶体间的间隙会变大，间隙越大，能反射的颜色就越多，从而呈现出不同的颜色。

隐匿的猎手

变色龙爬行的速度一般都很缓慢，一方面可以保证它移动时身体稳定，另一方面可以避免猎食者与猎物发现它。变色龙隐蔽性极强的体态加之逼真的伪装，让它看上去就像是一片树叶。马达加斯加有一种细小的桩尾变色龙，它可以像树叶一样随着微风前后摆动，使它的隐蔽境界更上一层楼。有了如此完美的伪装，变色龙就可以耐心地等待猎物接近，然后发动攻击。

身怀绝技

尽管变色龙行动比较缓慢，但那些体形较大的种类也能捕食不同种类的动物，包括小的昆虫、蜘蛛、鸟以及小型哺乳动物。而且它还有独特的身体构造以及特殊的本领来弥补自身行动缓慢的缺陷。

它两只塔状的眼睛可以独立运动，用来扫描树叶，寻找潜在的食物。两只眼睛的视觉信息结合起来，有助于变色龙确定事物形态和精确地判断距离。这种双眼分工、独立工作的本领既有利于变色龙躲避天敌的追踪，又能大范围地寻找猎物，在动物界十分罕见。变色龙凭借敏锐的知觉，用它的舌头辅助猎取食物。它的舌头和自己的身体一样长，甚至能达到自己体长的2倍。在休息时，它的舌头会绕着舌骨卷起来，当变色龙发现猎物时，它会把舌头“发射”出去，其速度快如闪电，当舌头接触到猎物时，舌头的肌肉促使舌尖形成一个带有黏液的吸杯，从而牢牢地抓住猎物。

趣味大发现

森林的破坏给绝大多数树栖变色龙带来了生存危机。人们在马达加斯加不加节制地乱砍滥伐已经危及了绝大多数变色龙的生存。欧洲的普通变色龙也在面临着各种因素造成的生存危机，比如栖息地丧失、交通事故。目前全球所有的变色龙都已被划入保护范围。

体形最大的鱼

据统计，全世界现存的鱼类共有2万多种。若要问起鱼类家族中体形最大的成员，有人认为是大白鲨，有人觉得是虎鲨，其实，鲸鲨才是体形最大的鱼类，其因为性格温和、行事低调而常被人们忽略。

海中巨兽

鲸鲨是世界上最大的鱼，主要分布于大西洋、太平洋、印度洋的热带和温带海域中，在我国南海、东海等海域比较常见。鲸鲨喜欢在近海活动，有时也会出现在海岸、珊瑚礁、河口附近，有人曾在700米深的深海发现过鲸鲨的踪迹。

鲸鲨体形巨大，通常体长为9～12米，最大可达20米。鲸鲨有着宽大扁平的头颅，两只小眼睛位于头部前方，头部两侧长着5对巨大的鳃。鲸鲨有一张宽约1.5米的大嘴，这张大嘴里密密麻麻地长着300多排细小、粗

糙的牙齿。鲸鲨还有着十分灵敏的感觉器官和极好的视力，它的寿命也很长，平均寿命超过 70 年。

背部拥有星星的鱼

鲸鲨有着宽厚的背部，通常呈青褐色或灰褐色，上面点缀着许多黄白色的斑点和条纹，就像夜空中的繁星，因此被称为“背部拥有星星的鱼”，腹部一般为白色。生物学家指出，每一条鲸鲨背上的斑点都是独一无二的，也就是说，生物学家可以根据这些斑点来区分不同的鲸鲨，也可以用它来统计鲸鲨种群的数量。鲸鲨还是皮肤

最厚的动物，它的皮有 20 厘米厚，可以有效地抵御敌人的进攻。

温柔的巨兽

由于鲸鲨属于鲨鱼家族的一员，许多人就将它与那些长着血盆大口、凶残恐怖的猎食者联系起来。其实这是一种误解，并不是所有的鲨鱼都具有攻击性，鲸鲨就是一种性格十分温和的鲨鱼。尽管它有着巨大的身躯和恐怖的力量，却以过滤海中浮游动物和小型鱼类为食。它有时还会主动与潜水员嬉戏，甚至翻过身体，让人类帮它清理腹部的寄生生物，除了偶尔会用巨大的尾鳍误伤人类，鲸鲨不会对人类造成严重的危害。

趣味大发现

1949 年 11 月，有人在巴基斯坦卡拉奇附近的巴巴岛海域捕获过一只鲸鲨，它长达 12.65 米，重 15～21 吨，是人类捕获过的最大的鲸鲨。不过，由于人类的过度捕杀，现在鲸鲨已成为易危动物并被列入《世界自然保护联盟濒危物种红色名录》，在我国属于国家二级保护动物。

最凶猛的鱼

大白鲨，也叫噬人鲨，是世界上最为凶猛的鱼类。大白鲨不仅凶猛无比，而且体形巨大，是海洋食物链中最顶端的猎食者。尽管大白鲨频频出现在很多纪录片和电影里，但是人类对这种古老的动物还是知之甚少。

天生暴脾气

大白鲨栖息于各大洋的热带及温带地区。在地球任何温度适宜的海域都有大白鲨的行迹。大白鲨体形庞大，最长能达到 8 米。它有乌黑的眼睛、锋利的牙齿和双颚，还有一条新月一样的尾巴。大白鲨生性凶猛，攻击性强，每年世界各地都有大白鲨袭击人类或船只的新闻。在所有的鲨鱼中，大白鲨是唯一可以把头部直立于水面上的鲨鱼，这赋予它在水面上寻找潜在猎

物的优势。大白鲨天生有一副好胃口，最喜欢捕食海豹、海狮，偶尔也会吃海豚、鲸类的尸体。

终极猎食者

大白鲨是个危险的海洋杀手，具有极其灵敏的嗅觉和触觉，它可以嗅到 1 千米外被稀释成原来 1/500 浓度的血液的气味。

大白鲨的牙齿有倒钩，猎物一旦被咬住就很难挣脱。而且大白鲨前面的任何一枚牙齿脱落，后面的备用牙就会移到前面进行补充。在任何时候，大白鲨的牙齿都有大约 1/3 处于更换的过程中，这保证了其牙齿的锋利性。再加上大白鲨有着巨大的咬合力，因此被它咬中的猎物很容易就会死亡。

不光牙齿，就连它的皮肤也具有杀伤力，因为“鲨鱼皮”并不是光滑的，虽然没有鱼鳞，但是长满了小小的倒刺，比砂纸还要粗糙，很多动物哪怕只是被它撞一下也会鲜血淋漓。

海中大胃王

由于鲨鱼的鳃部没有抽水的器官，所以鲨鱼只有不断地游动，才能使富含氧气的新鲜水流进入鳃中从而进行呼吸。如果鲨鱼静止不动，它就会因缺氧窒息而死。除此之外，鲨鱼没有鱼鳔来控制浮潜，如果停止游泳，大部分的鲨鱼会往下沉。而大白鲨体形过于庞大，又需要不停地游动，所以它往往会不停地进食来补充能量，维持生命。它的肚子就像无底洞一样，许多海鱼成了它

的腹中餐，有时它甚至会糊里糊涂地吞下一些垃圾。由于大白鲨的胃口太大了，因此它对任何可能是食物的东西都充满了好奇，经常通过啃咬的方式去探索新鲜事物，甚至会将感兴趣的东西吞下去，比如海面的浮标、木块，甚至是玻璃瓶，不过它的胃内有一层坚韧的胃壁，因此很少会被异物弄伤。

趣味大发现

在海洋食物链中，大白鲨处于最顶端。除人类及虎鲸外，极少有其他生物能够对它造成威胁。但是，大白鲨的生长发育速度缓慢，种群数量很难增加，因此目前世界范围内大白鲨种群数量仍在急剧下降。

游泳最快的鱼

对野生动物来说，速度是最重要的属性之一，速度不仅是捕食者的捕食利器，也是弱小动物躲避天敌的倚仗。陆地上是这样，水中亦是如此。旗鱼就是当之无愧的游泳冠军。它就像一柄利剑，也像一面旗帜，是来去无踪的海洋猎手。

迅捷的利剑

旗鱼的外形令人印象深刻，它有着细长的上颌、高而长的背鳍，背鳍竖展起来，就像一面迎风飘扬的旗帜，旗鱼的名字就由此而来。旗鱼体形巨大，一般能长到3米长，皮肤通常呈青褐色，身体两侧纵向点缀着一排排灰白色的斑点。

旗鱼生性凶猛，喜欢吃沙丁鱼、秋刀鱼、乌贼等小型海洋动物，是海洋食物链上层的强大捕食者，尖而硬的上颌以及无与伦比的速度都是它的捕食利器。旗鱼尤其喜欢攻击数量庞大的沙丁鱼群，它甚至不需要选择目标，只需快速游动，冲进鱼群，摇晃头部，利剑一样的上颌就能将数量可观的小鱼击昏。

为速度而生

可以说，旗鱼独特的身体构造就是为了快速游泳而生的。游泳时，旗鱼流线型的身体可以减小阻力，细长的上颌可以分开海水，高耸的背鳍可以像船帆一样控制方向，强有力的尾鳍提供了加速度。不仅如此，旗鱼还有着与众不同的肌肉组织。

旗鱼体内有大量爆发力强的白色肌肉，提供了极高的加速度。身体两侧则分布着耐力超群的红色肌肉，用来保持高速游动。这些红色肌肉还可以提供大量的热量，有助于旗鱼在寒冷的深海中维持体温，同时还将血液传输到旗鱼的大脑和眼睛等部位，使旗鱼能时刻保持专注，从而追踪猎物。

纪录保持者

虽然旗鱼分布广泛，在世界各大洋的热带和温带地区都能看到它的身影，但想在茫茫无际的大海上测出旗鱼

的速度是很难的。不过，还是有人想出了办法，美国佛罗里达州曾经有渔民进行了测试。测试中，一只旗鱼拉着渔线在短短 3 秒内就把线拉出了 91 米远，相当于时速 109 千米！后来，这一纪录被列入了《吉尼斯世界纪录》。

但近来的科学研究表明，该数据有误差。旗鱼的最大理论游速被修正为每秒 8.3 米。

趣味大发现

据史料记载，第二次世界大战期间，英国一艘名为“巴尔巴拉”号的船只正横渡在大西洋上，突然船身一阵晃动，船员们以为遭到了鱼雷袭击，可是船只并没有爆炸，但仍有大量海水涌进了船舱。后来船员们才发现，袭击他们的竟然是一条巨大的旗鱼，旗鱼用它利剑般的上颌刺穿了船身的钢板。

体形最大的水母

水母是一种常见的浮游生物，无论在热带还是寒带，浅水还是深海，我们都能看到水母的踪迹。水母的种类很多，全世界大约有 250 种，伞盖直径通常为 10 ～ 100 厘米，可有一种水母，它的伞盖直径可达 2.5 米，是最大的水母，那就是北极霞水母。

美丽的猎手

北极霞水母主要分布于北极地区的海域中，而且它的伞盖上闪耀着彩霞般的光芒，所以被命名为“北极霞水母”。北极霞水母比一般的水母大得多，它的伞盖直径可达 2.5 米，当它的身体完全展开时，覆盖面积超过 500 平方米。除了巨大的伞盖，它还有极长的触手，长度可达 20 ～ 30 米，而且这样的触手一共有 8 组，每组有 150 只左右，也就是说，北极霞水母一共有 1200 只能随心所欲地伸展或收缩的触手。

北极霞水母虽然看起来美丽柔弱，却是个凶猛的猎手。它的触手上布满了刺细胞，这是一种有毒的刺丝，当刺丝触碰到猎物后会立刻释放毒素，将猎物麻痹。接着，北极霞水母再用触手缠住猎物，饱餐一顿。如果食物充足，北极霞水母会越长越大，繁殖速度也会加快。如果长期缺乏食物，它的身体反而会越来越小。

水做的身体

和其他水母一样，北极霞水母身体的主要成分是水，其体内含水量一般在 95% 以上，其他部分则由蛋白质和脂质构成，所以它的身体呈现透明状。水母没有心脏、

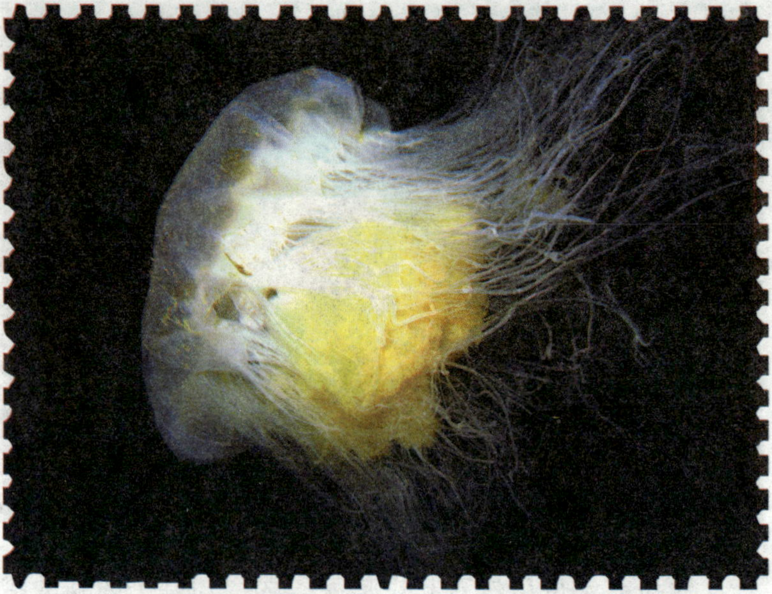

血液、鳃和骨骼。水母的最外层是表皮层，最内层则是胃皮层，由胃皮层构成一个简单的体腔，只有一个开口，兼具口及排泄的功能，在表皮层及胃皮层之间的则是中胶层。水母触手中间的细柄上有一个小球，里面有一粒小小的听石，这是水母的“耳朵”。

水母的身体分为上伞面和下伞面，无缘膜，伞缘有一圈触手。不同种类的水母触手的数目不同，触手有的实心、有的空心，且长短不一，也有少数水母没有触手，例如根口水母类。

趣味大发现

水母的运动方式与喷气式飞机相似，都是靠反射作用力运动的。水母的运动包括吸水和喷水两个连续有节律的动作：当其钟状体舒张时，水被吸入；当其钟状体收缩时，水被挤压喷出。水母就是靠这种喷水的反冲力不断前进的。

电力最强的鱼

在南美洲的亚马孙河等河流中，生活着为数众多的鱼、龟鳖、虾蟹，还有水蟒、鳄鱼等凶猛的捕食者。其中有一种鱼类，它没有凶悍的外形和锋利的獠牙，却凭借放电的“超能力”，让其他动物闻风丧胆，它就是电鳗。

水中“电老虎”

电鳗被称为“地球上最令人恐惧的淡水动物之一”，是地球上为数不多会放电的动物之一，也是放电能力最强的鱼类。电鳗放电的秘密，就藏在它的肌肉中。电鳗

尾部两侧整齐而有序地排列着 6000～10000 枚肌肉薄片，两侧的肌肉分别组成了一个大而扁平的发电器，每一枚肌肉薄片都像是组成发电器的一个个小型电池，一枚“小电池”放出的电很微弱，它们之间用薄膜分隔开，形成许多小室并与神经末梢相连，直达中枢神经系统。也就是说，电鳗的发电器是受中枢神经控制的。

虽然单枚“电池”电力薄弱，仅能产生 150 毫伏的电压，但成千上万个“小电池”同时发电的话，则能产生高达 800 伏的电压，即使是强壮的水牛，被电鳗电一下也会立刻失去行动能力。不过，电鳗一般不会主动攻击比它大的动物，只有受到威胁时才会放电。

自保有妙招

很多人都可能会有这样的疑问：电鳗在发出强大电流的时候，为什么不会电到自己呢？这是因为电鳗身体内重要的器官周围都包裹着绝缘性很高的组织，可以有效隔绝自身产生的电流。而且，电流总是从电阻最小的地方通过，水的电阻比电鳗身体的电阻小，因此电鳗在水中放电时，电流会被水传导，所以不会电到自己。一旦电鳗离开了水，身边又没有电阻更小的导体，那么电鳗就要自己“消化”自己的电流了。

电鳗当医生

电鳗在地球上已经存在相当长的时间了，古人也发现了它有神奇的“超能力”。古希腊科学家曾在书中记载和描述电鳗有着不可思议的力量。古罗马医生还曾利用电鳗来电击病人，治疗头痛、痛风等疾病。看来，尽管那时候的人们没有掌握发电的技术，但已经开始利用电能了。

趣味大发现

无论是淡水鱼还是海水鱼，都有会放电的种类。电鳐是生活在海洋中的软骨鱼类。电鳐一般每次放电电压为70～80伏特，最高可达200伏特。非洲的淡水中还生活着一种电鲶，能产生350伏的电压。尽管相较于电鳗而言稍逊一筹，但其威力依然惊人。无论哪一种放电的鱼，它们的放电能力都与其体力有关，待它们筋疲力尽之时也就无法再放电了。

最长的软体动物

软体动物是一个庞大的动物类群，顾名思义，软体动物有着柔软的身体，我们生活中常见的软体动物有章鱼、乌贼、蜗牛等。其中枪乌贼中的大王乌贼是身体最长的软体动物，它有着细长的身体和许多触手，看起来十分怪异，因此成为人们口中的“海怪”。

海怪的原型

枪乌贼就常被叫作鱿鱼，但它并不是鱼，而是软体动物。枪乌贼有着狭长、呈锥状的身体，末端还长着两片肉鳍，就像标枪的枪头，因此被称为枪乌贼。枪乌贼还长着长长的触手。成年的大王乌贼有 6 ～ 12 米长，其中触手就占了三分之二。大

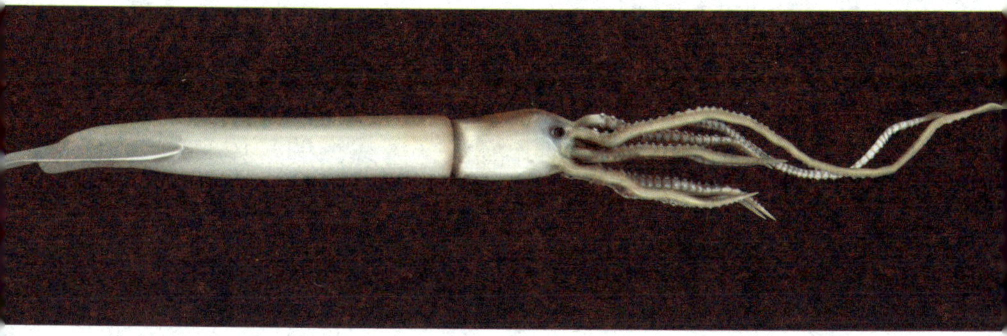

王乌贼是世界上最长的软体动物，也是世界上最大的无脊椎动物，还是世界上眼睛最大的海洋生物，其眼球的直径可达 38 厘米，是篮球直径的 1.5 倍。

大王乌贼的触手的末端宽大，上面长有吸盘，有极强的吸力，而且吸盘周围还长着利齿。因此猎物一旦被大王乌贼抓住往往难逃一死，大王乌贼会用尖锐有力的喙状嘴将猎物快速吞食。由于大王乌贼有着巨大的体形和怪异的长相，因此被人们塑造成传说中的海怪。事实上，尽管大王乌贼有着巨大的体形，却根本无法称霸海底世界，它反而是抹香鲸最喜爱的食物。大王乌贼在面对抹香鲸的进攻时，除了能留下一些吸盘的印迹以外，根本伤害不到抹香鲸，而且人们常在抹香鲸的胃里发现消化不了的大王乌贼的“喙”。

水中“活火箭”

枪乌贼是游泳高手，看它的外形就知道它善游。菱形的肉质鳍像把尖刀刺开海水，流线型的身体又减少了游泳的阻力。更重要的是：所有的枪乌贼都拥有“火箭推进器”——外套腔，枪乌贼的躯干外面包裹着一层囊状的外套膜，外套膜里面则是一个叫外套腔的空腔。枪乌贼可以将外套腔内灌满水，并关紧入口，当它需要逃跑时就用力挤压外套腔，腔内的水没处去，就从颈下漏斗喷出，靠喷水的反作用力推动自身向反方向前进。

为了使自己获得高速度，枪乌贼在进化过程中，抛弃了沉重的外壳，用轻软的内骨骼支持身体。枪乌贼的游泳速度非常快，遇到危险时，枪乌贼会将尾部朝前，头和触手朝后，利用喷水方式迅速逃离。它还可以随着环境的变化改变身体的颜色，当遇到危险的时候还可以放出一股乌黑的墨汁，让敌人看不清路，然后趁机逃走。

趣味大发现

枪乌贼有一种本领，就是表演凌空飞行的绝技。当它以极快的速度跃上波峰借着下跌的浪头滑到空中时，菱状肉质鳍成为稳定飞行的“机翼”。枪乌贼能飞 7～8 米高，落回海中。倘若不幸落在甲板上，便成为海员的美味佳肴了。

最古老的甲壳动物

甲壳动物是一种古老的低等动物，在4亿多年前的奥陶纪时，地球上就已经出现它们的身影了。你或许会认为甲壳动物早已灭绝了，其实现在仍有许多甲壳动物存在，比如对虾、龙虾、螃蟹等，它们中最古老的成员是有着“活化石”之称的鲎。

海洋活化石

鲎的祖先出现在地质历史时期古生代的泥盆纪，当时恐龙尚未崛起，原始鱼类刚刚问世。随着时间的推移，

与它同时代的动物或者进化，或者灭绝，唯独鲎从4亿多年前问世至今仍保留其原始而古老的样子，所以鲎有“活化石”之称。

鲎的外形十分奇怪，有点儿像螃蟹，有些地方称它为马蹄蟹。但它与蟹的血缘关系较远，反而与蜘蛛、蝎是近亲。鲎的身体是由头、胸及腹三部分构成的，它背着一个坚硬的拱形甲壳，还有一根锋利的三角棱柱状剑尾。这根剑尾既能当作武器，也可以用来在游泳时调整方向，当鲎被翻转时，还可以用它来翻身。鲎的体长一般在60厘米左右，体重为3～5千克。

“海底鸳鸯”

鲎一般在沙质浅水海域栖息，常常在泥沙中爬行或潜行。它的栖息地点在很大限度上是受年龄限制的，一般情况下，稚鲎栖息于海岸泥滩地，随着年龄的增长，它会逐渐游向外海生活。

鲎有12条腿，一般称为“附肢”。雌鲎与雄鲎的附

肢有所区别，雌鲎的大部分附肢末端长着钳子，第 6 对用来挖土。而雄鲎的第 2、3 对附肢末端则是钩子。雄鲎总用钩子钩住雌鲎的背，让雌鲎驮着它前行。每年的春夏两季是鲎的繁殖季节，这段时间里，人们经常能捉到成对的鲎，因此又将鲎称作“海底鸳鸯”。在冬季，鲎一般会选择较深的海域作为栖息地，等到来年春夏之际，水温回升，它会再度迁往浅水域觅食或者到沙岸产卵。

仿生学的“明星”

鲎有四只眼睛。头胸甲前端有两只小眼睛，小眼睛对紫外光最敏感，说明这对眼睛只用来感知亮度。在鲎的头胸甲两侧有一对大复眼，每只眼睛由若干只小眼睛

组成。人们发现鲎的复眼有一种侧抑制现象，当鲎的一只小眼睛受到光照而兴奋时，周围的小眼睛会主动抑制这种兴奋，从而使受光照的小眼睛中的物体的图像变得更清晰，这一原理被应用于电视和雷达系统，提高了电视成像的清晰度和雷达的显示灵敏度。于是，几亿年来十分低调的鲎因为近代仿生学的进步才终于获得人们的广泛关注。

趣味大发现

鲎的血液中含有铜离子，它的血液是蓝色的。这种蓝色血液的提取物——“鲎试剂”，可以准确、快速地检测人体内部组织是否因细菌感染而致病；在制药和食品工业中，可用它对毒素污染进行监测。此外，鲎的肉、卵均可食用。

视力最好的昆虫

通常来说，昆虫的视力都不太好，虽然它们中的不少头上长着大大的眼睛，但一般都只能看到几米内的事物。昆虫的眼睛构造与人类不同，虽然看不远，但对移动的物体十分敏感，因此昆虫才能快速地瞄准并捕捉猎物。视力最好的昆虫，非蜻蜓莫属。

数以万计的眼睛

蜻蜓的眼睛特别大，它的整个头部几乎都被两只大而凸出的复眼占据了。每只复眼都是由 10000～28000 只小眼睛构成的。其实每种昆虫的复眼都是由许多小眼睛组成的，只是数目不同，小眼睛越多，看东西越清楚。蜻蜓的眼睛在昆虫中是最多的，所以它的视力也最好。

蜻蜓眼睛的构造也非常特殊，复眼上半部分的小眼睛，专门看远处的物体；而下半部分的小眼睛，则专门看近处。昆虫的眼睛大多不能活动，但蜻蜓的眼睛能随颈部自由转动，所以蜻蜓能够瞻前顾后、环视左右。

蜻蜓的眼睛对移动的物体特别敏感，可以根据小飞虫从一只小眼睛移到另一只小眼睛的方向和时间来确定猎物的运动方向和速度。一个物体突然出现时，人眼需要 0.05 秒才能看清其轮廓，而蜻蜓用不了 0.01 秒就能看清楚。所以，蜻蜓捕捉猎物就很容易了。

杰出的飞行家

不仅眼睛，蜻蜓的翅膀也十分特殊。蜻蜓有两对翅膀，翅膀很薄，像一层苇膜。它的翅膀不但薄，而且透明柔软，翅面里有许多翅脉，像骨架般支撑着翅膜。长 5 厘米、面积约 4.6 平方厘米的翅膀质量仅 0.005 克。蜻蜓的翅膀虽然很薄，可是特别结实，就算每秒钟扑动 30 多次，每小时飞行 50 多千米都不会损坏。蜻蜓还有很强的飞行本领，既能向前飞行，又能后退飞行，并通过复眼观测物体的速度，这使它成为捕虫的高手。

蜻蜓点水为哪般

在炎热多雨的夏天，我们常会看到蜻蜓擦着水面飞来飞去并用尾巴点水，这是为什么呢？原来这是蜻蜓在产卵。它会在贴近水面时将卵产在水草上，不久，这些卵便会孵化成幼虫，蜻蜓的幼虫又叫水虿。水虿通常要在水中生活一年或更久，蜕皮十几次，然后才爬出水面，蜕去最后一层皮长出翅膀，成为一只名副其实的蜻蜓。

趣味大发现

蜻蜓变幻飘忽地飞行，还能预报天气的阴晴呢！正常天气，蜻蜓常栖息在近水的树丛或芦苇中，较少出来；每当蜻蜓成群地在低空飞舞时，预示不久就有阴雨天。俗话说：“蜻蜓飞得低，出门带蓑衣。”这是因为蜻蜓的主食是小昆虫。下雨前空气湿度大，小昆虫翅翼潮湿，无法高飞，这时正是蜻蜓捕食的好机会。

最大的蝴蝶

蝴蝶是一类非常美丽的昆虫，它们的身体五彩斑斓，在花丛中翩翩起舞时十分赏心悦目，自古以来深受人们的喜爱。一般来说，蝴蝶的体形都不大，翅展不过3～5厘米，而有一科蝴蝶，里面个头最大的种类的翅展能够达到30厘米，比一般的鸟类还大，它就是凤蝶。

蝶中皇后

凤蝶在蝴蝶中以体形大、体态优美著称，翅膀的鳞片色泽艳丽，在阳光下光彩夺目，闪现出金属的光泽，堪称蝴蝶之最。凤蝶种类很多，有裳凤蝶、曙凤蝶、柑橘凤蝶等。其中比较大的有金裳凤蝶，翅展可达15厘米；大天堂鸟翼凤蝶，翅展达27厘米；而凤蝶家族中最大的成员，要属亚历山大女皇鸟翼凤蝶了，它的翅展能超过30厘米！

凤蝶的飞翔能力很强，一般在山地丘陵、丛林地带、

低海拔的平原荒漠都可以见到。凤蝶虽然体形大，但并没有什么战斗力，它往往只能靠发出臭气来保护自己，这与它美丽的外表十分不符。多数凤蝶幼虫前胸中央部位长有一个“臭角”，它在遇到敌害时会将臭角翻出体外，臭角会立刻散发一种臭气，以此来吓唬来犯者或让对方觉得自己“不好吃”，这也是凤蝶科蝴蝶区别于其他科蝴蝶的特征之一。

幼虫是个“丑小鸭”

凤蝶一般在树上产卵，而且它十分挑剔，必须要在芸香科植物（如柑橘、花椒等）上产卵。雌凤蝶在产卵前会边飞边用触角探测，直到找到合适的植物才落到叶子上，接着再用能分辨气味的前足触摸叶子，确认那就是芸香科植物。如果不是，它宁可不产卵也要继续寻找，凤蝶这样做的原因是芸香科植物是凤蝶幼虫最爱的食物。

与五彩斑斓的成年凤蝶截然相反的是，凤蝶幼虫十分丑陋，并且丑陋程度“各有千秋”。有的浑身呈墨绿色和白色相间，还长着疙疙瘩瘩的小突起，远远看去就像鸟粪一样。还有的背部长着黑色或黄色的眼状斑点，形似一条小蛇。凤蝶幼虫的样貌虽然让人难以直视，却是让它不被天敌盯上的最好伪装。

凤蝶幼虫会随着蜕皮不断长大，经过三四次蜕皮后，凤蝶幼虫会褪去丑陋的“外衣”，变为鲜艳的绿色，与周围的环境融为一体。有些幼虫伸出红色的“臭角”时，看起来就像毒蛇吐出的芯子，也可以吓退敌人。

趣味大发现

蝴蝶总是喜欢在花丛中飞来飞去，不厌其烦。这并不是因为蝴蝶喜欢鲜花，而是为了采食花蜜。花蜜是蝴蝶最喜爱的食物。蝴蝶的口器是一根长长的管子，平时卷曲着，吸食花蜜时会伸展开来，可以很方便地伸到花蕊底部吸食花蜜。蝴蝶吸食花蜜的同时，也“顺便”为花朵传授了花粉，为植物的繁殖做出贡献。

了不起的世界之最

国家之最

GUOJIA ZHI ZUI

王旭东◎主编

SPM 南方传媒 | 广东人民出版社

·广州·

图书在版编目（CIP）数据

了不起的世界之最：全 8 册 / 王旭东主编. — 广州：广东人民出版社，2024.1

ISBN 978-7-218-17241-5

Ⅰ. ①了…　Ⅱ. ①王…　Ⅲ. ①科学知识—少儿读物
Ⅳ. ① Z228.1

中国国家版本馆 CIP 数据核字（2023）第 252144 号

LIAOBUQI DE SHIJIE ZHI ZUI

了不起的世界之最

王旭东　主编

出 版 人：肖风华

责任编辑：马妮璐
责任技编：吴彦斌
装帧设计：朝旭文化

出版发行：广东人民出版社
地　　址：广东省广州市越秀区大沙头四马路 10 号（邮政编码：510199）
电　　话：（020）85716809（总编室）
传　　真：（020）83289585
网　　址：http://www.gdpph.com
印　　刷：天津泰宇印务有限公司
开　　本：890mm×1240mm　1/32
印　　张：24　　**字　　数**：230 千
版　　次：2024 年 1 月第 1 版
印　　次：2024 年 1 月第 1 次印刷
定　　价：138.00 元（全 8 册）

如发现印装质量问题，影响阅读，请与出版社（020-85716849）联系调换。
售书热线：（020）87716172

前言

人类发展的驱动力，很大一部分来自无穷无尽的好奇心，因此人类对于未知事物有着永无止境的探索欲望。面对充满奥秘的世界，我们不禁想要知道：最高的山有多高？最大的动物是什么？最像地球的行星是哪颗？

我们在满怀疑问探索大自然的同时，不知不觉间也创造了许多难以想象的奇迹：第一盏电灯、最高的建筑、第一个进入太空的人……各种各样的“世界之最”彰显出大自然的独特魅力、历史的源远流长、宇宙的神秘莫测以及人类的无穷智慧。

为此，我们编写了《了不起的世界之最》系列丛书，按地理、动物、植物、宇宙、建筑、人类、国家、文艺八个主题，讲解一个个令人眼界大开的“世界之最”。本套丛书每册为一个主题，每篇内容紧扣每个“世界之最”的突出特点，并设置了生动的小标题，有助

于小读者快速理解相应的知识。

本套丛书注重内容的知识性与趣味性，选用大量有趣的真实事例，使用前沿数据资料，从少年儿童的认知水平以及阅读能力出发，用生动活泼的语言给小读者讲解众多新奇、罕见的科学知识，将小读者领进丰富多彩的科学世界，使小读者在开阔视野的同时收获知识，提高综合能力。

本套丛书体例编排注重各篇章间的逻辑层次和内在联系，海量的知识并非简单生硬地罗列，而是有着清晰的结构和明显的层次感；版式灵活多变，插图精美清晰、富有视觉冲击力，让知识一目了然，给小读者展示了一个个直观、真实、精彩的“世界之最”。

总而言之，本套丛书集合了诸多领域的科学知识，视角独特、内容全面、图文并茂，能够为小读者打开知识的大门，满足小读者旺盛的好奇心和强烈的求知欲，让孩子在阅读中锻炼探索能力，提高综合素养。

现在，请小读者翻开本书，去探寻那些令人大开眼界的“世界之最”、领略世界的独特魅力吧！

目录

国土面积最大的国家

俄罗斯是一个地跨欧、亚两洲的大国，国土面积 1709.82 万平方千米，占世界陆地总面积的 11% 以上，是世界上国土面积最大的国家。

地广人稀

俄罗斯全称“俄罗斯联邦”，领土包括欧洲东部和亚洲北部，横跨亚欧大陆，这一特殊地理位置使俄罗斯处于东西方文化的交汇处，深受东西方文化的交叉影响。俄罗斯东西长达 9000 多千米，南北最宽 4000 千米，横

跨地球 11 个时区，面积约有巴西的两倍大。

俄罗斯地域面积如此辽阔，人口却只有 1.46 亿（2023 年 7 月），人口密度约为 8.5 人 / 平方千米，是名副其实的地广人稀的国家。

俄罗斯的北部很大一部分位于北极圈内，气候极端，导致俄罗斯全国人口分布极不均衡。亚洲北部地区气候较寒冷，而欧洲地区气候较为温和，所以哪怕俄罗斯大部分的国土都位于亚洲，但是亚洲部分地区的人口依然十分稀少，反而是欧洲部分国土的人口相对密集，俄罗斯的大部分人口和城市均在欧洲部分。

资源丰富

广阔的国土使得俄罗斯拥有十分丰富的自然资源，有世界第一资源大国之称，其资源种类齐全且储量大，

是世界上少数几个资源基本自给的大国之一。

俄罗斯被称为“世界加油站”，其石油、天然气、煤、铁等的储量均居世界前列。其中天然气已探明蕴藏量占世界探明储量的25%，居世界第一位；石油探明储量占世界探明储量的9%；煤蕴藏量居世界第五位；铁、镍、锡蕴藏量居世界第一位；黄金储量居世界第三位；铀蕴藏量居世界第七位。

俄罗斯不仅矿物储量充足，开采和加工的能力也不容小觑，除了平时满足本国的需要，这些资源也会被大量出口，是俄罗斯重要的外汇来源。

俄罗斯森林覆盖率约65.8%，以针叶林为主，森林储量居世界第一，占世界森林总储量的近1/4。

趣味大发现

俄罗斯诞生了无数杰出的科学家、文学家、艺术家，如著名科学家门捷列夫、巴甫洛夫，著名诗人普希金，著名作家托尔斯泰、屠格涅夫、陀思妥耶夫斯基、果戈理、高尔基、契诃夫，著名音乐家柴可夫斯基等。

国土面积最小的国家

在全世界近 200 个国家和地区中，有一个非常特殊的小国，它不仅是国土面积最小的国家，也是人口最少的国家。这个国家就是梵蒂冈。

袖珍城国

梵蒂冈是一个独立的主权国家，也是世界天主教的中心所在地。梵蒂冈是政教合一国家，国家元首为教皇，教皇也是天主教会的最高领袖。

梵蒂冈位于意大利首都罗马城内西北角的高地上，四面被意大利包围，是一个国中之国。梵蒂冈城就是梵蒂冈的全部国土，位于台伯河西岸，大致呈三角形，除东南的圣彼得广场外，全都被城墙环绕着。因此，梵蒂冈也有“城国”之称。

梵蒂冈的面积仅有 0.44 平方千米，是世界上面积最小的国家。梵蒂冈虽然面积小，建筑却不少，有著名的圣彼得大教堂、梵蒂冈图书馆和梵蒂冈博物馆等。梵蒂冈设有三个法院，有自己的警察部门和消防部门，还拥有一支由瑞士青年组成的警卫部队。此外，梵蒂冈还有自己的银行、邮局、电信公司、电台和出版机构等。

梵蒂冈的常住人口 618 人（2023 年），以意大利人为主，多数都是神职人员。当然，为梵蒂冈服务的雇员达数千人，但他们都不住在梵蒂冈城，而是住在罗马城。梵蒂冈没有医院，也没有工农业，收入主要靠旅游业、发行邮票和钱币、出租不动产、银行盈利和教徒捐款等。

文化宝库

梵蒂冈城有着上千年的建设历史，堪称一个文化宝库。

圣彼得大教堂（也译作“圣伯多禄大教堂”）是文艺复兴时期最宏伟的教堂建筑，是由文艺复兴时期伟大的建筑师和艺术家伯拉孟特、雕塑家米开朗琪罗等人参与设计的，教堂内保存着米开朗琪罗、拉斐尔等人的壁画

和雕刻，圣坛和教堂前的广场则是著名建筑家贝尼尼的杰作。

梵蒂冈图书馆是世界著名图书馆，拥有 200 余万册藏书，其中包括古代抄本、古版插图和原始记录文献等珍贵图书。

梵蒂冈博物馆是世界上最著名的博物馆之一，收藏着米开朗琪罗的壁画《创世纪》《最后的审判》，拉斐尔的壁画《雅典学院》，古希腊雕塑家创作的雕塑《拉奥孔》等艺术珍品。

趣味大发现

中世纪，梵蒂冈是教皇国的中心，该国领土一度超过 4 万平方千米。1870 年意大利吞并了教皇国，教皇就退居梵蒂冈。1929 年，教皇与意大利签订《拉特兰条约》，承认教皇国灭亡，另建梵蒂冈城国，意大利则承认梵蒂冈为独立国家。

国土面积最大的内陆国

所谓内陆国，是指国土被邻国领土包围而没有海岸线的国家。世界上有 40 多个内陆国，其中国土面积最大的内陆国是哈萨克斯坦。

世界第九大国

哈萨克斯坦地处亚洲中部，北邻俄罗斯，南与乌兹别克斯坦、土库曼斯坦和吉尔吉斯斯坦接壤，西临里海，东与中国毗邻。哈萨克斯坦的面积为 272.49 万平方千米，

居亚洲第三、世界第九，哈萨克斯坦是世界上国土面积最大的内陆国。

哈萨克斯坦境内地形复杂，主要为平原和低地，地势东南高、西北低。境内河流众多，湖泊星罗棋布，冰川、地下水分布较广，与其他中亚国家相比，水资源充足，这也使得哈萨克斯坦的农业发展得较好。全国耕地面积的1/3用来种植棉花，生产的棉花除了自给自足，还销往世界各地，其棉花生产量和出口量均居世界前列。除了棉花，哈萨克斯坦的经济作物还有甜菜、向日葵等。哈萨克斯坦的工业也颇具规模，冶金及化工产业是其主要的工业部门。

马背上的国家

哈萨克斯坦的文化复杂多样，其主体民族哈萨克族原属游牧部族，对马情有独钟。哈萨克人的很多风俗习惯都与马息息相关，如民间赛马等。在人际交往方面，马鞭是哈萨克人相互馈赠的礼物，用以表达深厚的情谊。

哈萨克人爱骑马，也爱喝马奶、吃马肉。哈萨克人

制作的马肠别具风味，他们用马奶酿制的马奶酒有“国酒”之称。哈萨克斯坦的国菜“别什巴尔马克”，是一种用马肉（或羊肉）熬汤后加入手擀面片制成的热汤面。

趣味大发现

哈萨克人的服饰有着浓郁的民族特色，其中许多与我国的哈萨克族同胞十分相似，比如男性爱穿皮袄、皮裤，腰带上镶嵌着各种颜色的饰品，脚上穿着长筒靴子。他们的帽子尤其特别，常戴着有两个耳扇的“吐马克”，这种帽子外层是鲜艳的绸缎，里面是羊皮，有时还会戴名为“波尔克”的圆顶皮帽。哈萨克族女性的服饰更为复杂、讲究，她们喜欢穿绣花、装饰珠玉并有着多层荷叶边的连衣裙。最讲究的是帽子：少女爱戴平顶的“塔克亚”，插着象征吉祥的鸟羽；出嫁时戴的“沙吾克列”，是一种花纹复杂、镶嵌多彩宝石的尖顶帽。

国土面积最大的国中之国

国中之国，是指领土完全被另一个国家包围的内陆国。国中之国数量很少，其中国土面积最小的是梵蒂冈，国土面积最大的是位于非洲南部的莱索托。

高山王国

莱索托全境都被南非环绕着，面积约 3.03 万平方千米，是一个实行君主立宪制的国家，国王为虚位元首，首相为政府首脑。

莱索托位于南非高原东侧德拉肯斯山西坡，全境 2/3 为高原山地。东部为德拉肯斯堡山脉，马洛蒂山脉在北部与德拉肯斯堡山脉相接，形成莱索托高地，平均海拔约为 2440 米，东北部和东部边境地带海拔超过 3350 米，因此有“高山王国”“空中王国”之称。境内西部边界有一条狭长低地，最低海拔 1388 米，是主要的居住区，首都马塞卢就位于这一区域。莱索托境内有马洛蒂山和德拉肯斯山等山脉，最高峰为德拉肯斯山脉的主峰塔巴纳恩特莱尼亚纳山，海拔 3482 米，该山也是南非最高峰。

落后的经济

莱索托是世界上最不发达的国家之一，经济基础薄弱，自然资源贫乏，粮食无法自给，经济以农牧业和服装加工出口为主，工矿业特别是钻石开采业是主要经济增长点。

莱索托与南非的地理关系特殊，南非对其影响之大是不言而喻的。两国有着相似的历史和文化，政治、经济和社会的联系十分紧密。莱索托的大部分产品需从南非进口，很多莱索托人在南非务工，侨汇是莱索托国民主要收入来源之一。

独特的习俗

在莱索托，新生儿出生时，人们不会直接告诉父亲生的是男孩还是女孩，而是用动作告诉他：生的是女孩，报信的人就会往父亲身上泼水；生的是男孩，报信的人就会用棍子打父亲的头。

莱索托人在给孩子取名时，长子的名字须与祖父相同，次子的名字则与出生时环境相关，如起名“巴塞

卡”，是说孩子生在复活节那一天，而起名“特拉”，则表示在饥荒中降生。

趣味大发现

世界上共有 3 个国中之国：圣马力诺（位于意大利境内）、梵蒂冈（位于意大利境内）、莱索托（位于南非境内）。

国土面积最小的岛国

岛国是指国土完全坐落在一个或多个岛上的国家，是一种常见的国家形式。岛国中既有印度尼西亚这样的“千岛之国”，也有由一个小岛构成的国家，例如国土面积最小的岛国——瑙鲁。

风光秀丽的小岛

瑙鲁地处中太平洋，是密克罗尼西亚群岛中一个形状似椭圆的孤立珊瑚礁岛，面积 21.1 平方千米，最高点海拔 61 米。珊瑚礁围绕其四周，沿海地区是沙滩。地势由沿海向内陆逐渐升高。

瑙鲁没有首都，政府机关设在岛西南岸的亚伦区。政府不定期出版《公报》，免费赠阅。瑙

鲁广播电台、瑙鲁电视台为官方机构，播放议会会议情况、瑙鲁新闻等。瑙鲁广播电台转播澳大利亚广播公司（ABC）节目。瑙鲁电视台转播ABC、卫视体育台（STAR-SPORTS）等外国电视节目。

瑙鲁是一个风光旖旎的岛国，向来被称为“天堂岛”。最知名的旅游景点是布瓦达拉宫湖，它如同大自然的能工巧匠在白色的岛屿上雕琢出的一块镶有绿边的水晶明镜。岛东的安尼巴惹湾，天空蔚蓝、海水清澈、沙滩柔软，为潜泳、冲浪等各种水上活动提供了条件。

“无土之邦”

瑙鲁岛上大部分是峭壁上的台地，上面覆盖着由鸟粪淤积而成的磷酸盐岩，只有沿岸有狭窄的平地。因此，瑙鲁也被称为“无土之邦”。

千万年间，有不计其数的海鸟飞到此岛，并将其作

为栖息地，此岛也因此留存了许多鸟粪。年深日久，鸟粪发生了化学反应，变成了一层最厚处达 10 余米的磷酸盐矿，总储量大概有 1 亿吨，品质也很高。

瑙鲁在 1968 年独立后就以富饶的磷酸盐产业为最重要的经济命脉。起初，瑙鲁拥有的磷酸盐矿资源非常丰富，开采起来也很方便。可是经年累月的大力开采导致磷酸盐矿资源即将枯竭，产量迅速下降，现在不仅年产量大幅缩水，品质也有所下降。

由于经济形式非常单一，瑙鲁不得不寻找其他生财之道，例如发展旅游业和在其他国家进行房地产投资等。瑙鲁盛产金枪鱼，可是捕捞能力有限，于是瑙鲁政府就向其他国家发放捕鱼证，每年可以由此获得 600 万到 800 万澳元的收入。

趣味大发现

瑙鲁的人口仅有 1.3 万（2023 年 7 月），瑙鲁岛上没有河流，只有一个咸水湖，降水虽多，但岛上淡水几乎没有，所以食物和饮水全靠进口，瑙鲁的传统建筑主要采用木材和棕榈叶等天然材料，形式多样，包括房屋、船只、桥梁等。

领土最狭长的国家

从世界地图上看，中国像一只昂首挺胸的雄鸡，意大利像一只伸进海中的靴子，英国像一只抬头吃草的兔子……而智利的国土形状又细又长，像是一条蛇，是世界上领土最狭长的国家。

世界的边缘

智利位于南美洲西南部，东邻阿根廷，南与南极洲隔海相望，西濒太平洋，北接秘鲁、玻利维亚。其国名在印第安语里的意思为“世界的边缘”，从地图上看，它

不仅处于南美洲的边缘，更是处于世界的边缘。

智利位于安第斯山脉西坡，南北长达 4352 千米，东西宽 96.8 ~ 362.3 千米，是世界上领土最狭长的国家。智利西部是海岸山脉，并有着众多的沿海岛屿；中部是由冲积物填充的陷落谷地，宽仅 30 ~ 50 千米；东部是安第斯山脉的西坡。

智利国土狭长，南北跨越了 38 个纬度，且各地区地理条件均不相同，因此全国气候也复杂多样。其中，与秘鲁的交界处属干燥地带，是世界上最干旱的地区之一。阿塔卡马沙漠被称为“世界旱极”。

铜之王国

智利拥有丰富的矿产资源，在16至18世纪先后发现金、银、铜矿。铜矿业是智利经济的重要支柱，铜资源分布区北起安第斯山脉，向南延伸到中部圣地亚哥以南的海岸山脉上，所以圣地亚哥又有“矿都”的美称。

智利的铜储量、产量和出口量均为世界第一，是一个名副其实的铜之王国。在智利的首都，每隔不远就有一座精雕细刻的纪念铜像，这些铜像大小不一，形态各异。另外，智利的居民家里也摆放着很多铜制品，有的人甚至直接将铜镶嵌在门窗和家具上。

趣味大发现

复活节岛位于智利以西3700千米，是太平洋东南部的一个火山岛，因西方探险家在复活节当天登上此岛而得名。复活节岛因岛上近千尊巨大的石雕像而闻名世界。这些雕像多数是用凝灰岩雕刻而成，高7～10米，此外还有比这些雕像大一倍的半成品雕像。雕像绝大多数只有上半身，都长着长耳朵、大鼻子、薄嘴唇、深眼窝，呈现凝思或冷漠的表情，有的雕像头上还戴着红色的石帽，还有的雕像身上刻着至今都没能破译的神秘符号。

海岸线最长的国家

世界上海岸线最长的国家是位于北美洲的加拿大。加拿大濒临三个大洋，海岸线长约 24 万千米，远远领先于世界其他国家。

漫长的海岸线

加拿大位于北美洲北部，西北部与美国阿拉斯加州相邻，南部与美国本土接壤，总面积 998 万平方千米，是仅次于俄罗斯的世界第二大国，也是经济高度发达的工业国家。

加拿大东濒大西洋、西临太平洋、北靠北冰洋，海岸线长约 24 万千米。拥有世界第二长海岸线的印度尼西亚，海岸线长度仅有 5 万多千米；中国与加拿大国土面积相近，海岸线长度为 3.2 万千米；俄罗斯的国土面积远大于加拿大，但海岸线长度却不到 4 万千米。

加拿大的海岸线长度为何能断崖式地领先于其他国家呢？其广阔的国土面积就决定了海岸线会极为漫长，并且加拿大陆地仅与美国接壤，剩下的全是海岸线了。更重要的是，加拿大的海岸线极为曲折，又有着众多的岛屿，这些岛屿的海岸线也极为曲折。种种原因，导致加拿大的海岸线遥遥领先于其他国家。

经济强国

加拿大经济发展水平很高，是西方七大工业国家之一，高科技产业和服务业发达，资源工业、初级制造业和农业是国民经济的支柱产业。加拿大是世界主要矿业生产国和矿产品出口国，农业生产实现了机械化、专业化，劳动生产率水平很高，谷物总产量在世界上居前列。另外，加拿大渔业也极为发达。

有趣的文化

枫糖是加拿大的传统产品。每到3月，生产枫糖的农场便会去采集糖枫树的树液，熬制枫糖。他们在枫树上打个洞，用一根管子插在洞上吸出糖汁，放入锅中加热，便能熬出香甜可口的枫糖。此时，加拿大人还会举办热闹的枫糖节，当地居民热情地为游客们表演各种民

间歌舞。随着枫糖节带来的经济收益越来越好，如今的枫糖节会一直持续到6月底才结束。

冰球运动是加拿大著名的冰上运动，加拿大素有“冰球之乡”之称。19世纪中叶，冰球自安大略省的金斯顿兴起。冰球运动是滑冰技艺和曲棍球运动的结合，有较强的集体对抗性。冰球运动在加拿大普及程度很高，很多孩子三四岁时就进行冰球训练，如今参加此项运动的人数已达百万。冰球运动是冬季奥运会的正式比赛项目。

趣味大发现

因纽特人是加拿大的原住居民，主要生活在北极圈内的寒冷地带。雪屋是因纽特人独特的住宅，是用雪砖垒成的半球形房屋。雪屋外形看起来像蒙古包，有很强的御寒能力，屋内设有储藏室，有用雪筑成的高台卧床，铺着兽皮和树枝。雪屋有一个很小的门，通常会在南面开一扇小窗。如今，雪屋已经成为著名的旅游景点，吸引着世界各地的游客。

陆上邻国最多的国家

中国是世界国土面积第三大国，陆地面积约 960 万平方千米。中国也是陆上邻国最多的国家，与 14 个国家接壤，与 6 个国家隔海相望。

邻国众多

中国位于亚欧大陆东部、太平洋西岸，是一个海陆兼备的国家。在陆地上，中国与朝鲜、俄罗斯、蒙古、哈萨克斯坦、吉尔吉斯斯坦、塔吉克斯坦、阿富汗、巴基斯坦、印度、尼泊尔、不丹、缅甸、老挝、越南这 14

个国家接壤，是世界陆上邻国最多的国家。中国与韩国、日本、菲律宾、印度尼西亚、马来西亚及文莱隔海相望。

实际上，俄罗斯本土有 12 个陆上邻国，还有一块飞地，与 2 个国家相邻。也就是说，俄罗斯有 14 个陆上邻国，与中国并列陆上邻国最多的国家。

文明古国

中国历史悠久，与古埃及、古巴比伦、古印度并称“四大文明古国”，并且是诸多古国中唯一一个文明从未断绝、传承至今的。今天的中国人经过简单的训练和学习，就可以阅读2000多年前的人创作的文章，这对于世界其他国家来说是难以想象的。

中国地大物博，在江河、山川以及大地中蕴藏着很多宝贵的自然财富。几千年来，勤劳善良的中国人运用这些自然财富，创造出数不清的精神财富和物质财富。其中，精神财富以我们至今仍然享受到的古人在文化、发明方面的独特创造为代表，文化方面有诸子散文、汉赋、唐诗、宋词、元曲、明清小说等，发明方面则以四大发明为代表。流传至今的物质财富以古代建筑、雕塑等为代表，如万里长城、大雁塔、故宫、兵马俑等。

中国的饮食文化享誉世界。中国很多地区自然环境

差异大，文化底蕴各不相同，形成了不同的菜系，最具代表性的有粤、川、闽、湘等菜系。各个民族喜爱的食物也不尽相同。汉族偏爱米面，但也有地域差异，北方人喜欢吃面，南方人则更喜欢吃米饭；蒙古族主要吃牛肉、羊肉以及奶制品，他们钟爱奶茶；藏族喜爱喝青稞酒和酥油茶；朝鲜族喜欢吃冷面、泡菜、打糕。

趣味大发现

中国古代从夏、商、周直到明、清都没有把“中国”作为正式国名，比如唐朝的国号是“唐”，并不叫“中国”。1949 年中华人民共和国成立后，简称为“中国”。

地球最北端的国家

从地图上看，俄罗斯、芬兰、加拿大、挪威、瑞典、冰岛等都靠近北极圈，这些国家的很多城市位于北极圈内。其中，在地理位置上最靠北的国家，就是北欧的挪威。

极北之国

挪威位于斯堪的纳维亚半岛西部，西濒挪威海，南与丹麦隔海相望，东与瑞典接壤，东北与俄罗斯和芬兰相邻。

挪威的领土约有1/3在北极圈内，是地球最北端的国家。北极圈内的地区夏季会有一段漫长的时间没有黑夜，冬季会有一段漫长的时间没有白天，这就是极昼和极夜现象。

世界上最靠近北极点的城市是挪威的朗伊尔城。朗伊尔城位于斯瓦尔巴群岛中西部，距北极点仅有1300千米，一年中的大多数时间都处在极夜或极昼中，是世界最北端的可居住地区。每年的4月中旬至8月中旬为极昼，会有大批游客到这里参加冰川皮划艇、狗拉雪橇等活动，部分区域还允许驾驶雪车。

朗伊尔城是唯一一个判定死亡违法的城市，因为地下全是冻土，埋在地下的尸体不会腐烂，可能导致病菌遗存等严重问题。因此病人和年龄大的老人必须离开朗伊尔城，去挪威其他城市治疗和养老。

幸福指数很高的国家

挪威的油气资源非常丰富，石油工业在国民经济中起着支柱作用。挪威拥有丰富的水力资源，全国的大、中、小型水电站共有上千座，在水力发电领域名列前茅，是世界上唯一的完全依赖水电的国家。挪威拥有丰富的渔业资源，产鱼量位居世界前列，被誉为“渔业王国”。挪威工业化程度较高，机械、造船、化工、冶金、造纸、木材加工等工业部门十分发达。

挪威是高度发达的工业国家，人均国内生产总值和工资水平都位于世界前列，也是世界公认的高社会福利国家，常年在全球最幸福国家排行榜的前列。

趣味大发现

挪威靠近北极点，诞生了很多极地探险家，但第一个踏上北极点的却是美国探险家罗伯特·皮尔里。当时，挪威探险家罗阿尔德·阿蒙森原本也打算冲击北极点，听说皮尔里捷足先登，便转而向南极进发，成为世界上第一个到达南极点的人。

民族最多的国家

在非洲最大海湾——几内亚湾北部，坐落着非洲第一大经济体——尼日利亚。尼日利亚也是非洲人口最多的国家，有 2 亿多人生活在那里，这些人划分为 250 多个民族，使得尼日利亚成为世界上民族最多的国家。

西非文明古国

尼日利亚是西非的一个文明古国，这里曾建立卡奈姆－博尔努王国（扎格哈瓦游牧部落所建）、伊费王国（约鲁巴族所建）、贝宁王国（约鲁巴族所建）、奥约王国（约鲁巴族所建）等，豪萨族曾在尼日利亚北部地区建立 7 个城堡王国，史称“豪萨七邦”。后来，桑海族建立的

桑海帝国崛起，统治了尼日利亚大部分地区。西方殖民者到来后，尼日利亚沦为殖民地，遭到残酷掠夺，1960年独立，但独立后的尼日利亚曾多次发生军事政变。

尼日利亚石油和天然气资源都很丰富，已探明石油储量372亿桶，居非洲第二位（仅次于利比亚），石油产量则居非洲首位；已探明天然气储量达5.3万亿立方米，居非洲首位。丰富的资源使得尼日利亚一跃成为非洲第一大经济体，但对石油工业的过度依赖也是该国亟须解决的问题。

多元的文化

辉煌的历史和文化，再加上众多的民族，形成了尼日利亚多元的文化。尼日利亚有250多个民族，是世界上民族最多的国家。其中，北部豪萨人、富尔贝人较多，南部伊博人、约鲁巴人、卡努里人较多。豪萨族是尼日利亚最大的民族，原本的游牧民族富拉尼族也逐渐融入豪萨族文化，形成占尼日利亚人口 29% 的豪萨–富拉尼族。

豪萨族人的婚礼非常独特：新郎、新娘都不会参加婚礼，而是让“代理人”代为参加一切婚礼仪式。这两个代理人也不能是新郎、新娘的父母，通常是他们的伯父、叔父等。婚礼当天，新郎不会在自己家待着，而是会“躲”到朋友家中去。新娘则待在自己家中，沐浴打扮后与朋友一起聊天。婚礼的庆祝活动会持续 3 天以上，结束后新娘就会来到新郎家中与新郎共同生活。

趣味大发现

尼日利亚的电影工业非常著名，每年都会生产数千部电影，产量超过美国的好莱坞和印度的宝莱坞，因此得名“尼莱坞”或“瑙莱坞”。尼日利亚的电影多数没有精良的制作，情节也大多不够考究，但深受尼日利亚及周边国家人民的喜爱，产值仅次于好莱坞和宝莱坞，居世界第三位。

火山最多的国家

火山是一种位于板块交界处的独特地貌，一旦发生火山喷发，对气候、环境和人类的生命财产安全都会产生重大影响。世界上火山最多的国家是印度尼西亚，境内有400多座火山，其中包括超过100座活火山。

“火山之国”

印度尼西亚简称“印尼”，位于亚洲东南部，地跨赤道，是横卧于两大洲（亚洲、大洋洲）、两大洋（太平洋、印度洋）之间的群岛国家，是世界上面积最大的岛国，也是世界第四人口大国。

印度尼西亚由一万多个岛屿构成，其中6000多个岛屿上有人居住。人口最多的爪哇岛上有上百座火山，苏门答腊岛上有90多座火山，著名的旅游胜地巴厘岛上也有多座火山，例如著名的阿贡火山。

印度尼西亚的火山喷发非常频繁，阿贡火山、锡纳朋火山、默拉皮火山、桑厄昂火山、塞梅鲁火山、索普坦火山、克卢德火山等都在近些年喷发过，造成了重大损失。为了躲避火山、地震等灾害，印度尼西亚很早就打算将首都从爪哇岛迁到没有活火山的加里曼丹岛，目前迁都事宜已经启动。

“赤道上的翡翠”

印度尼西亚是一个火山、地震、海啸等自然灾害高发的国家，也是一个风景秀丽的国家，处处青山绿水，

气候宜人，有许多迷人的雨林、海滩，有“赤道上的翡翠”的美誉。巴厘岛是印度尼西亚巴厘省管辖的一个岛屿。这里属于热带雨林气候，全年高温多雨，一年四季都能见到繁盛的树木、美艳的鲜花和碧绿的小草，是世界闻名的旅游胜地，享有“绮丽之岛”“魔幻之岛”等诸多美称。

趣味大发现

苏门答腊岛是世界第六大岛，位于印度尼西亚西部，是一个名副其实的生物宝库。岛上大部分地区被热带雨林覆盖，生活着上万种植物，其中包括大王花等奇特植物。岛上还有近200种哺乳动物，包括苏门答腊犀牛、苏门答腊象、苏门答腊猩猩、苏门答腊虎、苏门答腊云豹等珍稀物种。

地震最多的国家

日本全国处于地震带上，一年到头会发生许多次各种震级的地震，每隔数年就会发生危害较大的地震。日本是世界上地震发生频率最高的国家，有人估计，全世界大约 1/5 的地震都发生在日本。

特殊的地理位置

日本是一个四面环海的群岛国家，西隔东海、黄海、朝鲜海峡和日本海，北隔鄂霍次克海，分别与中国、韩国、朝鲜、俄罗斯等国遥遥相望。日本由北海道、本州、

四国、九州四个大岛及其附近的一些小岛组成。日本国土南北狭长，海岸线漫长而曲折，总长超3万千米，沿岸多半岛、海湾和良港。境内山地、丘陵广布，沿海平原狭小。

日本群岛主要位于亚欧板块和太平洋板块交界处，处于环太平洋火山地震带上，从最北端到最南端有多个火山区，其中最著名的活火山要数富士山。富士山是世界上最大的活火山之一，也是日本的最高峰。

日本的地震发生频率极高，全球五分之一的地震发生在日本。为了应对地震，日本修建的房屋抗震性能很高，日本人对地震的应对方案也非常成熟。

物哀文化盛行

很多研究者认为，日本盛行的物哀文化与地震等灾害频发有着密切的关系。灾害频发，生命朝不保夕，加上日本的气候温和湿润，有些地方空气里时常弥漫着薄雾，自然景物便容易带着朦胧飘忽的梦幻美感。于是人们便会常常感叹美好事物稍纵即逝，初步建立了“物哀美”的意识。等到佛教传入日本后，佛教所揭示的诸行无常的思想更是强化了日本人对于物哀美的认识，从而形成了其特有的物哀文化。

物哀文化的符号就是日本的国花——樱花。每到春

天，日本几乎每个城市都会开满樱花。日本人喜爱樱花，不仅仅是欣赏它盛放时的绝美，更是在感受它转瞬即逝的凄美。樱花的花期长的时候可达 20 天，短的时候只有几天，让人感受到世间美好的短暂与珍贵。

趣味大发现

日本火山众多，形成了众多的温泉，境内大约有几千座温泉，不仅数量、种类繁多，而且质量很高。日本的温泉旅馆达数万家，多数日本人热衷于泡温泉，所以日本也有“温泉王国”的称号。

已探明石油储量最多的国家

石油是当今世界工业的“血液”，由古生物转化而来，几乎是不可再生的。而且，全世界的石油储量正在急剧减少，因此世界各国围绕石油的明争暗斗非常频繁和激烈，已探明石油储量较高的国家更是争斗的焦点。那么，世界上已探明石油储量最多的国家是哪一个呢？答案是南美洲的委内瑞拉。

自然禀赋优越

委内瑞拉位于南美洲大陆北部，东邻圭亚那，南接巴西，西邻哥伦比亚，北濒加勒比海。安第斯山脉由西南进入委内瑞拉境内，并在加勒比海沿岸转为东西走向。委内瑞拉地形分为山区、平原、高原三个区域。其中，西北部的马拉开波湖一带为山脉夹峙的低地，湖区是世界上最富饶、最集中的产油区之一。马拉开波湖上井架林立，位于马拉开波湖通往委内瑞拉湾的水道西岸的马拉开波是委内瑞拉的新兴石油城。

委内瑞拉自然资源丰富，石油是其最主要的矿物资源，探明储量约 3000 亿桶，居世界第一位，约占全球预测储量的 20%，预测远景储量超过 5000 亿桶。丰富的石油储量使得委内瑞拉成为世界主要石油输出国，委内瑞拉也是石油输出国组织（简称“欧佩克”）的创始成员之一。

石油为支柱产业

委内瑞拉农业发展缓慢，农业产值占国内生产总值比重极低，粮食不能自给。农业从业人数约占全国劳动总人口的13%，主要农产品有可可、咖啡、大米、玉米、甘蔗、土豆等。委内瑞拉种植咖啡、可可的历史久远。在石油业兴起前，可可、咖啡在国民经济中占有重要地位。委内瑞拉轻工业较发达，20世纪70年代后重点发展钢铁、石油化工等工业，主要工业部门有石油、铁矿、炼钢、建筑、电力等。

石油工业是国民经济的支柱产业，巅峰时期，委内瑞拉日均原油产量超过300万桶。21世纪以来，国际油价下滑对委内瑞拉经济造成了严重冲击，目前日均原油产量已不足100万桶。

委内瑞拉过度依赖石油工业和石油出口收入，经济发展模式单一，受国际原油市场价格波动影响，国家财政不堪重负，经济形势不容乐观。委内瑞拉为摆脱对石油的依赖做出了诸多努力，如发展旅游业等。

趣味大发现

玛格丽塔岛位于委内瑞拉东北部，在阿拉亚半岛以北的加勒比海中，是著名的旅游胜地。该岛于 1498 年被哥伦布发现，因盛产珍珠而驰名，又称“珍珠岛”，被誉为“加勒比海的珍珠”。南美洲独立先驱玻利瓦尔曾在此建立根据地，反抗西班牙的殖民统治。岛上多为印第安人，主要收入来源为捕鱼、采珍珠和旅游业。

高峰最多的国家

尼泊尔国土面积不大，却是世界上高峰最多的国家。世界上共有 14 座海拔在 8000 米以上的高峰，尼泊尔就拥有其中的 8 座，令人惊叹。

“高山王国”

尼泊尔是一个南亚国家，北邻中国，其余三面与印度接壤。尼泊尔位于喜马拉雅山南麓，处于最雄伟高峻的中段，其东、西、北三面均被群山环绕，有许多海拔非常高的山峰，因此尼泊尔被誉为“高山王国”。

尼泊尔境内海拔超过 6000 米的山峰有 200 多座，全球 8000 米以上的高峰共 14 座，有 8 座在尼泊尔境内：世界第一高峰珠穆朗玛峰、世界第四高峰洛子峰、世界第五高峰马卡鲁峰与世界第六高峰卓奥友峰，均位于尼泊尔与中国交界处；世界第三高峰干城章嘉峰，位于尼泊尔与印度交界处；世界第七高峰道拉吉里峰、世界第八高峰马纳斯卢峰和世界第十高峰安纳布尔纳峰，完全在尼泊尔境内。

登山爱好者的天堂

高峰林立的尼泊尔堪称登山爱好者的天堂，每年都有众多登山爱好者来到这里，人们不仅可以欣赏独特的自然风光，还可以尽情享受攀登高峰所带来的喜悦。同时，登山业是尼泊尔的重要收入来源。

尼泊尔是世界上最不发达的国家之一，经济发展缓慢，机械化水平低，主要依靠种植水稻、玉米、小麦、土豆等粮食作物与向日葵、花生等油类作物以及一些香料作物来换取少量外汇。而登山业能吸引大量国外游客，特别是登山爱好者，于是尼泊尔大力发展登山业。

居住在喜马拉雅山脉脚下的夏尔巴人，很多都是出色的登山家，以帮助国外登山爱好者开辟道路、后勤运送、导路、辅助攀爬等为业。世界上最早登上珠穆朗玛峰峰顶的人，就是新西兰登山家埃德蒙·希拉里和他的夏尔巴人向导丹增·诺尔盖。

来自世界各地的登山爱好者给尼泊尔带来了不少收入，但也带来严重的环境污染问题。仅在珠峰上就有数百吨垃圾，对环境和尼泊尔人的健康产生严重威胁。如何在发展登山业的同时解决环境污染问题，是尼泊尔面临的重大考验。

趣味大发现

尼泊尔国旗是当今世界上唯一的非矩形国旗（两个三角形部分重叠而成），也是唯一在比例上纵大于横的国旗。两个重叠的三角象征喜马拉雅山，深红色是尼泊尔国花红杜鹃的颜色，蓝色旗边象征和平和自然。

森林覆盖率最高的国家

由于全球自然条件复杂多样，森林覆盖率也天差地别。世界森林覆盖率最高的大洲是南美洲，其中南美洲北部的苏里南则是世界上森林覆盖率最高的国家。

森林之国

苏里南位于南美洲北部，东邻法属圭亚那，南接巴西，西连圭亚那，北濒大西洋。苏里南地势南高北低，境内大部分地区都是被密林覆盖的丘陵和低高原。北部是狭窄的沿海平原，接近甚至低于海平面，多沼泽；往南是丘陵地区，向南延伸至低矮的森林山脉——图木库马克山脉，该山脉沿巴西边界的中央山体延伸进境内；西南部有热带草原，但面积较小。

苏里南独特的地形地貌、高温多雨的气候以及众多的河流，为热带雨林的生长提供了完美的条件。苏里南的森林覆盖率超过95%，位居世界第一。苏里南人非常重视对原始森林的保护，设立了著名的苏里南中心自然保护区，保护区内有苏里南中西部特有的热带雨林，对周围的河流起到重要的保护作用。保护区拥有多种原始地形和生态系统，植物种类繁多。动物物种丰富，很多都是当地特有的动物，如巨犰狳、美洲虎、大河水獭等。

另外，这里还栖息着数百种鸟类，如圭亚那动冠伞鸟、深红色金刚鹦鹉等。

“小联合国”

苏里南号称“小联合国”，因为它几乎集中了世界各地的不同居民，如印度人、克里奥尔人、印度尼西亚人、丛林黑人、印第安人、华人、白人等，这些居民在一定程度上都保留着自己的民族传统，民族关系总体上是比较融洽的，让苏里南呈现出异彩纷呈的社会风貌。

苏里南的印第安人有独特的习俗，他们对雪茄情有

独钟，雪茄还被当作求婚的媒介物。在一些印第安人部落，如果一位小伙子爱上了一位姑娘，就会在一个精心挑选的好日子亲自到女方家拜访，送上自己精心制作的雪茄以示求婚的诚意。如果姑娘的父亲欣然接受，两家就可以进一步商讨结婚之事了。

趣味大发现

1667 年，苏里南成为荷兰的殖民地，称荷属圭亚那。第二次世界大战以后，世界各地的殖民地掀起了独立狂潮，荷兰也跟苏里南签订了条约，允许其自治，但仍然负责苏里南的防务、基建和教育等事业，苏里南人享有荷兰公民的身份和福利。此后，荷兰逐渐无力承受在苏里南的支出，积极推动苏里南独立，并支付了 35 亿荷兰盾的补偿，苏里南终于在 1975 年独立。

接受移民最多的国家

美国是一个传统的移民国家，也是世界上有计划地接受移民最多的国家。不仅如此，美国还是非法移民最多的国家，几乎每 20 多个移民中就有一个非法移民。

移民建立的国家

美国这片辽阔而富饶的土地上的最早居民，是数万年前由亚洲渡海而来的印第安人。15 世纪，西方人发现了美洲大陆，西班牙、荷兰、法国、英国的殖民者开始

向北美地区移民。1620年，一群遭受英国压迫的清教徒乘坐“五月花号”帆船来到今美国东海岸的普利茅斯港，开始创立一个不同于欧洲的公民自治社会，他们签订的《五月花号公约》被称为“美国的出生证明”。

到了18世纪中叶，当时的世界霸主英国已经在北美建立了13个殖民地，这些殖民地与宗主国之间的裂痕逐

渐增加。1775 年，北美独立战争爆发。1776 年，美利坚合众国正式建立。

扩张和移民并行

19 世纪初，伴随着美国西部开发和工业革命进程的加快，资本主义迅速发展起来。美国统治阶级开始进一步扩张领土，在发表《独立宣言》之后的 100 年内，美国的领土扩张了 10 余倍。

伴随着土地的扩张，美国也需要大量劳动力进行建设。来自德国、爱尔兰等国家的移民慢慢取代英国移民成为外来移民主体，美国人口中的非英裔居民比重大大

提高。此外，原住居民印第安人、被掠夺来的黑种人、原本属于墨西哥领土上的拉丁裔人以及通过各种渠道来到美国的华人劳工，都逐渐成为美国人口的重要组成部分。

第二次世界大战之后，美国占据了世界霸主的宝座，其政治、经济、科技和军事力量都居世界首位，吸引着全世界人的目光，“美国梦”促使无数人放弃故土，历尽艰辛到达美国这片土地来创造价值。

趣味大发现

白宫是美国总统的官邸和办公场所，但是最初它并不是白色的。19 世纪初，英军攻占华盛顿，并焚烧了白宫，造成原本棕红色的石质建筑被烧得黑漆漆的，修复人员刷上白漆后才有了“白宫”的雏形。直到 1902 年，西奥多·罗斯福总统把这座建筑正式命名为“白宫”，才有了现在的普遍叫法。

最早设立大学的国家

意大利原本是强大的罗马帝国的核心地区，后来分裂为众多城市共和国。1088 年，在今意大利北部的自由城邦博洛尼亚，诞生了世界上最古老的大学。

诞生于中世纪的大学

意大利位于欧洲南部，首都为罗马。从地图上看，意大利就像一只伸进地中海深处的长筒靴。罗马帝国时代，意大利处于这个庞大帝国的核心地带。罗马帝国灭亡后，意大利陷入长期的分裂状态。11 世纪，意大利北

部的博洛尼亚成为自由城邦。

1088 年，一群学者聚集在博洛尼亚，共同为罗马法典进行注释，建立起世界上最早的法学院。1158 年，博洛尼亚大学这个名字出现了，罗马帝国皇帝腓特烈一世在这一年宣布博洛尼亚大学作为独立研究的场所，不受当权者的影响。后来，逻辑学、天文学、医学、哲学、神学等方面的学者逐渐汇聚于博洛尼亚大学，使其成为欧洲各国学者向往的学术圣地。

文艺复兴圣地

14 世纪到 16 世纪期间，人文主义思想渗透进欧洲的文化和社会的方方面面，影响了人类文明进程，这一反映新兴资产阶级要求的欧洲思想文化运动被称为“文艺复兴”。文艺复兴就发源于意大利一个经济发达的城市

共和国——佛罗伦萨。为了满足人民对文化的需求，佛罗伦萨的统治者开始兴办公共学校，聘请相关学者讲学。与此同时，大量古希腊、古罗马文化典籍从东罗马帝国传到了意大利。随后，一场浩浩荡荡的思想解放运动席卷了意大利，又扩散到了欧洲诸国。

文艺复兴时期，博洛尼亚大学做出了突出贡献。文艺复兴的先驱、著名诗人但丁，就曾在博洛尼亚大学就读。文艺复兴巨人、日心说的提出者哥白尼，也曾在博洛尼亚大学学习，并在那里受到了良好的天文学教育。此外，博洛尼亚大学还为文艺复兴运动培养出一大批杰出的哲学家、画家、医学家等。

趣味大发现

公元 79 年，位于意大利南部那不勒斯湾东海岸的维苏威火山突然爆发，使当年罗马帝国繁华的庞贝古城一夜之间被摧毁。18 世纪中期，考古学家开始逐步在厚厚的火山灰下发掘庞贝古城的遗迹：不同姿态的尸体、斑驳的壁画、棋盘式的建筑布局……庞贝古城也成了众多旅游者向往的观览胜地。

建立第一所近代博物馆的国家

英国的文学和艺术对世界产生过巨大的影响，长期是世界文化中心之一。英国的博物馆汇聚了世界各国的文化瑰宝，英国也被称为“博物馆王国”。而建立于17世纪的英国牛津大学阿什莫林博物馆可以说是世界上第一所近代博物馆。

博物馆众多

英国十分重视文化的保存，全国有2500多所博物馆和展览馆对外开放，其中就包括近代博物馆的鼻祖——牛津大学阿什莫林博物馆。

1682年，英国贵族阿什莫林将其收藏的众多珍品全部捐献给牛津大学，就此开创了将私人收藏公之于世的博物馆模式，开创了近代博物馆的先河。阿什莫林博物馆位于牛津市中心的博蒙特街上，是世界上最早的公共

博物馆之一。阿什莫林博物馆的展品包括古代器物、西方艺术品、东方艺术品等。

随后，英国的博物馆如雨后春笋般涌现。在英国所有博物馆中，最有名的要数 1759 年正式对外开放的大英博物馆，它是世界四大博物馆之一，也是世界上历史最悠久的综合性博物馆之一。其外观是一座壮观的希腊复兴式建筑，博物馆里的藏品种类丰富繁多，为全世界博物馆所罕见。

来自全球的展品

英国博物馆众多，展品很多来自世界各地。例如，来自埃及

的木乃伊、罗塞塔碑，来自中国的敦煌壁画、敦煌经卷、珍贵瓷器、《女史箴图》《永乐大典》，来自希腊的帕特农神庙雕塑，来自西非的贝宁青铜器，来自美索不达米亚的珠宝和陶制品，来自印度的宝石……遗憾的是，这些光彩照人的文物，很多都是通过不光彩的方式来到英国的：它们是英国在全盛时期从世界各地掠夺而来的。

19 世纪的英国号称“日不落帝国”，作为工业革命的起源地，英国拥有了无可比拟的经济强权。英国在世界各地建立殖民地，对各大洲进行疯狂的掠夺，其中就包括很多珍贵的文物，并视为“战利品”（或谎称“纪念品”），堂而皇之地在博物馆中进行展览。我们期待这些文物会有“落叶归根”的一天。

趣味大发现

英语是英国的官方语言，也是全世界应用最广泛的语言。英语是一种简单独特的词汇系统，英国在“日不落帝国”时期在各大洲殖民地竭力传播自己的语言文化，这就使得不同国家的本土语言都有了英语的“烙印”。进入工业社会后，国际市场基本由英国与美国把控着，现代英语就在两国的影响下在世界各地广泛传播开来。

首都名字最长的国家

泰国位于中南半岛中部，南临泰国湾，其首都曼谷位于湄南河东岸，是中南半岛上最大的城市。“曼谷”这个名字是为了方便外国游客的称呼简化而成的，它真正的名字由 167 个泰文字母组成，被列入吉尼斯世界纪录，是世界上名字最长的首都。

“天使的城市”

曼谷的正式名称由 167 个泰文字母组成，翻译成中文的意思是“天使之城，宏伟之城，永恒的宝石之城，坚不可摧的神之城，存在九种宝玉的快乐之城，有

众多神在天上的住所一般的巍峨皇宫，神王命建筑之神兴建的大都会”，是吉尼斯世界纪录认证的最长的首都名字。由于名字太长，泰国人将其简称为 Krung Thep Maha Nakhon，就是“天使之城，宏伟之城”之意，中文译为曼谷。

曼谷是一座繁华的国际大都市，也是全球最受欢迎的旅游城市之一。这里有温暖的气候，美丽的自然风貌；有现代化的建筑，也有历史悠久的古老建筑；有完善的基础设施，各式各样的娱乐场所。再加上热情友好的曼谷人和诱人的泰国美食，每年吸引全世界数千万游客前来观光。

宗教氛围浓厚

曼谷的全名与佛教密切相关。实际上，整个泰国的宗教氛围都十分浓厚，泰国国民 90% 以上都是佛教徒。泰国文化主要以佛教文化为基础，加之中国的儒教、道教和西方思想的渗透，形成了包罗万象的独特文化。

泰国的许多礼仪与禁忌也与佛教有着密切的关系。泰国人见面时通常会将双手合十置于胸前，互致问候，甚至是从别人面前走过时，都会躬身表示礼貌。泰国人把头部看得极为神圣，如果擅自抚摸对方的头或挥手越过对方头上，都被视作带有侮辱的意思。相反的，脚对

泰国人来说就是处于最下等的地位：站立时，不能用脚踢门或是指东西；坐着时，不能将脚尖对着别人。泰国人习惯用右手给别人东西，以示尊重，因为右手对他们来说是高贵的，左手的地位较为卑微。

趣味大发现

泰国有着绚丽的色彩文化，他们从古代就开始用颜色表示日期：星期一是黄色，星期二是粉红色，星期三是绿色，星期四是橙色，星期五是淡蓝色，星期六是紫色，星期日是红色。这来源于佛教中一周七天对应不同的星，每颗星都以一位佛为守护者，这七位守护佛代表的颜色都不一样，所以每天的颜色也不一样。

首都最多的国家

世界上绝大多数国家都有首都，而首都往往是一个国家地理位置最重要或者经济最发达的城市。少数国家有 2 个首都，如南美洲国家玻利维亚的法定首都为苏克雷，行政首都则是拉巴斯。有趣的是，世界上还有一个拥有 3 个首都的国家，那就是非洲国家南非。

非洲经济大国

南非位于非洲大陆最南端，东濒印度洋，西接大西洋，北邻莫桑比克、博茨瓦纳、纳米比亚、斯威士兰和津巴布韦。莱索托在其东部，被其领土包围。

南非矿产资源丰富，是世界五大矿产资源国之一。现已探明储量并开采的矿产有70多种。铂族金属、氟石、铬、黄金、钒、锰、锆、钛、磷酸盐矿、铀、铅、锑等储量居世界前列。野生动物较多，有犀牛、河马、大羚羊和长颈鹿等动物。

南非是非洲经济发达的国家之一，生活水平在非洲名列前茅。农业、采矿业、制造业和服务业是四大经济支柱。畜牧业较发达，工业体系完善，矿业、制造业、建筑业和能源开发是南非工业的四大部门，深井采矿技术位居世界前列。主要有钢铁、化工、机器制造、食品加工、纺织等产业。此外，汽车制造等新兴产业发展较快。

3个首都

比勒陀利亚位于南非东北部，是南非的行政首都，也是豪登省的主要城市。该城为矿业城市，近郊是煤、铁、锡、白金、黄金、金刚石等矿的开采中心。市中心位于阿皮斯河西岸，布局整齐。街道两旁种植紫葳，又称“紫葳城”。市内多塑像、纪念碑、博物馆等，还有天文台、国家动物园和3处市立自然保护区。

布隆方丹位于南非中部，是南非的司法首都，南非的最高司法机关位于这里。布隆方丹风景秀丽，市内有众多花园，工农业和教育事业都比较发达，还被誉为南非最宜居的城市。

开普敦是南非第二大城市，仅次于南非的经济中心约翰内斯堡。开普敦是南非的立法首都，南非国会和很多政府部门坐落于该市。开普敦风光秀美、交通发达，是一个旅游城市，著名的好望角就位于该市南部。

趣味大发现

每年的 12 月 16 日是南非的公共假日——和解日。这个节日开始于 1994 年，是在废除种族隔离制度之后设立的。在这一天，各个种族、各种肤色的人会聚集在一起庆祝，如进行各种族一起参加的跑步比赛等。

最早的永久中立国

一提到瑞士，大家首先想到的可能是它的知名标签：瑞士手表、瑞士银行和瑞士军刀等。瑞士除了有让人拍案叫绝的工业技术，还是世界上最早的永久中立国。

“欧洲的心脏”

瑞士是位于欧洲中部的内陆国，与德国、奥地利、意大利、法国和列支敦士登接壤。这里地势高峻，矿产资源匮乏，但水力资源和森林资源都很丰富。

11世纪时，瑞士成为神圣罗马帝国的一部分。1291年，瑞士境内的几个州组成反哈布斯堡王朝的永久同盟，瑞士开始以国家的形式存在，但时常遭到周边强国的蚕食、分裂。16世纪起，瑞士开始执行中立政策。1648年，瑞士联邦宣布独立。在1815年的维也纳会议上，瑞士成为各国承认的永久中立国。瑞士在两次世界大战中都保持中立。

中立之道

瑞士地势险要、易守难攻。一旦发生战争，周边的德国、法国、意大利等军事强国都想将这里据为己有，但又害怕其他国家占据瑞士。这种心理使得任何一国想

要占据瑞士，都会遭到其他国家的反对，瑞士反而得以保全。同时，瑞士没有值得其他国家觊觎的资源，这也是该国如愿成为中立国的重要原因。

更重要的是，瑞士的中立并非来自邻国的“施舍”。该国实行武装中立的政策，全民皆兵，常年保持强大的军事力量，让任何来犯之敌都不敢轻视自己。同时，瑞士境内有无数个防空洞和地下掩体，这些地下设施四通八达，密集交叉，在战争中可以庇护所有国民。

瑞士银行

中立国的地位、完善的金融业体系和严格的保密制

度等，使得瑞士银行举世闻名。从 20 世纪 30 年代起，就有很多德国科学家、艺术家、教育家和犹太裔的企业家因战争的原因将自己的财产转移到瑞士银行。直到今天，还是有来自世界各地的巨额资金源源不断地流入瑞士，瑞士因此得到“世界保险箱”的别称。

趣味大发现

瑞士国旗看上去和国际红十字会标志很相似，这是因为最早的“红十字会”就是由一个瑞士商人号召本国的将军、律师、医生所组成的五人委员会，他们采用倒转的瑞士联邦国旗的颜色，以白底红十字作为组织的识别标志。

出口花卉最多的国家

荷兰的郁金香闻名于世，郁金香不仅是荷兰的国花，也是荷兰主要的鲜花出口品种之一。近年来，荷兰园艺产品的出口额达近百亿欧元，出口花卉最多的国家非荷兰莫属。

郁金香之国

荷兰位于欧洲西北部，全境几乎都是低地，大约 1/4 的面积低于海平面，有 1/3 的面积高出海平面仅 1 米，是不折不扣的“低地之国”。

荷兰农业十分发达，农产品出口额居世界前列，是世界奶酪生产大国，以小城豪达的奶酪最为有名。荷兰的花卉生产和出口均居世界首位，因种植郁金香闻名于世。每年春天，荷兰遍地盛开的郁金香格外惹眼，其中最有名的观赏区域要数海牙到阿姆斯特丹中间这一带。

荷兰培育、种植郁金香的历史已有400多年了。当地人栽培出数千种郁金香，有直径10多厘米的巨型郁金香，也有个头较小的迷你郁金香，甚至还有混色或者接近黑色的珍稀品种。

风车之国

除了郁金香，荷兰还有一个象征性的符号，那就是风车。荷兰曾经拥有上万座风车。如今虽然风车几乎失

去了实际用途，但荷兰仍然保留着上千座风车，远超世界其他国家，是一个名副其实的“风车之国”。

荷兰濒临大西洋，处于盛行西风带，是一个典型的海洋性气候国家，一年四季盛行西风且海陆风长年不息，这种得天独厚的风力资源当然是要充分利用的。荷兰最早的风车主要用于磨粉，到了17世纪前后，风车开始用于对从世界各国运过来的诸如亚麻子、胡椒等原料进行加工。

因为地势低，荷兰对围海造陆有着迫切的需求，所以制造出一种带有滚轮的风车进行排水，来推进这个浩大工程。对荷兰人民而言，正是风车的存在才保障了他们正常的生活，所以荷兰人在民歌和谚语中常常赞美风车，荷兰风车的名声也传向了全世界。

趣味大发现

古往今来，荷兰人都以善于航海而著称。16至17世纪，荷兰的航海家和商人把通往世界各地的航运路线控制住，进行黄金与香料交易，还在加勒比海地区和东南亚建立了殖民地，荷兰便成了当时全球最大的海上殖民帝国，被称为“海上马车夫”。现在荷兰的造船技术在世界上仍有较大的竞争力。

奢侈品品牌最多的国家

法国是一个极富魅力的国家，是世界上接待游客最多的国家之一。法国也是不折不扣的“奢侈品王国”，拥有众多奢侈品品牌。

浪漫国度

法国位于欧洲大陆西部，法国首都巴黎号称“浪漫之都”，许多著名建筑集中在美丽的塞纳河两岸，如埃菲尔铁塔、巴黎圣母院、卢浮宫等，这些享誉全球的建筑

散发着迷人的气息，令世界各地的游客无限向往。

热爱美和浪漫是法国人闻名于世的特点，他们创造的文学艺术作品在世界上享有极高的声誉。法国人的艺术天赋也表现在对服装、鞋帽、香水、化妆品、皮包等的审美上。发达的经济使得法国人追求更高品质的商品。因此，法国诞生了大量奢侈品品牌，很多品牌成功地走出国门，受到全世界消费者的喜爱。据统计，法国有数十个顶级奢侈品品牌。

烹饪大国

法国人的奢侈享受除了表现在奢侈品上，还表现在饮食上。不同地区的法国料理也具有不同的特色，一般来说，法国人的日常餐桌上离不开奶酪的调剂，奶酪种

类达数百种。法国是香槟和白兰地的故乡，法国人对酒的喜爱胜过咖啡或茶。法国还拥有别样的面包文化，面包的数量达上百种，颜色、大小、形状各异，最出名的就是长条状的“法棍”。

相比素食，法国人更喜欢吃肉。法国有很多特色名菜，牛排和鹅肝在中国颇为有名，除此之外，还有牡蛎、烤蜗牛、红酒炖鸡等。大名鼎鼎的“米其林餐厅”来源于法国人创建的《米其林指南》，上面收录的西餐厅已经成为业界的标杆。

趣味大发现

说起奢侈品，欧洲还有一个国家可以与法国一较高下，那就是意大利。意大利也是一个有着众多奢侈品品牌的国家，很多品牌都有上百年的历史，深受全世界消费者的喜爱。在奢侈品行业，法国和意大利的竞争是个经久不衰的话题。

养羊最多的国家

世界上养羊最多的国家要数“骑在羊背上的国家”——澳大利亚。澳大利亚有数亿只羊，是世界上最重要的羊肉、羊毛出口国之一。

“骑在羊背上的国家”

澳大利亚是南半球经济最发达的国家，也是全世界农牧业最发达的国家之一。澳大利亚四面环海，是世界上国土面积第六大的国家，人口却只有2639万（2023年7月），是一个地广人稀的国家。

澳大利亚地域辽阔，自然资源丰富，农牧业在国民经济中占有举足轻重的地位。澳大利亚的地势低平，草

场十分辽阔，有着发展畜牧业的得天独厚的条件。因此，该国的羊肉、羊毛等产品的产量和出口量在世界名列前茅。

据称，澳大利亚原本没有羊，18 世纪时欧洲移民到了这里，带过来了几十只绵羊。澳大利亚的环境、气候非常适合绵羊生长，还有着优良的草场，使得养羊业迅速成为当地的重要产业。到了 20 世纪中期，澳大利亚的绵羊已经超过 1 亿头，同时该国成为世界上最大的羊毛出口国。

“坐在矿车上的国家”

1788 年，英国殖民者登陆澳大利亚悉尼港，在这里建立起殖民地，澳大利亚的文化也就分为 1788 年之前的土著文化和 1788 年后逐步形成的多元文化。英国占据澳大利亚之后的第一个世纪，澳大利亚都被作为英国罪犯

流放地。到了 19 世纪中期，这里的羊毛产业已经非常发达，又发现了金矿，世界各地的人们迅速涌入澳大利亚。

随后，澳大利亚的各种矿产资源得到更充分的开发。澳大利亚的铁矿石产量居世界首位，铝土矿也一度居世界首位。同时，澳大利亚是世界上最大的液化天然气和煤炭出口国。澳大利亚许多金属矿、非金属矿的蕴藏量也居世界前列。因此，澳大利亚也得到了“坐在矿车上的国家”的美称。其丰富的森林资源和海洋资源令世界诸多资源匮乏的国家艳羡。

趣味大发现

澳大利亚位于一个独立的大陆之上，那里有很多独特的动物。其中，袋鼠、树袋熊（考拉）、鸭嘴兽、鸸鹋等，都深受世界人民的喜爱，且有着重要的科学价值。

养牛最多的国家

有一个国家，养着数亿头牛，但很多人却把牛当成神圣的动物，不肯吃牛肉。这个国家就是南亚大国印度。据统计，印度是世界上养牛最多的国家。

南亚文明古国

印度是南亚次大陆最大的国家，东北部同中国、尼泊尔、不丹接壤，东部与缅甸为邻，东南部与斯里兰卡隔海相望，西北部与巴基斯坦交界，孟加拉国则夹在印度东北

国土之间。印度是世界人口大国，也是一个拥有漫长历史的文明古国。

哈拉巴文明是古印度最早的文明。从已经发掘的哈拉巴遗址来看，城市的规划和建筑具有相当高的水平，其金属加工技术和制陶、纺织的技术都非常发达。

古印度在文学、哲学和科学等领域对世界都有杰出的贡献：文学上创作了不朽的史诗《摩诃婆罗多》；哲学上创立了古老的逻辑学——“因明学”。古印度也是世界三大宗教之一——佛教诞生的地方。

备受尊崇的牛

在印度，印度教的影响非常大。印度教教徒遵行种姓制度，把人分成地位不同的四个等级：贵族阶层婆罗门、把持国家军事和行政大权的刹帝利、商农阶级吠舍和最低等的首陀罗。其中，婆罗门地位崇高，他们认为牛，特别是黄牛的亚种、脖子上长着牛峰的瘤牛是神圣的动物，所以不吃牛肉。因此，牛在印度社会有着很高的地位。

在印度，牛像人一样在街上随意游荡，过往的汽车不会鸣笛催促，还会为它们让路。在一些重大的祭祀活动中，人们会用绸缎、绶带等给牛打扮，将其带入圣殿进行祈祷。一些外观比较奇特的瘤牛，还会受到人们的祭拜。

趣味大发现

我们熟悉的阿拉伯数字，其实是古印度人发明的，后来由阿拉伯商人带到了西方，因此被称为“阿拉伯数字”，并逐渐在全世界得到广泛应用。阿拉伯数字的发明，是古印度为世界做出的杰出贡献之一。

了不起的世界之最

宇宙之最

YUZHOU ZHI ZUI

王旭东◎主编

SPM 南方传媒 | 广东人民出版社
·广州·

图书在版编目（CIP）数据

了不起的世界之最：全 8 册 / 王旭东主编. — 广州：广东人民出版社，2024.1

ISBN 978-7-218-17241-5

Ⅰ. ①了… Ⅱ. ①王… Ⅲ. ①科学知识—少儿读物 Ⅳ. ① Z228.1

中国国家版本馆 CIP 数据核字（2023）第 252144 号

LIAOBUQI DE SHIJIE ZHI ZUI

了不起的世界之最

王旭东　主编

出 版 人： 肖风华

责任编辑： 马妮璐
责任技编： 吴彦斌
装帧设计： 朝旭文化

出版发行： 广东人民出版社
地　　址： 广东省广州市越秀区大沙头四马路 10 号（邮政编码：510199）
电　　话：（020）85716809（总编室）
传　　真：（020）83289585
网　　址： http://www.gdpph.com
印　　刷： 天津泰宇印务有限公司
开　　本： 890mm×1240mm　1/32
印　　张： 24　　**字　　数：** 230 千
版　　次： 2024 年 1 月第 1 版
印　　次： 2024 年 1 月第 1 次印刷
定　　价： 138.00 元（全 8 册）

如发现印装质量问题，影响阅读，请与出版社（020-85716849）联系调换。
售书热线：（020）87716172

前言

人类发展的驱动力，很大一部分来自无穷无尽的好奇心，因此人类对于未知事物有着永无止境的探索欲望。面对充满奥秘的世界，我们不禁想要知道：最高的山有多高？最大的动物是什么？最像地球的行星是哪颗？

我们在满怀疑问探索大自然的同时，不知不觉间也创造了许多难以想象的奇迹：第一盏电灯、最高的建筑、第一个进入太空的人……各种各样的“世界之最”彰显出大自然的独特魅力、历史的源远流长、宇宙的神秘莫测以及人类的无穷智慧。

为此，我们编写了《了不起的世界之最》系列丛书，按地理、动物、植物、宇宙、建筑、人类、国家、文艺八个主题，讲解一个个令人眼界大开的“世界之最”。本套丛书每册为一个主题，每篇内容紧扣每个“世界之最”的突出特点，并设置了生动的小标题，有助

于小读者快速理解相应的知识。

本套丛书注重内容的知识性与趣味性，选用大量有趣的真实事例，使用前沿数据资料，从少年儿童的认知水平以及阅读能力出发，用生动活泼的语言给小读者讲解众多新奇、罕见的科学知识，将小读者领进丰富多彩的科学世界，使小读者在开阔视野的同时收获知识，提高综合能力。

本套丛书体例编排注重各篇章间的逻辑层次和内在联系，海量的知识并非简单生硬地罗列，而是有着清晰的结构和明显的层次感；版式灵活多变，插图精美清晰、富有视觉冲击力，让知识一目了然，给小读者展示了一个个直观、真实、精彩的“世界之最”。

总而言之，本套丛书集合了诸多领域的科学知识，视角独特、内容全面、图文并茂，能够为小读者打开知识的大门，满足小读者旺盛的好奇心和强烈的求知欲，让孩子在阅读中锻炼探索能力，提高综合素养。

现在，请小读者翻开本书，去探寻那些令人大开眼界的“世界之最”、领略世界的独特魅力吧！

目录

规模最大的爆炸

在天文学中，宇宙被定义为由空间、时间、物质和能量所构成的统一体，是一切空间和时间的总和。现代理论普遍认为，宇宙是在一次大爆炸中诞生的，也就是人们说的“宇宙大爆炸”，毫无疑问，这是有史以来规模最大的爆炸，它是一切空间和时间的起源。

一切时间和空间的起源

“宇宙大爆炸”是科学家根据现代天文观测资料推

断出的一种理论，也是现代宇宙学中影响力最大的假说。这种说法认为，大约在 140 亿年前，宇宙尚未形成，一切物质都高度集中在一起，形成了一个密度无限大、温度无限高的点，被称为“奇点”或“原始火球”。在那时，一切时间和空间都不存在。

后来，“原始火球”再也无法承受如此高的密度，便发生了大爆炸。在这次大爆炸后，一些构成宇宙的物质开始向外飞散。经过漫长的演化过程，这些物质又拼接在一起并相互结合，形成了星系和各种天体，进而演化出星系团、恒星等，最终形成了现在的星空世界；另外还有一部分物质在强大的引力作用下，形成了宇宙物质。

宇宙在膨胀

科学界对“宇宙大爆炸”理论的接受是循序渐进的，最主要的证据就是“宇宙膨胀”理论。20 世纪 40 年代，美国科学家伽莫夫提出了“热大爆炸宇宙学模型”。他认为宇宙曾经历了一次大爆炸，从此宇宙就不断膨胀，其中的物质也在不断冷却、互相远离。我们假设宇宙是

个气球，宇宙中的物质全部分布在气球表面，我们不断吹胀气球，上面的物质相距越来越远，彼此远离的速度也越来越快。

宇宙会膨胀，证明这些星体原来是靠近的，如果我们能够让时间“倒带”，就能够发现，很久以前，它们正好在同一个点上。20 世纪 60 年代，天文学家又发现了来自宇宙空间背景上的各向同性的微波辐射，并且这种辐射遍布宇宙，它有可能是当年大爆炸遗留下的余热，从某种意义上说，这也支持了宇宙大爆炸的观点。

大爆炸理论得到了许多天文学家的支持，而事实也

是如此：从宇宙大爆炸开始，宇宙就一直在膨胀，宇宙中的星系也离我们越来越远。

趣味大发现

四面八方的星系都在离我们远去，是不是说明我们所在的地球就是宇宙的中心呢？答案是否定的，因为宇宙根本没有中心，或者说处处都是中心。因为宇宙像一个被均匀吹胀的无限大的气球一样在不断膨胀，每个点都能看到“邻居”在离自己远去。

已知最适合生物生存的星球

虽然浩瀚无垠的宇宙中有无数星辰，从概率上看智慧生命的存在几乎是一种必然，但目前看到的现实却是一片死寂。地球生机勃勃，是目前已知唯一有生命存在的星球，并且是最适合生物生存的星球，是我们赖以生存的唯一家园。

宇宙的奇迹

一颗星球上出现生命是一件概率极低的事情，必须要满足三大条件。

第一，它要有一个合适的质量。如果质量太小，就无法靠引力吸引气体，形成大气圈；如果

质量太大，就会吸引过多的气体，从而变成一颗气体行星；如果质量像恒星那么大，则会因为引力发生核聚变，生物会因为高温而无法生存。第二，与太阳的距离要适中。离得太近，星球表面的水分会被晒干；离得太远，所有的水分会变成冰，难以取用。第三，行星内部的活跃程度要适中。如果内部活动太少，则不会发生地质活动，大气和磁场就无法形成；如果内部活动太剧烈，地震、海啸、火山喷发等灾害会变得十分频繁，不适合生物生存。

地球不仅完全满足了这三大条件，并且有生物所需的一切物质：阳光、水、氧气等。氧气、水和食物不断更生循环，物质供应便源源不断，因此，地球成为孕育生命、繁衍生命的天然温室。总而言之，地球是宇宙中的奇迹，而地球上又诞生出了智慧生物——人类，这更是奇迹中的奇迹。

寻找地外生命

1974 年，著名天文学家卡尔·萨根曾表示，仅在银河系内就可能存在 100 万个有智慧生命的行星。但是我们的技术还没有先进到可以随意探测银河系内的行星，更不用说与可能具有文明的智慧星球取得联系了。

科学家们分析了地球的演变历史和形成文明的环境条件后，提出了地球外智慧生命存在的必要条件：有一个类似地球的行星，并能绕类似太阳的恒星运动，生命演化过程中，被绕行的恒星必须不断发光，使其得到辐射能量。然而，尽管恒星周围形成原始行星胎的可能性很高，但受观测条件限制，我们目前只能找到靠近太阳系的亮的恒星，因此，尚未发现符合类似条件且靠近我们的行星，也就无法确定地球之外是否有生命存在。

趣味大发现

人类对地球的认识经历了漫长的过程。商周时期，人们认为大地像一个方形的棋盘，而天空则像一个圆形的锅盖。战国时期，人们认为天与地就像蛋壳一样包裹着地球，地球就漂浮在水上或者气上。到了 16 世纪，麦哲伦船队首次完成了环球航行，终于证明了地球是个球体。后来，在哥白尼的努力下，人类才认识到地球不是宇宙的中心，它只是太阳系的行星之一。

距离地球最近的星球

月球是距离地球最近的星球，是地球唯一的卫星，它与地球相伴了几十亿年之久。自古以来，人类对月球就充满了好奇，幻想着上面有嫦娥、玉兔和伐桂的吴刚。目前，月球是除地球外人类研究最多，也是唯一登陆过的星球。

寂静荒芜的世界

月球比地球小得多，它的直径约为地球的 1/4，质量只有地球的 1/81 左右，月球上的重力也很小，大约只有地球的 1/6，这就使得它无法吸引住大气，所以月球上几乎没有大气层。没有大气层，就不会有光的散射，所以月球上能被太阳

光照射到的地方很明亮，照不到的地方就是一片漆黑；没有大气层，水分蒸发就十分迅速，月球无法保持住水分，就不会产生风云雷电、雨露霜雪等天气现象。在这样的条件下，人和动物是不能在那里生活的，所以，美丽的嫦娥、洁白的玉兔、伐桂的吴刚等美好的想象在现实中是不可能存在的。

月亮其实不发光

月亮根本不会发光，我们晚上看到的月亮发出的银白色的光，其实是月亮反射的太阳光。因为我们看到月亮的时候，南半球是白天，太阳光就通过月亮反射到我们所在的北半球；当北半球是白天的时候，月亮又会反射我们这里的太阳光，照亮南半球。

月亮的亮度只有太阳的几十万分之一，我们即便直视月光也不会觉得刺眼。虽然月光是反射的太阳光，但由于月亮表面是凹凸不平的，并不能像一面光滑的镜子一样反射全部的太阳光，只能反射很少的一部分，不然，晚上要比现在亮得多了。

坑坑洼洼的表面

从照片上我们能看到，月球的表面是坑坑洼洼的。月球上的地形主要有低洼的平原（月海）、高地（月陆）

以及山脉等。最有特色的则是大大小小的圆形凹坑，称为“月坑”或“环形山”。环形山构造复杂，种类繁多，大小不一，其直径相差很大，小的只有几十厘米或更小，大的可达上百米。

趣味大发现

由于引力的作用，月球一直都只有一面朝向地球，因此，古人从来没见过月球背面的样子。直到 1959 年，苏联发射了月球 3 号探测器，专程前往月球的背面一探究竟。原来，月球的背面不像正面一样有很多月海，而是布满密密麻麻的陨石坑，很有可能是月球为地球挡住小天体的撞击而形成的。

太阳系中公转最快的行星

在离地球较近、肉眼能看到的五大行星中，水星是最神秘莫测的一个。因为它个头最小、离太阳又最近，因此，总是躲藏在强烈的阳光里，让人们难以一睹它的容貌。不过你可不要小瞧水星，它可是许多“最”纪录的保持者呢！

水星一日，地球两月

在太阳系八大行星中，水星离太阳最近，受到太阳的引力也最大，因此，它在轨道上运行得比其他行星都快，为 48 千米 / 秒，比地球的轨道速度快 18 千米 / 秒，这样的速度，只需 15 分钟就能环绕地

球一周。水星年也是太阳系中最短的，水星绕太阳公转一周只需要 88 天，还不到地球上的 3 个月，因此，在希腊神话中水星被比作脚穿飞鞋、手持魔杖的使者。但水星日比别的行星长，水星上的一天（水星自转一周）将近地球上的 2 个月（约为 58.65 个地球日）。在 1 水星年里，只能看到 2 次日出和 2 次日落，那里的“一天半”就是“一年”。

冰与火的世界

水星还是太阳系中最小的行星，它的半径约为 2440 千米，体积仅为地球的 5.6% 左右。由于水星离太阳比地球近得多，还不到日地距离的一半，所以在水星上看太阳比在地球上看到的太阳大得多，也更耀眼。更为奇特的是，因为水星上没有大气，所以可以看到星星和太阳同时在天空中闪耀。

由于水星离太阳十分近，再加上没有大气的调节，所以在太阳的烘烤下，水星向阳面的温度最高时可达430℃。而处于夜晚的水星背面，温度可降到零下160℃，昼夜温差近600℃，可以夺得行星表面温差最大的冠军，是一个处于火和冰之间的世界。

水星的表面结构与月亮很像，到处是大大小小的环形山。在国际天文学联合会已命名的310多个水星环形

山的名称中，有 15 个是以中国文学家、艺术家的名字命名的，如伯牙、蔡琰、李白、李清照、鲁迅等，以此来纪念他们的杰出成就。

趣味大发现

水星凌日是一种奇特的天文现象，它的原理与日食相似。当水星处于太阳和地球之间，且恰好三者基本在一条直线上，便会发生水星凌日现象。和日食不同的是，水星比月亮离地球远，其直径仅为太阳的一百九十万分之一。所以，水星凌日发生时，水星挡住太阳的面积非常小，不足以使太阳亮度减弱。我们用肉眼是看不到水星凌日的，只能通过望远镜进行投影观测。观测时，我们会发现一个黑色小圆点横向穿过太阳圆面，这黑色小圆点就是水星的投影。地球在每年 5 月 8 日前后经过水星轨道的降交点，在每年 11 月 10 日前后经过水星轨道的升交点。所以，水星凌日可能发生在这两个日期前后。

太阳系中最亮的行星

金星是太阳系中最明亮的行星，也是除太阳和月球外，在地球上能用肉眼直接看到的最亮的天体。由于金星的内部结构、化学成分和表面状况与地球十分相似，因此，它被称为“地球的姐妹星”。实际上，金星表面的环境与地球是截然相反的。

耀眼的太白金星

我国古人把夜晚降临时出现的第一颗星叫作“长庚星”，把清晨到来前消失的最后一颗星叫作“启明星”，其实，“启明星”“长庚星”都是金星，它发出银白色的亮光，璀璨夺目，在古代，金星还被称为“太白金

星”。金星的亮度仅次于太阳和月球。金星最亮时，比夜空中最亮的恒星——天狼星还亮。

金星如此明亮的原因有两点：一方面，金星的表面包裹着一层厚厚的橙黄色的云雾，这层云雾反射日光的本领很强，大约有 65% 的阳光会被它反射出来，而且这层云雾对红光的反射能力强于蓝光，所以，大部分时间我们看到的金星会呈现金红相间的颜色；另一方面，金星距离太阳很近，太阳系八大行星中，金星是距离太阳第二近的行星，平均距离仅 1.08 亿千米，这就使得太阳照射到金星的光比照射到地球的光多得多，所以，这颗行星显得特别耀眼。

金星的真面目

金星表面橙黄色的云雾令许多天文爱好者神往，科学家经研究发现，这层迷人的云雾竟是具有强烈腐蚀作用的浓硫酸雾，而且有 15 千米厚。因此，如果金星上下雨，下的将是硫酸雨。此外，金星大气中的成分主要是二氧化碳，占气体总量的 97%，而氧气仅占 0.4%，这与地球上大气的结构刚好相反。在如此高强度的温室效应下，金星表面的温度高达 467℃。不仅如此，金星上几乎

每时每刻都有雷电发生。地球的大气压约为 1 个标准大气压，而金星地表的大气压接近 100 个标准大气压，相当于地球海洋深处 1000 米的水压。人的身体是无法承受这么大的压力的。所以，如果真有航天员能够登陆金星，那么等待他的将是酸性的气体、极高的温度、无尽的闪电和巨大的气压！

趣味大发现

八大行星中，金星的自转方式最为独特，它的自转与公转方向相反，是逆向自转。假如我们站在金星上看太阳，太阳将从西方升起，在东方落下。金星的自转速度十分缓慢，自转一周需要 243 个地球日，而围绕太阳公转一周需要 224.7 个地球日，因此，金星上的“一天”比“一年”还要长。

太阳系中最像地球的行星

太阳系中，火星是地球的“近邻”之一，它呈现出火一般的红色光芒，“荧荧之火，离离乱惑”，有时明亮，有时黯淡，有时在东，有时在西，来去无踪，飘忽不定令人迷惑，因此，我国古人称其为“荧惑”。火星是太阳系中最像地球的行星，被认为是太阳系中最有可能存在地外生命的行星。

地球的“兄弟”

火星素有“小地球”之称。它的半径为3400千米，几乎是地球半径（6378千米）的一半，质量约为地球的11%。相比地球，火星绕太阳公转的轨道比较长，运行的速

度也慢些，火星上的一年有 687 天。另外，火星的自转周期为 24.5 小时，火星上的一天和地球上的一天差不多长。火星是唯一一颗自转周期与地球相近的行星。不仅如此，火星自转轴的倾角和地球非常接近。火星上也有四季交替，只是它的每一季都是地球的 2 倍长。有趣的是，火星也有 2 个白雪皑皑的极冠。这 2 块白色区域也是冬季增大，夏季消融缩小。

极寒之地

火星上的大气十分稀薄，密度还不到地球大气的 1%。如此稀薄的大气根本无法保存热量，导致火星表面温度极低，平均温度为 -63℃，最低时可达 -143℃。火星大气中含有水分，因此，会出现云、雾、霜等现象。

到了寒冷的夜晚，所有水汽都会被冻结成霜，但太阳出来后，便云消雾散了。

火星上有多种多样的地形，如高山、平原和峡谷，但大部分地区是含有大量红色氧化物的沙漠。火星上每年有 1/4 的时间会发生尘暴，有时大尘暴从一个地区开始，数天之内席卷全球，尘埃高达几千米，遮天蔽日。

寻找火星生命

在太阳系中，火星一直是备受关注的类地行星，人们对火星上是否存在生命一直存在极大的兴趣。然而，宇宙探测器从火星上发回的资料表明，火星上尘埃满天、荒漠满地，是一个没有生命的荒凉世界。

几十年来，尽管火星探测器对火星的探索不断深入，人们依然没有发现火星上存在生命的任何证据。不过，

科学家发现火星上有很多蜿蜒曲折的网状水道和星罗棋布的岛屿，联想到地球上“沧海桑田”的典故，科学家们推测火星曾经有更多的大气和更温暖的气候，而且火星表面可能曾经有水流过，这是生命出现的良好契机，继续朝这个方向进行研究，可能会取得一定的突破。

趣味大发现

火星两极的冰冠和火星大气中含有水分。目前的观测数据表明，在远古时期，火星表面曾经有湖泊甚至海洋。现在我们在火星表面可以看到众多纵横交错的河床，可能就是当时经水流冲刷而形成的。此外，火星表面的许多水滴形“岛屿”似乎也证实了这一推测。

太阳系中最大的行星

木星是太阳系中最大的行星，它质量巨大，吸引了许多小天体成为自己的卫星，仿佛一个小规模的太阳系。实际上，由于木星质量大，能发热，因此确实有许多人认为木星有可能接替太阳，成为太阳系中的第二颗恒星。

“行星之王”

木星的质量约为地球质量的318倍，是其他七大行星质量总和的2.5倍。其半径达71400千米，约为地球半径的11倍。它的体积约为地球的1321倍，比其他七大行星体积的总和还要大。因此，称木星为太阳系的“行星之王”一点也不为过。天文学上

把木星这类巨大的行星称为“巨行星”。

木星最引人注目的便是它表面那些明暗相间的条纹，它们位于木星顶部的云层，与木星的赤道平行。和其他七大行星一样，木星也有自转和公转。木星的公转周期为 11.86 年，而自转一圈仅需 9 小时 50 分。如此快的自转速度下产生的离心力把木星顶部的云层拉成了条状，从而形成了这些条纹。其中亮色的地方是木星大气的气体上升的高气压带，暗的地方是气体下降的低气压带。

候选太阳

木星还有一个与众不同的特点：它有自己的能源，是一颗发光的行星。一般的行星不具备发光能力，是靠反射太阳光而发光的，而且它们的表面温度是稳定的，

从太阳那里接收的能量与释放到宇宙空间的能量是平衡的。木星不仅可以把自己的引力能转换成热能，而且能不断吸收太阳释放的能量，这就使它的能量越来越大，温度越来越高。因此，有人认为木星继续照这样发展几十亿年以后，它很可能成为太阳系中的第二个太阳。

但是也有不少科学家并不认可这种说法，认为木星虽然是太阳系中体积最大的行星，但跟太阳比起来，则是小巫见大巫了，其质量只有太阳的千分之一。并且恒星一般都是熊熊燃烧的气体球，木星却是由液体状态的氢组成的。因此，木星不具备成为恒星的资格。

趣味大发现

目前，科学家已经确认的木星的卫星有 92 颗之多，超过土星的 83 颗卫星，成为目前太阳系中卫星最多的行星。由于木星和土星的卫星数量众多，并且人们不断发现它们有新的卫星，因此在天文观测史上，木星和土星总是轮流获得“卫星最多”这一桂冠。1610 年，伽利略发现了木星的四颗卫星——木卫一、木卫二、木卫三和木卫四。为了纪念他，人们把这四颗卫星命名为“伽利略卫星”。

太阳系中密度最小的行星

土星是一颗美丽的行星，它体积巨大，发出土黄色的光芒，周围还分布着色彩斑斓的光环，让许多人为之痴迷。尽管土星体积巨大，却有着和体积完全不相称的质量。经过科学家测算，土星是一颗气态行星，它的密度甚至比水还小。

冷酷的气态行星

土星是太阳系第二大行星，和木星一样，也是巨行星，其直径约为地球的9.4倍，体积约为地球的755倍，质量却只有地球的约95倍。这是因为土星主要由密度极低的氢、氦等元素组成。土星内部没有像地

球那样的幔和壳，只有核外的冰层和与之相连的大气。所以土星的密度极低，只有水的70%，是八大行星中密度最小的。如果我们把木星放在水中，它会浮在水面上。

土星上极为寒冷，表面最高温度约为-150℃。由于土星表面温度极低，且物质逃逸速度慢，几乎保留着几十亿年前形成时所拥有的全部物质。因此，研究土星目前的成分相当于研究太阳系形成初期的原始成分，对于了解太阳内部活动及其演化很有帮助。

奇妙的土星环

土星最惹人注目的就是它的光环。土星及土星环在太阳系形成初期就存在了，土星环主要由大小不等的岩石、尘埃和冰块组成，这些碎块大小悬殊，大的可达几十米，小的不过几厘米甚至更微小。它们排列成一系列的圆圈，绕着土星旋转。由于这些碎块的外面都包有一层冰壳，因此在太阳光的照射下，土星光环显得格外美丽、明亮。土星的光环面始终同土星的赤道面重合，延伸到土星以外辽阔的空间，其宽度可达 20 万千米，上面可以并列放下 10 多个地球。

当我们用望远镜观看土星的光环时，会发现它们外形是不断变化的，大约每隔 15 年还会“消失”一次，这

是因为土星环很薄，最厚的地方也不超过 150 千米。当土星在运动过程中，其光环恰好正对着地球，而太阳也垂直射向土星赤道的时候，阳光掠过光环，使它显得薄成一线，我们就看不见它了。

趣味大发现

土星拥有 83 颗卫星，这些卫星形态各异、五花八门，让天文学家对它们产生了很大的兴趣。其中土卫六最为著名，这是因为土卫六上有大气，它是目前太阳系中唯一被发现有大气存在的卫星。土卫六表面湖海中的液态碳氢化合物数量惊人，初步估算是地球上已探明石油和天然气储量的数百倍。

太阳系中最特别的行星

天王星是太阳系中的第七颗行星，是英国天文学家威廉·赫歇尔于 1781 年发现的，是近代发现的第一颗行星。天王星是八大行星中最特别的一个，它不仅有着最低的温度、最特别的运行方式，而且是昼夜交替最久的行星。

“躺”着运行的行星

在太阳系中，几乎所有的行星在运动时，其自转轴基本上都是与公转轨道面保持垂直状态的，也就是“站”着进行自转和公转。但天王星是个例外，它的自转轴几乎与公转轨道面平行，赤道面与公转轨道面的夹角约为 98°，也就是说，

它差不多是“躺”着绕太阳运动的。于是有些人把天王星称作“一个颠倒的行星世界”。为什么天王星如此特殊？天文学家猜想，它可能是被一颗行星撞倒了。

太阳系中最冷的行星

和木星、土星一样，天王星的表面也有十分浓厚的大气，大气的主要成分是氢，其次是氦，还有少量的氨、甲烷、乙烷等物质。由于甲烷吸收了大量太阳光中的红光，散射出来的主要是蓝绿色的光，因此，我们看到的天王星呈蓝绿色。美国发射的“旅行者 2 号”探测器曾在天王星大气表面发现了甲烷冰晶云层，这里的温度

为 –216℃，简直冷得可怕。科学家发现，天王星不仅接收到的太阳辐射很少，其内部也没有能源，而且它的表面很不平静，总是有强风在咆哮，低纬度及赤道地区的风速超过了 100 米 / 秒，高纬度地区的风速更高达 200 米 / 秒。这些因素使得天王星成为太阳系中最冷的行星。

漫长的昼夜

天王星公转一周需要 84 个地球年。如果我们生活在天王星上，再长寿的人一辈子也不可能绕太阳两周。然而它自转一周的时间仅为 17.25 小时，比地球的自转速度

快。天王星上的昼夜交替和四季变化也十分奇特和复杂。由于天王星“躺着”自转，它的两极和赤道轮流被太阳照射，太阳照到哪一极，哪一极就是夏季，太阳总不下落，没有黑夜；而背对着太阳的那一极，就一直处于漫长黑夜笼罩下的寒冷冬季。只有在天王星赤道附近，才有因为自转周期而引起的昼夜变化。因此，天王星上大部分地区的每一昼和每一夜都要持续42年才能变换一次，天王星也成了太阳系中昼夜交替最久的行星。

趣味大发现

天王星是太阳系中卫星数量第三多的行星。较早发现的5颗卫星都比较大，其中天卫一、天卫二、天卫三和天卫四的直径都在1100千米以上，它们的“块头”即使是在太阳系全部的卫星中，也是名列前茅的。自1986年，“旅行者2号”探测器飞近天王星以来，人们陆续发现了更多天王星的卫星，目前已发现27颗。

最早被计算出来的行星

绝大多数行星都是天文学家通过观测发现的，而海王星则是最早通过计算被发现的行星。除 1989 年“旅行者 2 号”探测器曾与海王星“擦肩而过”外，人类再也没与它进行更深的接触，而我们知晓的所有关于海王星的信息，也全部来自这次短暂的“会面”。

曲折的发现历程

海王星是太阳系八大行星之一，但由于它离地球很远，因此人们一直不知道它的存在，但有不少天文学家注意到天王星总是偏离人们测算出的轨道，由此认为是有某个天体在吸引着它。1845 年，英国天文学家亚当斯首次计算出这个天体的位置，尽管他多次向剑桥天文台提交申请，想请他们帮忙验证自己的计算，但并未得到重视。

1846年，法国天文学家勒威耶通过计算，也确认了这个天体的存在，他立刻联系天文台请求帮忙观测。于是，在德国柏林天文台的帮助下，勒威耶果然在他计算的位置发现了一颗行星。这颗行星因此成为第一颗被计算出来的行星。

后来，有人提议将这颗行星命名为“勒威耶”，但勒威耶谦虚地拒绝了这一提议。人们就用希腊神话中大海之王的名字为这颗行星命名，也就是海王星。而剑桥天文台的台长，也因自己当初没有重视亚当斯的发现而懊恼不已。

冰与风的世界

海王星的赤道半径为24750千米，约为地球赤道半径的3.88倍。海王星呈扁球形，它的体积是地球体积的近60倍，质量约为地球质量的17.15倍。海王星的自

转周期为 16 小时左右，而公转周期长达约 164.8 年。从 1846 年海王星被发现到现在，它才仅“走”完一个全程。

在海王星的四季中，冬季、夏季温差很小，不像地球这么显著。由于海王星离太阳太远（约为 45 亿千米，差不多是地球与太阳距离的 30 倍），它受到的日光辐射只有地球上的 1/900。从海王星上看，太阳发出的光芒还不如一颗小灯泡所发出的光亮，因此海王星表面温度很低，通常在 –200℃以下。海王星表面有一层浓厚的大气，主要成分是氢、氦、甲烷和氨等气体。大气中还有许多湍急紊乱的气旋在翻滚，因此，海王星是一个被冰雪笼罩、风暴席卷的世界。

趣味大发现

海王星也有光环，但在地球上观察到的光环并不完整，只是一些暗淡模糊的圆弧。目前，天文学家确认海王星有 5 条光环：里面的 3 条比较模糊，外面两条比较明亮，最外侧的环中有几段明亮的弧。天文学家将最外侧的这条光环命名为“亚当斯环”，并将其中几段明亮的弧依次命名为“自由”“平等”和“互助”。

对人类最重要的恒星

地球对太阳的依赖是我们无法想象的，太阳影响着地球的方方面面。没有太阳，地球上就不可能有姿态万千的生命现象，更不会孕育出人类的文明。太阳给予人类光明和温暖，也为地球上所有的生命提供了各种形式的能源。

熊熊燃烧的火球

虽然对地球来说，太阳是无与伦比的，但是在浩瀚的宇宙中，太阳也只是一颗极其普通的恒星。我们从地球上看，太阳只有圆盘那么大，可对于太阳系的其他天

体来说，太阳是一个巨无霸。太阳的直径为 139.2 万千米，是地球的 109 倍。如果把地球装进太阳的肚子里，要 130 万个地球才能装满呢！它的质量也大得惊人，相当于 33 万个地球质量的总和，所以太阳才有足够大的引力拉着太阳系的成员绕着它旋转。

太阳从表面到中心，都是由气体构成的，其中最多的是氢气、氦气等轻质气体。太阳的中心温度高达 1500℃，表面有效温度为 6000℃。现在太阳的年龄约为 46 亿年，它还可以继续燃烧 50 多亿年，届时将会迅速增加亮度，再过数亿年，太阳的光芒逐渐减弱，膨胀的外层开始收缩，并慢慢冷却成白矮星，整个太阳系会陷入一片黑暗和冷寂。

不可或缺的太阳能

太阳每时每刻都在辐射着巨大的能量，给地球带来光和热，使得地球亿万年来始终保持着生机勃勃的状态。令人惊叹的是，太阳已经这样辐射了几十亿年！那么，太阳发出的巨大能量是从什么地方来的呢？科学家经过多年观测和研究，终于在 1938 年发现了原子核反应，解开了太阳能源之谜。

原来，太阳所发出的惊人能量来自组成太阳的无数原子核的内部。太阳中含有丰富的氢元素，在太阳中心的高温高压下，这些氢原子相互作用，4 个氢核会聚变成 1 个氦核，同时释放出大量的光和热。在太阳上 1 克氢聚变为氦，就能释放出大约 6300 亿焦耳的能量。

科学家研究后发现，早期的太阳并不像现在这般炽

热，那时它还只能发出暗淡的红光。每过 10 亿年，太阳的亮度就会增加 10% 左右。现在的太阳正处在壮年期，稳定地释放着光和热。随着人类科学技术的进步，太阳能这种清洁、可再生的能源会成为解决人类能源危机的重要一环。

趣味大发现

恒星是熊熊燃烧着的星球，它们在宇宙中持续地发光发热，驱散周围的黑暗。不仅如此，它们还在不停地高速运动着，比如太阳，它不仅在自转，还带着整个太阳系绕着银河系的中心运动。

夜空中最亮的恒星

宇宙中的恒星多得数不清，每当夜幕降临，成千上万颗恒星组成一幅美丽的画卷。其中，最明亮的非天狼星莫属。古人早就注意到这颗明亮的恒星了，宋代大文豪苏轼就曾写下“会挽雕弓如满月，西北望，射天狼”，其中的“天狼”指的就是天狼星。

成双结对的天狼星

每当冬季到来，天狼星就出现在南方的天空，十分耀眼，视星等达到了 –1.46 级，亮度仅次于太阳，由于晚上我们看不到太阳，天狼星自然成为夜空中最亮的恒星。虽

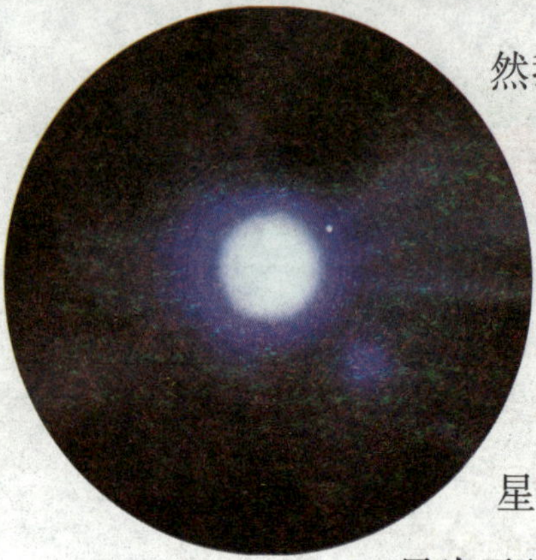

然我们用肉眼看到的天狼星是一颗独自闪耀的恒星，但实际上，它还有一个亲密的伙伴。1862 年，美国天文学家克拉克使用新型望远镜偶然发现了天狼星有一颗昏暗的伴星，于是人们称天狼星中亮的那颗主星为天狼 A，暗的那颗伴星叫天狼 B。

原来，天狼星是由两颗恒星构成的双星。双星是宇宙中普遍存在的恒星系统，是指在引力作用下，相互绕转的一对恒星。不仅如此，还有三颗恒星在引力作用下组成的三合星系统。这种多颗恒星组成的系统总称聚星，截至目前，发现的最大的聚星系统是七合星系统。

密度极高的白矮星

天狼星的两颗恒星各自在扁平的椭圆形轨道上相互绕转，相互绕转的周期大约为 50 年。主星天狼 A 直径约为 240 万千米，质量为太阳的 2.35 倍，是一颗蓝白色的恒星。伴星天狼 B 的直径只有 1 万千米左右，但质量却相当于太阳质量的 1.034 倍，它的密度是水的 380 万倍。由于天狼 B 发着蓝白色的光，体积却很小，天文学家称这

类恒星为白矮星。

天狼 B 是第一颗被人们发现的白矮星，同时是目前观测到的最亮的白矮星。虽然天狼 B 的体积与地球相差无几，质量却和太阳差不多。其实密度巨大是白矮星共同的特性。白矮星是恒星演化到晚期，耗尽了能源发生坍缩形成的高密度天体。最为奇特的白矮星是美国天文学家在 2010 年 9 月观测到的一颗“钻石星球”，其直径达 4000 千米，核心是密度极高的结晶碳（接近于钻石）。

趣味大发现

由于夜空中的天体亮度不同，天文学家根据它们的明暗不同，提出了星等这个概念。这是一种根据星体明暗程度对其进行分类的方法，换句话说，就是星星的“等级”。星星越明亮，星等值就越小；星星越暗淡，星等值就越大。

最有名的彗星

自古以来，彗星就充满了神秘恐怖的色彩，我国民间曾称它为“扫帚星”“灾星”，认为它会带来厄运。如今，随着天文学的发展，人们已经知道了彗星不过是一种小天体，并非厄运的象征。哈雷彗星是最著名的彗星，它的每次回归都会引起人们的关注。

哈雷的遗憾

许多国家的文化都认为彗星会带来战争、饥饿、灾难，但英国天文学家埃德蒙·哈雷却不相信这些迷信的说法。1682 年，26 岁的他亲眼见到了一颗曾在 1066 年出现过的彗星，他利用牛顿的彗星轨道计算方法，分

析了许多颗彗星的轨道，发现1531年、1607年和1682年的3颗彗星在出现方式、运行轨道和时间间隔上惊人地相似，于是推测这几颗彗星其实是同一颗彗星反复出现。经过反复研究，他大胆预言，这一彗星将在1758年底或1759年初再度出现在空中，并且每隔75至76年就会出现一次。后来，哈雷的预言得以证实，该彗星果然在1758年再次回归，遗憾的是哈雷已于1742年与世长辞，无缘与它会面了。为了纪念哈雷的功绩，这颗彗星被命名为“哈雷彗星”，这也是人类第一次预报归期的彗星。

太阳系的“流浪汉”

彗星的形状很特别，远离太阳时，为发光的云雾状小斑点；接近太阳时，由彗核、彗发和彗尾组成。彗核是彗星中央比较明亮的部分，是一个由石块、尘埃、甲烷、氨组成的“脏雪球”。当彗星飞向太阳时，太阳的热度使彗核释放出的气体与尘埃形成彗发，并挥发出彗尾。彗尾通常朝着背离太阳的方向延伸。史书中记载的“彗星本无光，傅日而为光，故夕见则东指，晨见则西指”，就是对彗尾的描述。

有的彗星运行轨道不像行星轨道那样近似圆形，而是又扁又长的椭圆形，这种彗星叫作周期彗星，如哈雷

彗星。有的彗星轨道是抛物线或双曲线形，这种彗星叫作非周期彗星。非周期彗星是太空里的一个“过客”，只是匆匆绕太阳转个弯，就一去不复返了。因为运行轨道不稳定，所以彗星经过大行星附近时，极易受到大行星的引力影响，改变运动速度和方向，使得轨道的形状发生变化。这可能导致彗星周期变短，也可能导致周期彗星变成非周期彗星。正是由于彗星具有这些特点，人们形象地把它们称为太阳系的“流浪汉”。

趣味大发现

在 20 世纪，哈雷彗星有过两次回归，第一次是在 1910 年 5 月，哈雷彗星庞大的尾巴在地球上空逗留了好几个小时，亮度如同火星，让人大饱眼福。第二次是在 1986 年，这次没有第一次那么壮观，但依旧让人们感到兴奋。这两次回归，使得哈雷彗星风靡全球，家喻户晓。

爆发最剧烈的恒星

恒星并不是永恒不变的，当它走向生命的尽头时，会发生一次剧烈的爆炸，这种突然爆发、变亮的恒星叫作新星。而比新星爆发规模更大的是超新星，超新星的亮度会瞬间增加数百至数万倍，是宇宙中爆发最剧烈的恒星。

恒星辉煌的葬礼

人们很早就看到过新星和超新星，人们看见它们突然出现，曾经一度以为它们是刚刚诞生的恒星，所以取名为“新星”。然而，它们并不是新生的星体，而是正走向衰亡的老年恒星。其实，它们就是正在爆发的红巨

星。当一颗恒星步入老年，它的中心会向内收缩，而外壳却向外膨胀，形成一颗红巨星。红巨星是很不稳定的，总有一天它会猛烈地爆发。

在大爆发中，红巨星将抛射掉自己大部分的质量，同时释放出巨大的能量。这样，在短短几天内，它的光度有可能增加几十万倍，这样的星叫作“新星”。如果恒星爆发得再猛烈些，它的亮度甚至能增加超过 1000 万倍，这样的恒星就叫作“超新星”。

超新星爆发的激烈程度让人难以置信。据说它在几天内倾泻的能量，就像一颗青年恒星在几亿年里所辐射的那样多，以至它看上去就像一整个星系那样明亮！

最早的发现记录

我国是世界上最早发现并记录新星及超新星的国家。早在公元前 14 世纪，殷墟的甲骨文曾有“七日己巳夕，有新大星并火”的描述，其中“火”指的是大火星，即心宿二，意思是七月的某个晚上，一颗新的大星出现在心宿二附近。这段3000多年前的甲骨文不仅记录了年份，而且写清了月份和方位，是世界上最早的新星记录。

世界上最早记录在册的超新星同样是中国人发现的，《后汉书·天文志》中记载，“中平二年（公元185年）十月癸亥，客星（即超新星）出南门中，大如半筵，五色喜怒，稍小，至后年六月消”，后来这颗超新星被命名为“SN185”，意思是在公元185年发现的超新星，SN是超新星的英文“supernova”的缩写。

趣味大发现

新星或超新星的爆发是天体演化的重要环节。它是老年恒星辉煌的葬礼，同时是新生恒星的推动者。超新星的爆发可能会引发附近星云中无数颗恒星的诞生。另一方面，新星和超新星爆发的灰烬，也是形成其他天体的重要材料，今天我们地球上的许多物质元素就来自那些早已消失的恒星。

最明亮的高能天体

茫茫宇宙中有数不清的明亮天体，它们有的能照亮身边的行星，有的能照亮整个星系，但它们的亮度都不足以和类星体相比。类星体是宇宙中最明亮、辐射最强的高能天体，其亮度比整个银河系还要强，类星体是 20 世纪 60 年代射电天文学“四大发现”之一。

似星非星

1960 年，美国天文学家桑德奇和另外一个天文学家马修斯观测到一个名叫 3C48 的射电源。他们发现，这个射电源不是恒星，光谱像行星状星云，又不是星云，发出的无线电波像星系，又不是星系，这是人类最早观测

到的类星体。之后，天文学家又陆续观测到类似于 3C48 射电源的天体，这些天体都有着很大的红移，于是天文学家将这种貌似恒星并有着巨大红移的射电源称为类星体。后来天文学家又发现了一种蓝星体，它们发出的无线电波很弱，难以被发现。天文学家统一将它们命名为类星体。随着科技的发展，科学家发现类星体其实属于星系的范畴。

照亮宇宙的明灯

天文研究表明，类星体的直径非常小，还不到一个光年，体积也不是很大，但是它们产生的辐射却大得惊人，并且能发出极为明亮的光。辐射最强的类星体发出的光比银河系亮数千倍。

类星体为什么能够产生如此巨大的能量呢？因为类星体的中心存在一个超大质量的黑洞，这个黑洞以极高的速度吸引和吞噬着周围的物质，同时以辐射的形式释放出巨大的能量。因此，即使类星体离地球很远，远到100亿光年以外，可能是目前所发现的最遥远的天体，但因为它能以不同形式释放出巨大的能量，我们还是能够通过太空望远镜在宇宙深处发现它的踪迹。

光速逃离

类星体的一大显著特点是其具有很大的红移。在天文学中，红移是指物体的电磁辐射由于某种原因（比如物体与观测者发生相对运动、光经过强引力场等）而导致波长增加的现象。红移在可见光波段表现为光谱的谱线朝红端移动了一段距离，也就是说，类星体正以飞快的速度远离我们。

趣味大发现

2013年，中国科学院云南天文台用2.4米口径的光学望远镜发现了一颗距离我们128亿光年的超亮类星体。其亮度是太阳的430万亿倍，中心黑洞的质量是太阳的120亿倍，是目前发现的宇宙中最亮、中心黑洞质量最大的类星体。

自转速度最快的星体

在宇宙中，自转是一种十分普遍的现象，许多天体，如恒星、行星甚至卫星都在不停转动。要问自转速度最快的星体是什么，那么非脉冲星莫属了。地球 24 小时才自转一周，而脉冲星一秒就可以自转数百圈，而且它们还在不断地发出脉冲信号，就像灯塔一样。

发现“小绿人”

1967 年，英国剑桥大学的研究生贝尔偶然发现一个天体正发出一种周期性的电波。她对这种奇怪的信号源进行了长时间的观测，随后又发现了 3 个同样发射着周期信号的信号源。起初她认为这可能是外星人在向地球发送电报，还将其命名为“小绿人”。贝尔与她的研究小组经过 1 年的研究，终于证实那些信号源并非“小绿人”，而是一种特殊的天体。

之后，在许多天文学家的共同努力下，人们终于发现了这种特殊的天体是正在快速自转的中子星，因为这种星体不断地发出电磁脉冲信号，人们就把它命名为“脉冲星”。

强大的辐射

正如地球有磁场一样，恒星也有磁场。体积越小、质量越大的恒星，它的磁场就越强。中子星就是这种体积小、质量大的高密度恒星，有着强大的磁场。当一颗中子星高速自转起来，并且径直地发射出辐射束时，就会成为脉冲星。

由于脉冲星本身存在着极大的磁场，强磁场把辐射封闭起来，使脉冲星的辐射只能沿着磁轴方向，从两个磁极区出来，这两个磁极区就是辐射的“窗口”。辐射从两个“窗口”出来后，在太空中形成两个圆锥形的辐射束。脉冲星的辐射功率大得惊人，是太阳辐射的数百万倍，如果把脉冲星在1秒内辐射的能量全部转化为电能，足够人类使用几十亿年。

宇宙灯塔

脉冲星的另一个特点就是有着短而稳的脉冲周期。如贝尔发现的第一颗脉冲星的脉冲周期是1.337秒，还有短到0.0014秒的其他脉冲。而形成这样有规律的脉冲的原因就是脉冲星的高速自转。其原理就像海上的灯塔。

灯塔总是亮着且在不停地旋转，我们从船上看，灯塔的光也连续地一明一灭。脉冲星也是一样，当它每自转一周，我们就接收到一次它辐射的电磁波，于是形成有规律的脉冲。因此，这种脉冲现象也叫“灯塔效应”，脉冲的周期其实就是脉冲星的自转周期。

趣味大发现

中子星是处于演化后期的恒星，它的前身一般是一颗质量比太阳大的恒星。它在爆发坍缩过程中产生的巨大压力使它的物质结构发生巨大的变化。在这种情况下，原子的外壳被压破了，连原子核也被压破了。原子核中的质子和中子便被挤了出来，质子和电子挤到一起又结合成中子。最后，所有的中子挤在一起，就形成了中子星。

引力最强的天体

黑洞是人类已知的引力最强的天体，也是宇宙中密度最高的天体。其实，黑洞不是洞，而是演化到最后阶段的恒星，由于它的引力实在太强了，连光都无法从它的引力中逃脱，所以它的周围都是黑漆漆的，科学家形象地称它为“黑洞”。

黑洞的形成

一颗恒星逐渐衰老之后，它的热核反应已经耗尽了中心的燃料，无法再产生新的能量，因此，它再也没有足够的力量来承担外壳巨大的重量。在外壳的重压之下，核心开始坍

缩，物质将不可阻挡地向中心点“进军”。而当它的半径收缩到一定程度，质量导致的时空扭曲使得光无法向外射出，“黑洞”就诞生了。由于黑洞引力场的原因，任何辐射进入黑洞都无力逃脱。因此，人类无法直接观察到它，科学家也只能对它的内部结构提出各种猜想。

黑洞也会灭亡

黑洞也有灭亡的那天。虽然黑洞有无限的吸引力，但是总会有质子摆脱黑洞的束缚，这样日积月累，黑洞就会慢慢地蒸发，最后成为白矮星，或者爆炸，它爆炸所产生的冲击波足以让地球毁灭1万次以上。科学家经常用天文望远镜观看黑洞爆炸的画面。它爆炸所产生的尘埃是形成恒星的必要物质，这样就能初步猜测太阳系

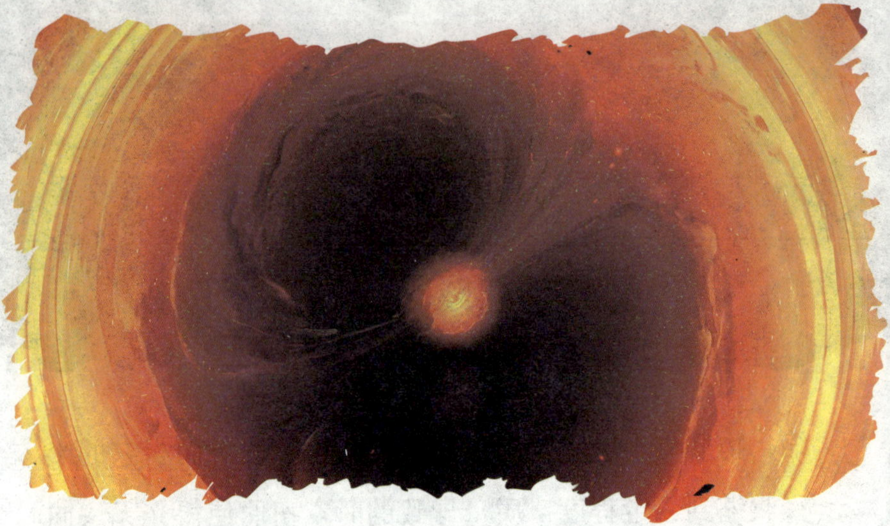

是如何形成的了。

银河系中的黑洞

科学家认为，宇宙中每个星系的中央一般都盘踞着一个巨大的黑洞，银河系也不例外。科学界普遍认为，银河系中心附近的一个特殊射电源——人马座 A*可能是一个大型黑洞，它的质量约为太阳的 260 万倍，距地球约 2.6 万光年。为了验证这一观点，从 1995 年起，科学家们开始不断地对该射电源及其附近的恒星进行观测。他们发现，有 3 颗恒星正在被该射电源吸引过去，这一发现极大地增加了天文学家的信心。终于在 2022 年 5 月，

事件视界望远镜合作组织发布了人马座 A^* 黑洞的第一张照片，至此，人们得以目睹银河系中的黑洞的真容。

趣味大发现

人马座 A^* 黑洞，在照片上看像是一个橙红色的光圈飘在黑漆漆的太空中，实际上，这个光圈并不是黑洞，而是“吸积盘”，黑洞其实藏在光圈中间的黑暗地带。什么是吸积盘呢？在黑洞引力的作用下，周围的物质被吸引过来，如果被吸引的物质有着很大的角动量则不会直接落到黑洞中，而是围绕着黑洞运行，并形成一个盘状结构，这就是吸积盘。

距银河系最近的大星系

银河系并非宇宙中唯一的星系，像银河系这样的星系还有成千上万个，它们分散在宇宙的各个角落，彼此相距十分遥远。距离银河系最近的大星系是仙女星系，它是肉眼可以看见的最遥远的星系，也是第一个被发现的河外星系。

遥不可及的河外星系

人类很早就注意到了这个位于仙女座方向的奇怪天体。公元 10 世纪，波斯天文学家苏菲最早留下了对仙女星系的记载，在书中，他称其为“小云”。1785 年，英国天文学家赫歇尔在观察仙女星系后，认

为它是一个大星云。此后很长一段时间内，天文学界普遍认为它是一个位于银河系内、仙女座方向的普通星云，称其为“仙女星云”。

但从 1885 年起，人们就陆续在仙女座星云中发现了许多闪耀的新星，从而推断仙女星云不是一团普通的星云，而是由许许多多恒星构成的星系，并且恒星的数目极大，这样才有可能在它们中间产生那么多新星。但由于科学技术的限制，人们一直没能确定它是否是星系。

直到 1924 年，美国天文学家哈勃用当时世界上最大的天文望远镜在仙女星云的边缘找到了被称为“量天尺”的造父变星，从而确定了仙女座星云的准确距离。同时，进一步证明它确实是在银河系之外，也像银河系一样，是一个巨大、独立的恒星集团。此后，仙女星云才被改称为“仙女星系”。

银河系的“近邻”

仙女星系看上去像一个暗弱、模糊的星系，但它其实是一个巨大的旋涡星系，也是距离银河系最近的大星系。仙女星系距离银河系约 250 万光年，星系最宽处约为 14 万光年。仙女星系的外观与银河系十分相像，但比银河系要大得多。仙女星系有数千亿颗恒星成员，整个星系内光线弥漫，十分壮观。

银河系与仙女星系是两个巨大的星系，它们的质量也大得难以估量，因此，它们都有着强大的引力。在它

们强大的引力作用下，周围的天体会逐渐向其靠拢，而这两个星系实际上也在相互吸引。科学家观测发现，银河系和仙女星系正在以每秒 100 多千米的速度相互靠近，大约 60 亿年后两者将发生一次剧烈碰撞。碰撞后，银河系和仙女星系将相互融合，形成一个新的、更大的星系。不过，太阳系并不会受到冲击，因为即使在星系中，恒星之间的距离也非常遥远，并不会像我们想象中的那样直接发生碰撞。

趣味大发现

哈勃太空望远镜曾拍摄下一张记录着宇宙悲剧的照片——乌鸦座方向的两个星系相撞的画面。这两个星系碰撞产生的两条由恒星、气体、尘埃等组成的长尾，酷似昆虫的触须，所以两者被合称为“触须星系”，也称“天线星系”。目前这两个星系仍处于碰撞状态。科学家预测，它们最终会合并成一个椭圆星系。

最早的自动天文仪器

中国是世界上天文学发展最早的国家之一，早在4000多年前就已设有专门观测星象的司天官。中国古代天文学在天文观测方面一直领先世界，在天文仪器制造方面也有极高的成就。东汉科学家张衡制造的水运浑象，是世界上最早的自动天文仪器。

古人的宇宙观

早在战国时期，我国就已出现了3种比较流行的关于天体运动和宇宙结构的学说，即“盖天说”“浑天说”和“宣夜说”。其中，浑天说认为天地的形状像一个鸟蛋，天像蛋壳，地像蛋黄，天和地的关系就像蛋壳包着蛋黄那样，故谓“浑天”。

西汉时期，天文学家耿寿昌依据“浑天说”建造了浑象，这是一种表示天体视运动的仪器，类似于现代的天球仪。东汉时期，张衡为了形象地演示浑天思想，在浑象的基础上制造了水运浑象。

天球仪的雏形

水运浑象是一个用铜铸成的空心球体，这个空心铜球表示天球。球体内有一根铁轴（称天轴）贯穿球心，轴和球面有两个交点，一个是北天极，一个是南天极。球面上标注着二十八星宿和其他一些恒星的位置。球体外面套有地平圈和子午圈，天球半露于地平圈之上，半隐于地平圈之下；天轴则架在子午圈上，天球可绕天轴转动。另外，天球上的赤道和黄经分列有二十四节气，从冬至点（古代以冬至作为一年的开始）起，把圆周分 365 度，每度又细分为四小格。这样，天体的现象几乎全都在天球上显示出来了。

先进的理念

为了使浑象能够自行运动，张衡采用齿轮系统把浑象和计时用的漏壶连接起来，利用漏壶流水的力量发动齿轮，带动天球运转。由于漏壶的流水具有等时性，所以能够通过齿轮系统的传动，使天球转动一周的速度和

地球自转的速度相等（即天球一天转动一周）。天球转动时，上面的天象依次显示出来，和天体上星球的运动十分相像。这样，人们坐在屋子里，就可以从浑象上看到天体运行的情况。

张衡制造的用水力发动的自动天文仪器——水运浑象，是唐宋时期得到进一步改进的水运浑象的先声，在天文仪器史上占有重要地位。

趣味大发现

二十八宿即二十八星宿，是我国古代天文学家为观测日、月、水、金、火、木、土七个天体的运行而划分的二十八个星区。二十八宿分别是指角、亢、氐、房、心、尾、箕、斗、牛、女、虚、危、室、壁、奎、娄、胃、昴、毕、觜、参、井、鬼、柳、星、张、翼、轸。

现存使用最久的观象台

古时候，人们为了观测天文和气象设立了观象台，这是现代的天文台、气象台、地震台的雏形。位于北京市建国门立交桥西南角的北京古观象台，是世界上现存最古老的天文台之一，也是世界上现存持续观测时间最久的古观象台之一。

颇具规模

元朝定都大都（今北京）后，天文学家郭守敬、王恂等人在大都东南建立过一座司天台，并用他们设计制造的天文仪器进行观测。元末明初，因连年战争，元代司天台全部建筑荡然无存，现在的观象台是明代正统年间（1436—1449 年）在元代司天台的遗址上建造的。它包括高大的台体和它下面的紫微殿、漏壶房、晷影堂等部分，台体高 14 米，台顶南北宽 20.4 米，东西长 23.9 米。

台上安装有玲珑仪、仰仪、窥几、候极仪、浑仪、简仪、天体仪、漏壶等近20件精巧的仪器，这是当时世界上设备最完善的天文台。

重要的地位

清代康熙八年至十二年（1669—1673年），当时的人们采用欧洲天文学制和仪器结构，制造了天体仪、黄道经纬仪、赤道经纬仪、地平经纬仪、象限仪、纪限仪6件大型铜仪，安装在观象台上，明代的古仪则搬到台下。康熙五十四年（1715年），还安装了地平经纬仪。乾隆九年（1744年），以我国浑仪的特有结构为规范，参照西方

的仪器制成了玑衡抚辰仪。从明代正统初年起，至 1929 年止，北京古观象台连续从事观测近 500 年，成为那个时期我国天文事业的中心。

珍贵的文物

八国联军入侵北京后，北京古观象台遭到了洗劫，后来几经交涉，各国才陆续归还了天文仪器。“九一八”事变后，为保护文物，一部分仪器被迁到了南京紫金山天文台和南京博物馆，只留下了前面提到的清代制造的 8 件大型铜制仪器。

北京古观象台建筑整齐、仪器精美、历史悠久，完整地反映了我国古代天文仪器的面貌，为我国古代天文学发展做出了不可磨灭的贡献，是我国珍贵的天文仪器古迹，也是研究世界天文学史的重要文物。中华人民共和国成立后，北京古观象台被列为全国重点文物保护单位，并改建为北京古代天文仪器陈列馆，正式对外开放。

趣味大发现

我国最早的国家天文台是西周初年，周文王在丰京所建的灵台，位于今西安汉长安城遗址内。西汉天文学家落下闳曾在此从事天文研究。另外，我国在东汉时期也曾建造了一座灵台，遗址位于今河南省洛阳市佃庄镇，是世界上最古老的天文台遗址之一。

持续工作最久的空间望远镜

空间望远镜是天文望远镜的一种，它运行在外太空，不断地观测天体、捕捉天体信息，是人类了解太空和探索未知世界的重要工具。哈勃空间望远镜是目前持续工作时间最久的空间望远镜，自 1990 年投入使用以来，为天文学的发展做出了重要贡献。

哈勃空间望远镜

哈勃空间望远镜是世界上第一台大型空间望远镜。它的诞生就像 16 世纪伽利略望远镜的出现一样，是天文学发展道路上的一个里程碑。

1990 年，美国国家航空航天局的“发现号”航天飞机将哈勃空间望远镜送入太空，从此，它就在离地球表面 590 千米高空的轨道上以每小时 2.8 万千米的速度运行。哈勃空间望远镜由光学部分、科学仪器和辅助系统三大

部分组成，长 13.2 米，重 11.11 吨。直径 2.4 米的主镜和直径 0.3 米的副镜组成的“眼睛”，分辨率相当高。哈勃空间望远镜携带了宽视场行星照相机、暗弱天体照相机、暗弱天体摄谱仪、高分辨率摄谱仪、高速光度计以及精密制导遥感器等先进设备，有着十分强大的观测能力，可以清晰地探测到暗至 29 等的宇宙天体，其难度相当于在地面上看到 16000 千米高空中的一只萤火虫。

太空中的“人类之眼”

宇宙中的天体辐射到地球的光线会被地球的大气层阻挡或折射，使望远镜接收到的天体影像模糊不清，而哈勃空间望远镜处在没有大气影响的太空轨道上，因此，它拍摄的影像不会受到大气层的扰动，具有极高的稳定

性和可重复性。由于太空中没有云雾、尘埃等的阻挡，所以它拍摄的照片不仅数量巨大，而且非常真实、清晰、漂亮，这是地面天文望远镜所无法比拟的。

在太空里，哈勃空间望远镜的使用受到很多限制，它不能使用常规电源、旋转座架及用光缆线来连接监控计算机，而要使用提供能量的太阳能电池板、用来调整方向的反应轮及与地球交流的无线电天线，也就是说，哈勃空间望远镜不能直接将图片发向地球，而是以

向天文学家发送无线电波的方式传输图片。哈勃空间望远镜尽管已经持续工作了 30 余年，经历了数次故障和停机，但仍然坚持不懈地将无垠太空的照片传送回地球。

趣味大发现

2021 年 12 月 25 日，由美国国家航空航天局和欧洲航天局、加拿大航空航天局合力研发的詹姆斯·韦布空间望远镜成功发射升空。它比哈勃空间望远镜性能更强大，将取代哈勃空间望远镜，成为探索太空的新一代望远镜，在调查宇宙微波背景辐射、行星观测等方面发挥巨大的作用。

世界上最大的射电望远镜

天文望远镜有多种类型，除了空间望远镜，还有一种射电望远镜。这是一种主要用来观测天体发出的无线电波的望远镜，较为常见。世界上最大的射电望远镜是我国自主研发的500米口径球面射电望远镜，又名“中国天眼”。

照向宇宙的雷达

射电望远镜不同于光学望远镜，它接收的不是天体的光线，而是天体发出的无线电波。它的样子与雷达天

线非常相像，实际上，它们的工作原理也十分相似。雷达是一套无线电发射和接收设备，它通过向一个方向发射电磁波，再对碰到物体后反射回来的电磁波进行处理，提取出物体的距离、高度、速度等信息。与雷达不同的是，射电望远镜的目标是宇宙中的天体，它将电磁波射向宇宙，然后静静等待无垠太空的“回信”。

与光学望远镜相比，射电望远镜最大的特点是不受天气条件的限制，不论刮风下雨，还是白天黑夜，都能观测，而且观测的距离更加遥远。射电望远镜的分辨率更高，可以看到光学望远镜看不到的、波长更短的光。对于射电望远镜来说，口径越大，波长越短，分辨率就越高，也就能看到更远的天体。因此，许多国家都致力

于提高射电望远镜的“尺寸”，在这方面，我国的“中国天眼”居世界首位。

“中国天眼”

在 1993 年的国际无线电大会上，包括中国在内的多个国家提出了建造大口径射电望远镜的计划。1994 年，中国天文学家南仁东提出 FAST（500 米口径球面射电望远镜）工程概念。从此中国开始了“中国天眼”漫长的建设之路。

“中国天眼”采用了诸多世界首创的设计，比如它那巨大的反射面是一张由 6000 多根钢索编织的索网，挂在一个直径 500 米的巨大钢圈梁上。索网上面铺有 4000

多块反射面单元，下方被2000多根下拉索固定在地面的促动器上。通过操纵促动器可以改变索网的形状，以收集和观测天文信号。“中国天眼”的馈源舱也采用了突破性的设计，大多数射电望远镜的馈源舱是固定的，但“中国天眼”采用了全新的轻型索驱动控制系统，可以自由地改变馈源舱的角度和位置，极大地提升了收集、监测电磁波的能力。

2016年，FAST投入使用，成为目前世界上口径最大、灵敏度最高的单口径射电望远镜。它的建成，大大开阔了人类探索宇宙的视野。

趣味大发现

探索地外文明是天文探索领域的重要研究课题。作为最灵敏的射电望远镜，“中国天眼”一直被寄予厚望，因此在2020年9月，“中国天眼”正式启动了对地外文明的探索任务。目前，“中国天眼”已经发现了几组疑似地外文明的信号，尚待研究。

最大的载人宇宙设施

古人曾幻想，在遥远的天空中有美丽的天宫和凌霄宝殿，随着科技的发展，我们已经知道宇宙空间是什么样子，也有了凭借载人航天器在宇宙空间生活的能力。目前人类建造的最大的载人宇宙设施是国际空间站。

太空堡垒

国际空间站是世界上最大的载人宇宙设施，也是在轨运行的最大的空间平台。1993年，由美、俄、日、加等16国开始合作建设，它是世界航天领域规模最大的科技合作项目，也是航天史上第一个由各国合作建设的载人空间站。

国际空间站主要由两大结构呈“十”字状“搭”在一起建成。其中，纵向的主干总长度约为 80 米，而横向架设在纵向主干上的桁架的翼展达 108 米。除此之外，在国际空间站的各舱体上从不同方向衍生出其他一些结构。

国际空间站包括6个实验舱、1个居住舱、3个节点舱，以及平衡系统、供电系统、服务系统和运输系统，总重量约为 423 吨。居住舱容积为 1200 立方米，保持着 1 个大气压，以便于宇航员活动，它包括洗手间、卧室、厨房和医疗设备。

伟大的工程

国际空间站计划最早于 20 世纪 80 年代初期由美国提出，欧洲航天局、加拿大和日本也相继加入。1993 年

11 月 1 日，美国国家航空航天局与世界上唯一拥有长期航天飞行经验和向轨道运送大型物品经验的俄罗斯航天局签署协议，决定在“和平号”空间站的基础上建造一座国际空间站。

1998 年，15 个国家的代表在美国华盛顿签署了关于建设国际空间站的一系列协定，计划用 9 年时间建成国际空间站，到 2006 年全部建设完毕。国际空间站的指挥和控制由美、俄双方分担，美国主要以航天飞机为运载工具建设空间站，俄罗斯则主要用飞船向空间站运送人员和物资。

国际空间站利用地面无法提供的空间零重力状态的有利条件，供科学家们长期进行一系列科学实验。自1998年国际空间站的首个组件发射成功以来，国际空间站已经在轨运行超过25年了，这已经大大超出了预计的运行寿命。2022年，美国国家航空航天局宣布，计划在2031年摧毁国际空间站。

趣味大发现

多年来，我国一直在进行空间站的自主研发。2016年9月，天宫二号空间实验室成功发射，这是我国第一个真正意义上的空间实验室。2022年11月，梦天实验舱在轨组装完成，标志着中国空间站的建造已经进入收官阶段。

《了不起的世界之最》系列丛书向孩子们展示了一个个不可思议的“世界之最”。通过生动有趣的语言，丰富精美的图片，引领孩子对大千世界进行一次别开生面的了解与认知，满足孩子的好奇心，激发探索欲，拓宽知识面。

SHIJIE ZHI ZUI

探索世界未知，获取课外新知，
激发好奇心，放飞想象力。

上架建议：科普读物

ISBN 978-7-218-17241-5

9 787218 172415 >

定价：138.00元(全8册)

了不起的世界之最

植物之最

ZHIWU ZHI ZUI

王旭东◎主编

SPM 南方传媒 | 广东人民出版社
·广州·

图书在版编目（CIP）数据

了不起的世界之最：全 8 册 / 王旭东主编． — 广州：广东人民出版社，2024.1

ISBN 978-7-218-17241-5

Ⅰ．①了…　Ⅱ．①王…　Ⅲ．①科学知识—少儿读物　Ⅳ．① Z228.1

中国国家版本馆 CIP 数据核字（2023）第 252144 号

LIAOBUQI DE SHIJIE ZHI ZUI

了不起的世界之最

王旭东　主编

出 版 人：肖风华

责任编辑：马妮璐
责任技编：吴彦斌
装帧设计：朝旭文化

出版发行：广东人民出版社
地　　址：广东省广州市越秀区大沙头四马路 10 号（邮政编码：510199）
电　　话：（020）85716809（总编室）
传　　真：（020）83289585
网　　址：http://www.gdpph.com
印　　刷：天津泰宇印务有限公司
开　　本：890mm×1240mm　1/32
印　　张：24　　　字　　数：230 千
版　　次：2024 年 1 月第 1 版
印　　次：2024 年 1 月第 1 次印刷
定　　价：138.00 元（全 8 册）

如发现印装质量问题，影响阅读，请与出版社（020-85716849）联系调换。
售书热线：（020）87716172

前言

人类发展的驱动力，很大一部分来自无穷无尽的好奇心，因此人类对于未知事物有着永无止境的探索欲望。面对充满奥秘的世界，我们不禁想要知道：最高的山有多高？最大的动物是什么？最像地球的行星是哪颗？

我们在满怀疑问探索大自然的同时，不知不觉间也创造了许多难以想象的奇迹：第一盏电灯、最高的建筑、第一个进入太空的人……各种各样的“世界之最”彰显出大自然的独特魅力、历史的源远流长、宇宙的神秘莫测以及人类的无穷智慧。

为此，我们编写了《了不起的世界之最》系列丛书，按地理、动物、植物、宇宙、建筑、人类、国家、文艺八个主题，讲解一个个令人眼界大开的“世界之最”。本套丛书每册为一个主题，每篇内容紧扣每个“世界之最”的突出特点，并设置了生动的小标题，有助

于小读者快速理解相应的知识。

本套丛书注重内容的知识性与趣味性，选用大量有趣的真实事例，使用前沿数据资料，从少年儿童的认知水平以及阅读能力出发，用生动活泼的语言给小读者讲解众多新奇、罕见的科学知识，将小读者领进丰富多彩的科学世界，使小读者在开阔视野的同时收获知识，提高综合能力。

本套丛书体例编排注重各篇章间的逻辑层次和内在联系，海量的知识并非简单生硬地罗列，而是有着清晰的结构和明显的层次感；版式灵活多变，插图精美清晰、富有视觉冲击力，让知识一目了然，给小读者展示了一个个直观、真实、精彩的“世界之最”。

总而言之，本套丛书集合了诸多领域的科学知识，视角独特、内容全面、图文并茂，能够为小读者打开知识的大门，满足小读者旺盛的好奇心和强烈的求知欲，让孩子在阅读中锻炼探索能力，提高综合素养。

现在，请小读者翻开本书，去探寻那些令人大开眼界的“世界之最”、领略世界的独特魅力吧！

目录

最大的花

大王花是生长在东南亚热带地区的一种寄生草本植物，整个花冠呈红褐色，上面有白斑。它是一种非常奇妙的植物，没有茎和叶，只有一朵直径可达 1 米多的花，论体型是世界上当之无愧的“花王”。

奇大无比

大王花的造型很独特，通常每朵花长有 5 枚花被片，中心部位则由隔膜和花盘构成，像一个大脸盆，可以盛 5 ~ 7 升水。在它的隔膜和花被片上布满了白色斑点。

大王花生长在热

带雨林中，每年的5～10月是它主要的生长季。大王花刚冒出地面时，大约只有乒乓球那么大，经过几个月的缓慢生长，花蕾由乒乓球般的体积变成了卷心菜般大小，接着花被片缓缓张开，等花完全绽放，需要经过两天两夜的时间。一朵花通常有6～7千克重，最重可达十几千克，全世界已知的花没有比它更大的了。

懒惰而狡猾

大王花作为一种寄生植物，并不生长在泥土中，而是非常“懒惰”地寄生在一种藤本植物上，依靠吸取这类植物的营养生存。吸取的营养均供应在花的生长上，整个花朵便是它的全部了。虽然大王花初开时有点儿淡淡的香气，但是很快就会散发出一种令人恶心的腐臭味，由于臭味浓烈，所以它又被称为“尸臭花”。大王花“狡猾”地利用这种臭味吸引更多的逐臭昆虫前来传播花粉。另外，大王花的种子很小并且带有黏性，肉眼几乎不可见，当被动物踩到时，这些种子就可能被带到别的地方去萌发。

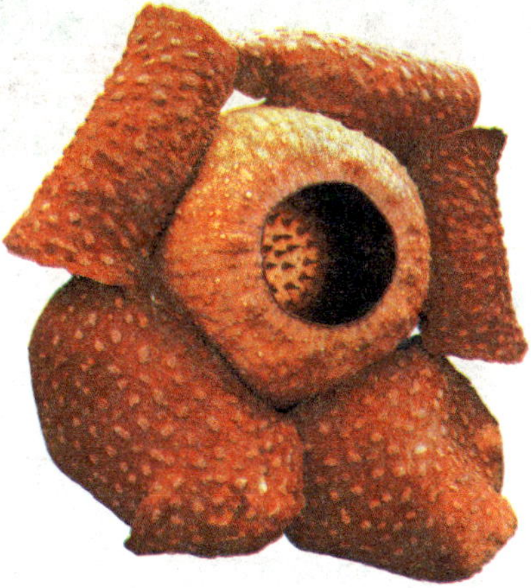

趣味大发现

虽然大王花硕大耀眼又美丽，但是它的花期只有 4 ~ 5 天，花期过后，大王花逐渐凋谢，颜色慢慢变黑，最终变成一摊黏糊糊的黑色物质。

最耐寒的花

雪莲是菊科风毛菊属的草本植物，是世界上最不怕冷的花，即使在终年积雪、滴水成冰的环境中，也能鲜花盛开，堪称冰雪天地中的“公主”。

高山“公主”

雪莲因形似莲花而得名。雪莲分布于中国、俄罗斯及哈萨克斯坦，在我国多分布于新疆地区，通常生长在高山雪线附近，那里气候严寒、雨雪交替，一年的无霜期只有 50 天左右。雪莲种类繁多，主要有三指雪莲、绵

头雪莲、鼠曲雪莲、槲叶雪莲、水母雪莲等。

御寒本领

雪莲之所以能顽强地生存于冰天雪地，是因为它有适应高山环境的生物学特性。原来，雪莲的根系十分发达，又长又粗壮结实，而且柔韧不易折断，能够深深地插入石块缝间的土壤中，尽可能地多吸收一些水分和养分。

雪莲把自己的个子缩得矮矮的，紧贴在地面上，茎短粗而坚韧，能够抵抗高山上狂猛的寒风。叶子贴着地面生长，外层花序长了一层厚厚的白色茸毛，这些茸毛

看起来貌不惊人，却可以像棉大衣一样起到防寒、保暖、保持水分和防止紫外线照射的作用。

另外，由于雪莲的细胞内积累了大量的可溶性糖、蛋白质和脂类等物质，能够降低细胞原生质体的结冰点。当温度低至结冰点以下时，原生质体内的水分就会渗透到细胞间隙和质壁分离的空间内结冰，而原生质体逐渐缩小，不会受到任何损害。当天气转暖时，冰雪融化，水分会再次被原生质体吸收，使细胞恢复常态。

雪莲就是靠着这些抗寒特性生存于寒山雪地中的。

医药价值

雪莲是一种名贵中草药，具有多种有效成分。其中伞形花内酯具有明显的抗菌、降压、镇静、解痉的作用；东莨菪碱具有祛风、抗炎、止痛、祛痰和抗肿瘤的作用；秋水仙碱是抑制细胞有丝分裂的一类典型药物，

能抑制癌细胞的增长，临床用来治疗癌症，对乳腺癌有一定疗效。

趣味大发现

人类曾不顾雪莲种子发芽率低、生长缓慢的特性而过度采摘，导致雪莲面临灭绝的危险。现在，雪莲已被列为我国国家三级保护濒危物种。2021 年，我国《国家重点保护野生植物名录》将雪莲列为国家二级保护野生植物。

最香的花

提到沁人心脾的花香，高洁的莲花、在音乐界拥有成名曲的茉莉花、香味浓郁的栀子花榜上有名，但在很多人看来，一种不太知名的花——十里香，虽没有庞大亮眼的身姿，也没有绚丽夺目的色彩，看上去普普通通，却是世界上最香的花。

香至十里外

十里香，一听名字就知道它有多香了——十里之外都能闻到它的香气，话虽有些夸张，但足见其香气传播之远。十里香原产自我国南方地区，现在台湾、福建、广东、海南等多地都有所分布，甚至东至菲律宾、南达

印度尼西亚、西至斯里兰卡等地也均开始大量种植。十里香的花朵既不是夺目的红，也不是亮眼的黄，而是清雅的白色，看起来并不起眼，即便如此，到了每年 4 ～ 9 月的花期，它凭借自身浓烈持久的香气依然能够令很多观光客为它驻足。

形态特征及生长环境

十里香属于芸香科，是一种常绿乔木，可高达 12 米。它的枝干呈略有光泽的淡黄灰色或者白灰色，当年生枝绿色，其横切面呈钝角三角形，底边近圆弧形。它的花序腋生及顶生，花比较小，直径 2 ～ 3 厘米。果实为橙黄至朱红色，口感不佳，不建议食用。

十里香是阳性植物，喜欢温暖湿润的气候，适宜的生长温度为15～29 ℃，经得起一定的干旱，但是极不耐寒，数据显示，它能忍受的最低温度是–7℃，但是一般情况下，低于0 ℃就很容易被冻死。因此，对于家庭盆栽十里香来说，当冬季最低气温降至5 ℃左右时，要把它移至室内，且只有将其置于光照充足、空气流通的环境下，它才能越长越好。

趣味大发现

十里香有一个“亲戚”叫作“九里香”，虽然二者只有一字之差，听起来很相似，但其实是不同的品种。区别主要体现在叶片上：十里香的小叶呈长椭圆形，最宽处在中部以下，顶部逐渐尖锐；而九里香的小叶呈倒卵形，中部以上最宽，顶端较圆钝。

品种和颜色最多的花

月季花是我们生活中常见的一种花，花朵娇艳，颜色丰富，四季常开。在许多城市，无论是在马路边、校园里，还是公园中，都能见到它的身影。但你有可能还不知道，它是世界上品种和颜色最多的花，深受人们的喜爱。现在中国有许多城市将它选为市花，它也被人们亲切地称为“花中皇后”。

品种繁多

月季花属于蔷薇科，原产于我国，是我国十大名花之一。月季的适应能力非常强，极易成活，既耐寒也比较耐旱，每天只要保证有 6 小时以上的光照就能长得很好。它在中国的栽培历史非常悠久，汉代皇宫里就已经有了它的身影，到了唐代就更为普遍了。

月季传入欧洲后，与其他蔷薇属植物反复杂交繁殖，大量的园艺品种逐渐诞生。现代月季花型多样，按照花型来分，主要分为单瓣和重瓣。根据植株不同的形态，月季花可以被分为藤本月季、大花香水月季、丰花月季等诸多种类，每一个种类还要根据颜色分系别，系别里面还会再一次细分出许多不同的品种，简直让人眼花缭乱，堪称世界上品种最多的花。

色彩缤纷

月季花是一种四季开花的常绿、半常绿低矮灌木，枝

上有皮刺，它一般是单生的，也有一些是数朵簇生于枝头顶端。花朵直径有 4 ～ 5 厘米，香气浓郁，花色非常多，以红色、粉色最为多见。当月季花处于 5 ～ 10 月的花期时，会连续不断地开花，因此人们又称它为“月月红”。其余常见的颜色还有紫色、黄色、白色等，甚至还能在一朵花上同时出现两到三种颜色，被称为“双色月

季”或“串色月季”。另外，月季花还存在非常罕见的蓝色、咖啡色等。拥有如此多的颜色，月季花被称为世界上颜色最多的花当之无愧，具有非常高的观赏性。

趣味大发现

月季作为蔷薇科的花卉品种，很容易跟同科的玫瑰混淆，它们虽然长得很像，但是完全属于不同的种类。一般来说，月季的颜色较多，花朵较大，茎上的刺比较大且稀疏，叶片较为平滑；玫瑰的颜色较少，花朵较小，茎上的刺更为密集且细小如针，叶片密被茸毛。

最能变色的花

桃花红，李花白，从花开到花落，它们的颜色似乎没有什么变化。但是，在自然界里，有一些花的颜色变化多端，其中颜色变化最多的花要数弄色木芙蓉了。

形态特征

弄色木芙蓉又名“三弄芙蓉”，属锦葵科，是一种落叶灌木或小乔木，株高2～5米，枝条密被星状短柔毛，单叶互生，形如手掌，裂片呈三角形，前端尖，边缘有锯齿，叶柄呈圆筒形。花生于叶腋或枝顶，多为重瓣复心，花朵直径15厘米左右，花期为9～11月。

花色多变

弄色木芙蓉的花初开时为鹅黄色，第二天呈白色，第三天呈浅红色，第四天呈深红色，到花落时则变成紫色。这些色彩的变化看起来非常玄妙，其实是花内色素随着温度、酸碱浓度的变化而产生的。

扦插繁殖

弄色木芙蓉喜温暖湿润、阳光充足的环境，稍耐半阴，且有一定的耐寒性。对土壤没有过高的要求，但在肥沃、湿润、排水良好的沙质土壤中生长得最好。它的繁殖以扦插为主，多在冬、春季节进行。此外，也可在6～7月采用压条法进行繁殖，2～3月采用分

株法进行繁殖。播种繁殖也容易出苗，但是变异性较大，一般不采用。

价值丰富

顺利繁殖而成的木芙蓉的根、叶、花均可入药。现代药理研究表明，木芙蓉花的水煎剂能够有效抑制溶血性链球菌的繁殖，而其叶的水煎剂则能抑制金黄色葡萄球菌的繁殖。

趣味大发现

五代后蜀皇帝孟昶为了讨好妃子，下令沿城数十里种满木芙蓉，到了秋日，木芙蓉蔚若锦绣，成都自此也就有了“芙蓉城”的美称。1983 年，成都市第九届人民代表大会常务委员会决定，正式确定木芙蓉为成都市市花。

最擅长伪装的植物

动物世界里弱肉强食，为了躲避天敌，有一些动物会通过伪装来达到“隐身”的目的。植物界也不例外，为了对抗强大的“敌人”，有些植物通常会采取伪装战术，其中生石花就伪装得十分巧妙。它长成石头的模样，以欺骗那些可以它为食的动物。生石花繁衍至今，已经成了植物王国里备受瞩目的奇妙景观。

形态与习性

生石花又叫“石头花”，原产于非洲南部地区，属番杏科生石花属。它的茎很短，几乎很难看见，能被看见的“石头”部分并不是它的茎，而是它的叶片。两片肥厚的肉质叶片对生，呈倒圆锥体，因其

顶部花纹及凹陷使之酷似鹅卵石，故生石花有“生命之石”的美称。

在天气炎热的时候，生石花会给自己戴上“石头面具”，进入休眠状态，这样做不仅可以迷惑动物，还可以贮藏水分，对抗干旱。生石花一般需要生长几年才会从对生叶的中间缝隙中开出娇艳的花来，花期通常在凉爽的秋天，花朵呈白、黄、粉等颜色，几乎可以将整个叶片盖住。

栽培养护手册

生石花的种类很多，是市场上较受欢迎的小型多肉植物之一。仔细观察可以发现，生石花的常见品种几乎

都是以“某某玉”作为中文译名，极具古韵，可见人们对这种“宝石”的喜爱。

生石花虽然既可爱又神秘，但是想要养好它却需要记住下面四点：

1. 它喜欢温暖干燥和阳光充足的环境，一年四季都需要尽量放于室内光照处，忌室外强光暴晒；

2. 将生石花苗栽入疏松透气的土壤后，润透盆土，忌涝，生长旺盛时可加少量肥料；

3. 在夏季休眠期格外需要遮阴，加强通风，并且不要随意移动它；

4. 生石花在每年冬末春初

的时候都需要蜕一次皮，就像昆虫一样，只有蜕了皮才能不断生长。它每蜕一次皮，叶片就增大一次，每次蜕皮分裂后，长出两个“头”。蜕下的“皮”也能繁殖出新株，在此期间可以不浇水，稍微喷一点儿水雾就可以。

趣味大发现

历史上第一位发现生石花的人是威廉·伯奇尔，他于1811年在南非普里斯卡东南部发现了该属植物中的一种，并认为其是全新的物种，可以和与之长相极其相似、体积更小、更容易聚集在一起群生的肉锥花分开。

叶子最大的植物

如果要在“叶”字前面加上一个字组成一个词，小朋友们可能会喊出“树叶”，那么叶子最大的植物是某种树吗？其实不然，叶子最大的植物是一种草本植物，名为“王莲”。王莲与常见的睡莲同属一个家族，一般的莲叶直径为 60 ～ 70 厘米，而王莲的莲叶直径最大可达 300 厘米，堪称世界上最大的叶子。

基本形态

王莲是一年生或多年生浮叶草本植物，喜欢在高温、阳光充足、湿度较高的环境中生长发育。温度一旦低

于 20 ℃，它的植株会停止生长。虽然名为“莲”，但它与普通的莲科植物有所不同：王莲根系发达，却没有主根，且不长藕；能长硕大无比的叶子，叶子向阳的一面是淡绿色的，十分光滑，背阴的一面是暗红色的，除了明显的叶脉，还长有长长的刺毛。

惊人的承重力

王莲以巨大的叶和美丽而带有浓香的花朵著称，它的叶子浮在水面上，边缘向上卷起，好像一个浅浅的大圆盘。常见的

莲叶只能托住一只青蛙，而王莲叶能轻松托住一个人类儿童。因为王莲叶的面积很大，加上叶子从中央到四周都有放射状的坚韧的粗大叶脉，叶脉中有许多充满气体的空腔，因此，它在水面上的浮力十分惊人。

“善变的美人”

王莲是现代园林水景中绝佳的观赏植物，具有很高的观赏价值。不过需要注意的是，王莲的叶子虽然几乎可以从春天生长到秋天，持续时间将近半年，但是它的花朵很多时候却是“仅三天可见”，并且开起来会有三种变化，每天的颜色都不一样。开花时花蕾伸出水面，第一天傍晚时分开花，花朵呈白色并开始散发迷人的花

香；第二天呈粉红色，失去花香；第三天颜色继续变深，紧接着它就会闭合而凋谢，随即沉入水中。由于这些惊人的变化，王莲成了夏日公园里夺目的焦点，到了开花的时期，游客们就会迫不及待地赶往公园，以求一睹“芳容”。

趣味大发现

王莲花凋谢后，大约需要经过两个半月的时间，种子才会在水中成熟。成熟后的浆果呈球形，每个果实内约有200～300粒种子，种皮为黑色。种子大小似绿豆，里面含有大量淀粉，可用于烹饪。

最容易“害羞”的植物

植物与动物不同，没有神经系统和肌肉，一般情况下，它们不会对外界的刺激做出明显的反应。而含羞草却是一种十分有趣的植物，它一旦受到外界干扰，就会马上合拢叶片并“低下头”，露出“害羞”之态。

“害羞”的天赋

含羞草从外观上一般分为有刺含羞草和无刺含羞草，花朵呈圆球状，花色多为淡红色。含羞草的叶片通常自

然张开着，若用手指轻触，叶片会合拢起来，“怕生”似的垂下去。根据触碰力量大小的不同，它合拢的程度也不一样，通常情况下，越是用力碰，它就合拢得越快。更神奇的是，它仿佛会跟其他叶子“说话”似的，没一会儿，周围的叶子也纷纷垂下，变成一副“无精打采”的样子。

这一切都是因为在含羞草的叶子和叶柄中有一个叫作“叶枕”的结构，叶枕里面充满水分，且对外界刺激非常敏感，它是含羞草开启自我保护机制的关键。当含羞草的叶子受到外界刺激时，其叶枕就会迅速失去水分，小叶子就会闭合，进而使叶柄失去支撑，导致整个叶柄的下垂。含羞草在受到刺激做合拢运动的同时还会产生

一种生物电，这种生物电会将刺激信息“告诉”其他叶子，其他叶子就会立马变得“无精打采”。

“天气预报员”

含羞草原产自中美洲的热带地区，是一种适应能力非常强的植物。那里的野生动物种类繁多，天气又常常是狂风骤雨，含羞草为了避免极端气候以及动物对它的伤害，当雨水打到叶子上或者动物稍一碰它，它的叶片就会立即闭合，以此自保。此外，有人发现，含羞草还有预

兆天气晴雨变化的能力。当你触摸含羞草时，它的叶子收缩得慢，下垂迟缓，张开还原得快，说明天气将转阴雨；如果受到触摸的叶子很快就合起来，张开得却很慢，这表明天气将会晴朗。

趣味大发现

经过研究和实验证明，含羞草拥有一定的预测地震的能力。正常情况下，含羞草的叶子在白天会舒展开来，到了晚上会合拢。但是在地震快要发生时，它的叶子会变成白天合拢着，到了夜晚反而才愿意打开。

最奇妙的食虫植物

当提到“食虫植物”时，大家会很自然地想到许多动物的进食过程：首先把食物吞入口腔，然后用牙齿咬断、磨得细碎后再咽下，最后还需要肠胃进行一系列的消化吸收。植物没有消化系统，那么，食虫植物又是怎么消化食物的呢？面对几乎在原地不动的植物，昆虫们又是如何失手的呢？世界上的食虫植物们各有各的捕虫花招，但是如果要选出当中最奇妙的，猪笼草称得上“实至名归”。

生长环境

猪笼草大多分布于南亚、东南亚及澳大利亚等地；中国广东南部、海南、香港、澳门等地也有分布。它们喜欢温暖湿润的半阴环境，不耐

寒，怕干旱和强光暴晒，多数生长于森林或灌木林的边缘或空地上，也有部分种类生长于沼泽地或草丛中，甚至陡峭的岩壁上。

由于猪笼草的原产地没有肥沃的土壤供其生长，所以它就进化出靠捕捉小昆虫来补充所需营养的能力。为了捕捉小昆虫，猪笼草甚至可以“攀”着树到达更高的地方。

造型奇特

猪笼草是直立或攀缘草本，属猪笼草科。叶子呈长椭圆形，中脉延长为卷须，末端有一个呈瓶状的叶笼。

叶笼的形状像猪笼，且带有笼盖，因此得名“猪笼草”。

猪笼草是一个庞大的家族，世界上公认的原生种就超过百种。笼色主要以绿色为主，上面的斑纹呈褐色或红色，还有的品种整个叶笼都呈红色、褐色甚至紫色、黑色。叶笼大小因品种而异，有些大型品种的叶笼甚至能盛 10 升水。

捕虫小能手

猪笼草主要依靠它构造复杂的叶子进行捕虫。在阳光下，它把叶片中利用光合作用合成的糖分，集中输送到笼盖的下表面，盖子的下表面布满了许多能分泌蜜汁的蜜腺，当蜜汁多起来的时候就会形成一层甜美黏稠的

糖液，贪嘴的小昆虫们吃完这些糖液会不自觉转移到滴有蜜汁的笼口，一不小心就会掉进笼子里。

猪笼草的笼子内壁光滑，笼内会分泌一些消化液，猪笼草会先用底部的黏液牢牢粘住小昆虫，再利用消化液中的蛋白酶把虫体内的蛋白质分解成液体状态的含氮化合物来吸收享用。

趣味大发现

一般情况下，猪笼草笼内空间的三分之一为液体时是最适宜捕虫的。它的盖子不仅可以作为放置诱饵的载体，还可以抵挡暴雨，避免因雨水灌满笼子而导致虫子逃脱的情况发生。

最甜的叶子

随着科学的发展，人们追求饮食健康，为了控制糖的摄入量，人们发明了代糖，但早期的人工代糖——糖精被证实对人体有着一定的不良影响。而其后甜叶菊的发现和利用给人类带来了福音。

最甜的叶子

甜叶菊属菊科，是多年生草本植物，它的叶子可以说是世界上最甜的叶子之一。据研究，甜叶菊中含有一种名叫甜叶菊苷的甜味物质，其甜度为蔗糖的 200 ～ 300 倍，难怪人们称甜叶菊为“活糖精”。

从甜叶菊中提取的甜叶菊苷，也称为甜菊糖，是良好的天然甜味剂，并

且它具有高甜度、低热量的特点，是较为理想的代糖。由此可见，甜叶菊既能满足人们的口腹之欲，又不会给人体造成过度的负担，真是一种“宝藏植物”啊！

形态特征

甜叶菊株高 100 ～ 130 厘米，茎的基部木质化，上部柔嫩，表面长着细小茸毛。叶对生，呈浅绿或者深绿色，呈倒卵形，边缘有浅锯齿。

甜叶菊 7 ～ 9 月为花期，花序多排列成总苞筒状，花托平坦，花冠呈白色。果为长纺锤形瘦果，顶端着生伞状冠毛。甜叶菊的适应性很强，一般在 8 月、10 月可以完成两次收割，在亚热带地区一年甚至可收割四次。

茎叶有妙用

经科学研究发现，甜叶菊茎叶中还含有丰富的营养物质，如我们熟知的氨基酸、蛋白质、维生素等，不论是把它们加工成饲料让牲畜直接食用，还是将已经晒干的甜叶菊茎叶粉碎，经过无污处理浓缩发酵后让牲畜食用，都对牲畜的一些诸如食欲不振、呼吸不畅等问题有比较好的辅助治疗效果。

趣味大发现

甜叶菊原产自南美洲巴拉圭东部，早在几百年前，当地人就开始使用它的叶子泡茶了，他们亲切地称它为“巴拉圭甜茶”，又名“甜草”。

结果习性最奇特的植物

陆地上的植物，几乎都在地面之上开花、地面之上结果。而花生却是在地面之上开花、地面之下结果的植物，可以说，花生是结果习性最奇特的植物了。

结果习性

花生起源于南美洲热带、亚热带地区，约于16世纪传入我国。现在我国各地均有种植，主要分布于辽宁、山东、河北、江苏等地区，其中以山东省种植面积最大、产量最多。

花生为豆科作物，又名“落花生”“长生果”。花生幼苗出土以后，经过18～25天，便开始开花。开花以后的第4天左右，它的子房基部细胞

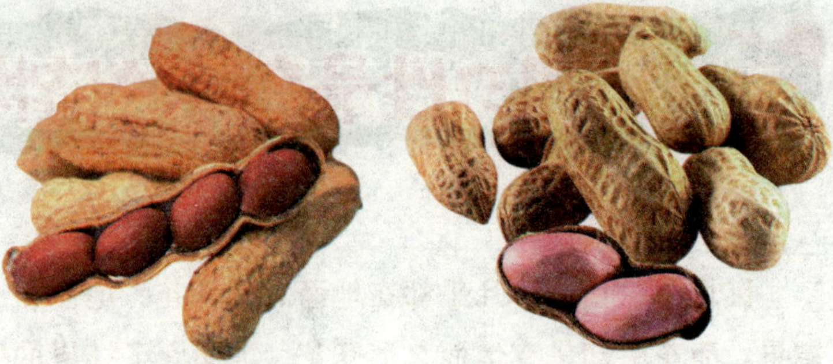

分裂、伸长，形成子房柄，并向土下生长，大约经过 50 天，果实便会成熟。花生有一个古怪的“脾气”，那就是它的果实一定要在黑暗的环境中才能长大；如果暴露在有光的空气中，花生就不结果。有人曾做过实验，将已经扎入土中的果针（即子房柄连同子房）从土中拔出来，发现它再的能力就会减弱；如果挖出已经成形的小果实，它就不再钻进土里，并且不能正常生长，果壳也会变成淡绿色，形状像橄榄；要是在果针没有进入土壤以前，用不透光的材料包住结果的部分，它也能结出果实。以上实验证明，花生果实确实要在黑暗的环境中才能生长。

果实的特征

花生的果实为荚果，长 2 ~ 5 厘米，形状有蚕茧形、串珠形和曲棍形等。蚕茧形的荚果内通常有 2 粒种子，串珠形和曲棍形的荚果内一般有 3 粒及以上的种子。花生果壳的颜色多为黄白色，也有黄褐色、褐色或黄色的，这与花生的品种及土质有关。花生果壳内的种子通称为花生米或花生仁，由种皮、子叶和胚三部分组成。种皮的颜色多为淡褐色或浅红色，种皮内的两片子叶呈乳白色或象牙色。只要在合适的环境中，花生仁就可以继续发芽进而长成一棵花生植株，结出更多的花生来。

营养价值高

花生仁具有很高的营养价值，内含丰富的脂肪和蛋

白质，并含有硫胺素、核黄素、烟酸等多种维生素和多种人体必需的氨基酸，矿物质含量也很丰富。总之，花生仁的营养较为全面，常食用有增强记忆力、促进人体生长发育的功能。

趣味大发现

花生油是用花生仁制成的油，属于不干性油，色泽淡黄，透明度好，清香可口，是优良的烹调用油。它里面含有大量的亚油酸，这种物质能够降低因胆固醇过量蓄积而引发心脑血管疾病的概率，因为它可使人体内的胆固醇分解为胆汁酸，进而排出体外。

播种面积最大的农作物

小麦是一种在世界各地广泛种植的谷类作物，作为“世界三大谷物”之一，它的颖果是人类的主食之一，不仅可以磨成面粉后制作成馒头、面条、饼、面包等食物，还可以作为饲料喂养家畜。

起源

两河流域是世界上最早栽培小麦的地区，其栽培历史已有一万年以上。普通小麦约出现在8000年前的里海西南部，在此之前主要有“一粒小麦”和“二粒小麦”这些原始的栽培种。今伊朗西南部、伊拉克西北部和土耳其东南部地区，是最早栽培一粒小麦的地方。栽培二粒小麦最早的地方是今以色列西北部、叙利亚西南部和黎巴嫩东南部。

中国是世界上较早种植小麦的国家之一，小麦的种植由黄河中游逐渐扩展到长江以南各地，并传入朝鲜和日本。

种植范围广

小麦是一种温带长日照植物，适应范围较广，在全世界范围内，其产量和种植面积均居栽培谷物的首位。小麦的种类有普通小麦、硬粒小麦、密穗小麦、圆锥小麦等，其中以普通小麦种植最广。广泛种植小麦的国家有中国、印度、俄罗斯、美国、加拿大等。

不同类别

根据对温度的要求不同，小麦可分为春小麦和冬小麦，不同地区适合种植不同的类型。春小麦是指春季播种，当年夏秋收割的小麦；冬小麦是指秋冬播种，第二年夏季收割的小麦。因品种和环境条件不同，小麦中的营养成分也有所差别。

小麦的价值

小麦是中国重要的粮食作物，富含淀粉、蛋白质、脂肪、钙、铁、硫胺素、核黄素、烟酸及维生素 A 等物质。中医理论中，未成熟小麦还可入药治盗汗，小麦皮还可以治疗脚气等病症。

在中国，由小麦加工而成的食品在许多地方都形成了极具特色的面食文化，众多面食的制作技艺是中国非物质文化遗产的重要组成部分。种种优势，让小麦成为国人心目中最重要的农作物之一。

趣味大发现

小麦收获期，若遇到潮湿的环境，经常出现穗发芽，影响小麦品质，这种现象会给小麦生产者造成较大的经济损失。2022 年，中国科学家找到了调控小麦种子休眠的关键基因 SD6 和 ICE2，对其进行改良，其穗发芽情况有望得到显著改善。

最不爱落叶的植物

“梧桐一叶落，天下尽知秋。”秋冬时节，许多植物的叶子纷纷枯萎、落下，即便是“四季常青”的松柏，每隔几年也会更换绿装。但生长于非洲西南部沙漠地区的百岁兰却终生不落叶。

形态特征

百岁兰以能适应极端气候和固沙保土的特点而闻名。像许多沙漠植物那样，它的相貌也十分奇特。它的茎既矮又粗，根又深又直，其茎的顶部随着岁月的流逝，逐渐变得木质化，并向下凹陷，好像一个破旧的木盆。在

“木盆”的两边各有一片厚厚的带状叶片，每片叶宽 30 厘米左右，却可长达 2 ～ 3 米，且向地面弯曲。到达地面后，又向外伸长，叶片顶部与沙石不断摩擦，并因干旱而干枯，往往裂成许多窄条，被狂风吹得散乱而扭曲。远远望去，整个百岁兰犹如一只被巨浪冲到沙滩上的大章鱼，因此人们又趣称这种植物为“沙漠章鱼”。

寿命长

19 世纪，植物学家刚发现百岁兰的时候，曾推测它的寿命可达百年，因此称它为“百岁兰”。但一些在刚被发现时就已不年轻的百岁兰，经过一百多年的时光，仍然存活着。科学家对此大为惊奇，于是利用放射性碳素断代法测定了一些百岁兰中看上去老态龙钟的干株，结果让人大吃一惊：被测植株中有些在纳米布沙漠中已存活了1000多年，最老的百岁兰年龄已超过了2000岁。人们不禁又为之起了一个可能更为准确的名字——“千岁兰”。

不落叶之谜

百岁兰的两片巨型叶一经长出就终生不换，而且叶片的基部始终在不断生长，以弥补因顶端干枯破损所失去的部分。

百岁兰为什么终生不落叶呢?

原来，百岁兰的根又直又深且粗壮有力，能充分吸收到地下水；地面上会有大量海雾形成露水，使叶片保持湿润，所以整株植物一年到头都能保持稳定的生存状态，那两片大叶子也就不会因缺少水分而凋落了。

趣味大发现

百岁兰是一种十分古老的物种，属于裸子植物门百岁兰科百岁兰属。该属之下迄今只发现了百岁兰一种在非洲西南沿海沙漠存活了下来，因此百岁兰又被誉为植物界的“活化石”。

毒性最强的植物

关于有毒的植物，小读者们可能从家长、老师那里听到过滴水观音、夹竹桃等，但是这些植物的毒性是不够“闻名于世界”的。相传，古代爪哇曾有个酋长用涂有一种树的乳汁的针刺扎犯人的胸部，不一会儿，犯人窒息而死，这种植物就是箭毒木。它的毒性之烈，可谓令世人闻风丧胆。

毒木之王

箭毒木，学名“见血封喉”，在亚洲、大洋洲、非洲都有分布，在我国主要分布在云南、广东、广西、海南等地，是我国热带雨林的主要树种之一。

箭毒木是一种常绿乔木，树干粗壮高大，树皮很厚；叶互生，卵状椭圆形；花单性，雌雄同株；果子是肉质的，成熟时呈紫红色，味极苦。箭毒木的干、枝、叶都含有剧毒的白浆，如果不小心接触了人畜的伤口，会使中毒者心脏麻痹，以致窒息而亡，这也是其“见血封喉”名字的由来。箭毒木的毒性远远超过毒性较强的巴豆和苦杏仁等，因此常被人们视为世界上最毒的植物。

价值丰富

箭毒木虽然有剧毒，但其树皮厚、纤维多，且纤维柔软而富有弹性，是做褥垫的上等材料。如果将纤维撕开后进一步加工，还能织成布。另外，箭毒木的毒液成分是见血封喉糖苷，具有强心、加速心律、增加心血输出量的作用，在医药学上有研究价值和开发价值。我国已在箭毒木生长的地方建立了自然保护区，对箭毒木加强了保护。

趣味大发现

在云南西双版纳地区有一种说法，叫作“七上八下九倒地”，是指野兽中了沾上箭毒木毒的箭，往上坡跑七步或者往下坡跑八步，最终不出九步就会身亡。由此可见箭毒木的毒性之强。

长得最快的植物

万物生长，速度有快有慢。在植物界，毛竹是多年生常绿乔木状竹类植物，它从出笋到长成竹子并开花差不多只用 2 个月的时间。在生长高峰期，它一昼夜甚至能长 1 米多，堪称植物生长速度的冠军。

急速生长

毛竹是广泛生长于中国南方山区的一种经济作物，属于禾本科竹子的一种。据说，某类毛竹在被播种后的最初几年里，你几乎看不到它生长，但它一旦开始生长，便会疾速生长，从冒出笋尖到长成竹子并开花只需 2 个月左右。

毛竹之所以能够长得这么快，是因为它在被播种后的最初几年里，做了充足的准备，它把所有的精力都用在了伸展根系上。正是因为它的根系足够发达，它才能有之后那么强大的爆发力。

生长条件

毛竹的生长需要温暖湿润的气候条件，对土壤的要求也高于一般树种，既需要充足的水分，又不耐积水淹浸。在板岩、页岩、花岗岩、砂岩等母岩发育的中、厚层肥沃酸性的红壤、黄红壤、黄壤上生长良好；在土质黏重而干燥的网纹红壤及林地积水、地下水位过高的地方则生长不良。在造林地选择上应选择背风朝南的山谷、山麓、山腰地带，土壤厚度在 50 厘米以上且为肥沃、湿润、排水和透气性良好的酸性沙质土或沙质壤土的地方。

用途多多

毛竹是竹类植物中用途最为广泛的一种。例如，在现代建筑工程中，毛竹被广泛用来架设工棚和脚手架；毛竹是造纸和竹纤维制品的优良原料；竹材劈成的薄篾可以编成很多生产工具、生活用品和工艺品；毛竹笋营养丰富、味道鲜美，在我国广受欢迎，用其制成的各种笋干、笋罐头已畅销国内外；毛竹鞭根发达，纵横交错，栽植在江堤、湖岸有固土防冲的作用。

趣味大发现

毛竹优点虽多，但并不适合栽种在房前屋后。因为其“疯长”特性会使其遮挡大部分阳光，从而降低室内采光率，亦影响室内通风。另外，毛竹易成片生长，枝叶茂盛，容易吸引大量蚊虫，从而降低人们的生活质量。

最长的植物

在热带和亚热带森林里，不仅生长着参天巨树和奇花异草，还有一种长长的“鬼索”，这就是白藤，它是世界上最长的植物，从根部到顶部，最长可达400米。

“鬼索”形态

白藤也叫“省藤”，它和热带地区常见的油棕同是棕榈科家族的成员。白藤喜欢生活在温暖湿润的环境中，不耐寒，大多生长在土壤腐殖质丰富并且深厚疏松的热带雨林中，我国的广东、广西、福建、海南和香港等地均有分布。

白藤的茎很细很长，但十分结实，边缘长满了尖尖的微弯的硬刺；顶部长着一束羽毛状的叶，叶子背面长有尖刺。白藤像一根带刺的长鞭，随风摇摆，一碰

上大树，就紧紧地攀住树干不放，并很快长出一束又一束新叶。接着，它就顺着树干继续往上爬，而下部的叶子则逐渐脱落。

白藤的肉穗花序呈鞭状，形成由 1 枚旗瓣、2 枚翼瓣和 2 枚龙骨瓣组成的蝶形花冠，为单性花，雌雄异株。当白藤开花时，远远望去像美丽的白色瀑布，壮观极了。

攀缘特性

白藤的附近一旦有一些高大的树木或者支撑物，它就会向其疯狂攀缘。当爬上大树顶后，它还会一个劲儿

地长，可是已经没有什么可以攀缘的了，于是它长长的茎开始往下坠，它把大树当作支柱，在大树周围缠绕出无数怪圈，因此人们给 它取了个绰号叫“鬼索”。当它的茎下坠到比树顶稍低时，又会向上爬，这样来回爬坠，白藤长成了世界上最长的植物。

趣味大发现

白藤是一种用处极大的植物，中医认为它既能够活血又能止血，经过处理后可以治疗跌打损伤以及外伤出血。它的藤茎质地柔韧，可以用来制作一些靠背椅、摇椅、收纳篮、置物架等藤编家具，不仅比较环保，也可以给家里带来古朴雅致的氛围。

含油量最高的植物

在我国的海南岛上，沿着公路行走可以看到路旁一排排高大的树，其外形很像椰树但不结椰子，而是在其叶腋间结着由拇指般大的果实组成的果串，这就是油棕。

“世界油王”

油棕原产自非洲西部，喜欢高温、多雨、强光照和土壤肥沃的环境。油棕是一种木本油料植物，其所产出的油名为棕榈油。数千年前，油棕已是西非饮食中不可或缺的一部分，直至19世纪初，英国商人们将棕榈油作为商品进行贸易活动，扩大了棕油的影响力。如今，棕榈油已经成为世界“绿色油库”中的重要组成部分，油棕成为世界上单位面积内产油量

最高的树木，因此有“世界油王”的美称。

上品油料

油棕属棕榈科，常绿直立乔木，一般情况下，定植后 3 ～ 4 年开始结果。它全年都开花，且花、果并存。油棕果实呈倒卵形或卵形，成熟时为橙红色。种子近球形或卵球形。其果肉和果仁均能榨出油来，含油量为 50% 左右。棕榈产的油叫作棕榈油，广泛应用于食品工业中，近年来人们也在尝试将它作为生物燃料进行开发。

炼油过程

油棕的果串收获后必须尽快加工，首先要在杀酵

罐内用蒸汽处理，然后入脱果机脱果，经捣碎罐捣碎果肉，再送入压榨机或离心机。由此提取的原棕油要在80～90℃下静置一段时间，使原棕油中所含水分、杂质同油分离，再经过滤和干燥就能得到橙色的粗棕油。从榨油残渣中分离出的果核经干燥破壳，取得核仁，再经粉碎、压榨，就能得到棕仁油。

趣味大发现

油棕树的主要病害为果腐病，发病的原因与气候不适宜、营养不足、过度修叶和不授粉有关，可用综合措施防治。另外，萎蔫病和苗疫病也是油棕树的致命病害。

最珍稀的裸子植物

崖柏是柏科崖柏属植物，属于濒危物种，极其稀有，在我国禁止任意采伐。

基本特征

崖柏是乔木或灌木，具有薄的鳞片状外树皮以及纤维状内树皮，上升分枝，小枝系呈扁平或浪花状。叶呈鳞片状，幼叶较长呈针状。雌雄同株异枝，球花着生于枝端，雌花很小，绿色或带紫色；雄花呈圆形，淡红色

或淡黄色。成熟球果单生，呈卵形或长圆形，具有薄且容易弯的鳞片，顶端为厚脊或凸起。

生长环境

崖柏属于阳性树，稍耐阴，耐瘠薄、干燥土壤，忌积水，喜欢湿润、具有钙质的土壤，不耐酸性土和盐土。气温要求适中，超过 32 ℃就会生长停滞，持续处于 -10 ℃的低温情况下，10 天就会受冻害。

物种稀少

崖柏是我国特有的“国宝”植物之一，生长于海拔 1500 米的山上，是世界“活化石”物种之一。它的生长速度极慢，数量少且不可再生，尤其是生长在悬崖峭壁上的崖柏，数量更是少之又少。1892 年，法国科学家在今重庆地区首次采集到崖柏标本。此后 100 多年，尽管人们多次去寻找，仍旧没有发现活的植株。1998 年，崖柏被世界自然保护联盟列入“红色名录”，被宣告灭绝。直到临

近21世纪，崖柏才又被零星发现。由此可见，保护崖柏的工作刻不容缓。为了扩大崖柏种群规模，科研工作者不断探索人工扦插繁育，已取得一定成果。

价值丰富

将死或半死的崖柏经抢救种植，可作为造型独特的盆景艺术品。此外，珍贵的崖柏还是一种拥有药用价值的植物。

趣味大发现

枯死的崖柏的树根、树干，由于受到恶劣环境的影响，形成了奇特的造型，且木质密度高、油性大，并伴有醇厚的柏木香味，有极大的收藏价值。

最高的树

如果举办世界树木高度竞赛的话，大洋洲的王桉绝对是当之无愧的冠军。王桉是植物王国里的“巨人”，主要生长在澳大利亚南部，树干笔直，几乎没有枝杈，直插云霄。王桉普遍能长到百米，真是令人惊叹。

树中高塔

王桉的树干高大笔直，随着高度的增加而逐渐变细。在人类已测量过的树木中，王桉的高度甚至能达到132

米，其“树中最高塔”的冠军称号实至名归。

要想高而不倒，根基必须扎实稳固。王桉的树根非常粗，地下的根扎得又深又广，这样的结构不仅能使王桉紧紧地“抓住”大地，也有利于其吸收足够的水分。

奇怪的树叶

王桉的叶子生得很奇怪，一般来说，植物的叶子大多数都是表面朝天的，而它的叶子却是侧面朝天。研究发现，它的叶子长成这样是为了减少阳光直射，防止水分过分蒸发。叶子与阳光的投射方向平行，太阳照射的时候，阳光就会从树叶的缝隙处倾泻下来。

树中“抽水机”

王桉生长快、产材多，被一些地区作为经济树种引进。但如果做不到科学培育，会导致一系列生态问题：种植三五年即采伐利用，且只种植单一品种，极易对水土保持和生态平衡造成严重破坏。为此，桉树还背上了“抽水机”“抽肥机”“绿色沙漠”等骂名。其实，通过合理布局、科学培育，完全可以将种植桉树对生态环境的影响降至最低，实现经济效益、生态效益和社会效益的多赢。

趣味大发现

令人意外的是，王桉虽然生长速度极快，五六年就能长成十多米高，但是它的种子却非常小，每粒种子只有1.5～3毫米。

最粗的药用树

在非洲广袤无边、生机勃勃的热带草原上，生长着不少世界上独一无二的物种，其中有一种外形古怪且充满魔幻色彩的大树，那就是在童话《小王子》中出现过的猴面包树。猴面包树的树干很粗，最粗的要 30 多个成年人手牵着手才能勉强围住。

树冠巨大

猴面包树是地球上最古老的树种之一，即使在热带草原那种干旱的恶劣环境中，其寿命仍可达5000年左右。猴面包树属木棉科，猴面包树属下共有 10 个种，主要分布在非洲，大洋洲及印度洋诸岛也有所分布，其中尤以非洲的马达加斯加岛地区的猴面包树种类最全，生长得最好。虽然猴面包树的树高并不惊人，最高大概也只有 20 米，但是它的树冠直径可达 50 米，分枝多，远远看去就像一个大胖子，故常被当地人称为“大胖子树”。

树上长“面包”

猴面包树开花后会结出长椭圆形的灰白果实，肉质肥厚，甘甜多汁，还带有恰到好处的一点儿酸，果肉含有丰富的维生素 C 和钙质。

猴面包树的果实形似面包，每当果实成熟，猴子就会成群结队蜂拥而至，一只接一只地爬上树去摘果子吃。不仅是猴子、猩猩、狒狒也十分喜欢，这样时间一长，人们自然而然地就称这种树

为“猴面包树”了。在非洲几次大饥荒时期，猴面包树上的“面包”拯救了成千上万的饥民。

木质疏松

猴面包树的树干木质疏松，子弹几乎能轻易穿过。但是一旦雨季来临，木质疏松的优势就会显现出来，它能吸收大量的水分并储存在树干中，以顺利度过接下来的旱季。在草原上找不到水源的旅人和动物有时候也会从猴面包树中取水喝。

当地居民利用它木质疏松这个特点，有时候会把树干掏空作为贮水室、储藏室或是暂时的居所。不可思议的是，在猴面包树树洞里贮存的食物，可以放置很长时间而不变质。

浑身是宝

猴面包树的树皮里含有丰富的纤维素，可以用来造纸、制绳以及做乐器的弦等。猴面包树的果实、叶子和

树皮还可以入药，可以用来清热消肿、安神镇静、养胃和止血等，所以它被称为世界上“最粗的药用树”。近年来研究证明，捣碎它的叶和花涂抹在身体上还有一定的美肤作用。更令人惊喜的是，它的种子含油量高达15%，可用其榨油，在食用油中算得上是上等品质。

趣味大发现

猴面包树的树冠本身就长得像树根，为了顺利度过旱季，它会早早地把自己的叶子掉光，以减少水分的蒸发，这时它的树冠光秃秃的，便更加像树根了，所以人们也称猴面包树为“倒着长的树”。

质量最轻的木材

自从哥伦布发现了美洲新大陆后，欧洲殖民者争先恐后地派军队占领美洲地盘。西班牙军队到达厄瓜多尔时见到了一种特殊的木头，它和那些沉甸甸的木头完全不一样，西班牙军人把这种木头叫作“轻木”。轻木又称“百色木”或者“巴塞木”，是生长在美洲热带森林里的木棉科乔木，它是世界上最轻的木材。后来，轻木被运到西班牙乃至整个欧洲，并逐渐在全世界传播开来。

基本形态

轻木为锦葵科轻木属的常绿乔木，10–12 年生的树高可达 16–18 米。轻木的树干挺直，树皮光滑并且呈褐色。树叶呈心状卵圆形，片片单叶在枝条上交互排列，叶的边缘具有棱状的深裂。春季开花，花呈白色，长得很大，着生于树冠的上层。果实为蒴果，呈圆柱形，里面有簇毛，由 5 个果瓣构成。种子为倒卵柱形，呈淡红色或咖啡色，外面密被绵毛，犹如棉花籽一样。轻木需要湿热的生长条件：年降水量 1200 毫米以上，年平均相对湿度保持在 75% 以上，年平均气温 21℃以上，最低温在 7℃以上，当出现 4 ～ 5℃以下时则会对轻木造成严重伤害。

材质轻盈

轻木不仅是世界上最轻的木材，还是世界上生长得最快的树木之一，一年就可长高 5 ～ 6 米。它体内的细胞组织更新很快，所以根、树干、树枝都异常轻软而有弹性。轻木的木材，每立方厘米只有 0.1 克重，是同体积水的重量的十分之一，比用来做软木塞的栓皮栎还要轻。

一根长 10 米、直径很粗的轻木，即使一个力气较小的人也能轻易地把它扛起来。

趣味大发现

轻木的导热系数低，物理性能好，既隔热又隔音，具有良好的绝缘特性，是制造隔音设备、救生胸带、水上浮标等的良材。轻木的木材不易变形，稳定性较好，材质均匀，容易加工，因此也可制作各种展览模型及装修装饰贴面。

贮水本领最强的树

世界上贮水能力最强的树来自拥有漫长旱季的南美洲，在南美洲的巴西高原上有一种高大的树木，其体内可贮藏大约 2 吨水。远远望去，这种树酷似一个巨大的纺锤插在地上，所以得名“纺锤树”。

贮水冠军

纺锤树生长在南美洲的巴西高原上，介于西北部的热带雨林带和东南部的稀树草原带之间。在这个地带，每一年，纺锤树都需要经历漫长的旱季，雨季持续的时间非常短，对它来说十分珍贵。为了应对长久的旱季，当难得的雨季来临时，纺锤树会大量地“喝水”并把水贮存起来。即使强势的旱季来临，纺锤树也可以活下来。

纺锤树树干中间膨大，两端尖细，树干里可贮存2吨水，犹如巨大的水塔。由于纺锤树极其能贮存水，旱季时，它不仅能作为稳定的水源供给当地人饮用，还是饥渴的旅人的“救命之水”，人们只要在其树上钻个小孔，爽口的水就会从树干里汩汩地流出来。如果以每人平均每天饮1.5升水来计算的话，一棵纺锤树贮存的水可以供一个四口之家饮用将近一年。

外号多多

纺锤树比较高，多为18～25米，树干呈粗壮的圆柱形，最粗的地方直径可达5米。这种树到了雨季，在高高的树顶上生出几根枝条和心形的叶片，特别像一棵巨型萝卜。旱季来临后，绿色的叶子凋零，鲜艳的红花开放，此时它又像一个插着花的特大花瓶。

因为它古怪的模样，人们为它起了很多外号，如“萝卜树”“瓶子树”，甚至还有“佛肚树”这样的名字。

“独来独往”

纺锤树和许多种一棵挨着一棵生长的树木不同，研究表明，如果想要纺锤树健康生长，种植的时候，树与树之间需要间隔相当一段距离。如果纺锤树之间太过靠近，它们的根系就会彼此纠缠，争夺对方的水源，这个时候根系很有可能会被迫拱到地面上，如果再遇上大旱，那么每棵树都可能因缺水和暴晒而死亡。

趣味大发现

纺锤树体内富含水分，一旦把它进行脱水处理，就会变得特别轻。这个时候，就连小朋友都可以举起一大块和自己身材完全不成比例的巨大木材，美美地拍上一张“大力士照”。

果实最大的树

海椰子亦称“复椰子”，只生长在非洲的塞舌尔普拉兰岛及库瑞尔岛上。它的果实是世界上最大、最重的，其横宽可达50厘米，重量可达25千克。从远处望去，其果实如同悬挂在树上的大箩筐。

名称由来

关于海椰子的名字由来，有这样一个传说。很久以前，一位马尔代夫渔民在印度洋上捕鱼时，在渔网里发现了一个有些特别的椰子，像是两个椰子合在一起，中间有条沟。当时塞舌尔群岛还不为人所知，人们以为这种奇形怪状的椰子是生长在海底的一种巨树的果实，就给它取名“海椰子”。后来人们在塞舌尔群岛中普拉兰岛的“五月山谷”里发现了一片生长着这种椰子的原始树林，才揭开了“海椰子”的真相。

生长缓慢

海椰子是棕榈科植物，树叶硬而扁平，呈扇形，好像大象的大耳朵。虽然它成年后树高可达 15 ～ 30 米，胸径也可达 30 厘米，看上去高耸挺拔，但令人意外的是，被称为“树中之象”的它生长非常缓慢，一般 40 年以上树龄才能结果。海椰子的花着生于巨大的肉质穗状花序上，雌雄异株。果实成熟需要几年，种子发芽也需要很长时间，全世界每年收获的成熟海椰子种子数量有限，十分珍稀。

爱情之树

海椰子的雌树、雄树都结果，但果实形状不一样。雄树的果实呈微弯曲的长棒状，长 1 米左右，横宽约 20 厘米；雌树的果实横宽 35 ～ 50 厘米。海椰子树的雌树和雄树总是并排生长在一起，据说如果雌树和雄树中的一株被砍，另一株便会“殉情”枯死，因此塞舌尔群岛的居民称它为“爱情之树”。

趣味大发现

海椰子树的果实长到 9 个月左右时，果汁香甜，可做甜食；完全成熟以后，坚硬的白色椰肉是上等的补药；果核是贵重的工艺品原料；其椰汁味道醇美，是酿酒的好原料。

最悲壮的树

《水经注》里记载胡杨存在于塔里木盆地。塔里木盆地有 80% 的面积被塔克拉玛干大沙漠占据，在这种严酷的环境中，胡杨依然能顽强地生存繁衍，枯死后仍然可以屹立很长时间，堪称最悲壮的树。

“沙漠战士”

胡杨是一种生活在沙漠地区的中型落叶乔木，沙漠中的环境十分恶劣，昼夜温差极大，在这种大的温度变化下，很多植物都容易缺水而死。但是胡杨不一样，它不仅能忍受高温，甚至可以在 -40 ℃的极寒天气里存活。

胡杨生来就有适应干旱环境

的条件，为了避免水分的流失，其幼树嫩枝上的叶片狭长如柳，成年后才开始圆润起来，因此又被称作“异叶杨”。它密如蛛网的根可以深深地扎入地下去吸取水分，只要地下水位不大于 4 米，它都能旺盛生长。人们经常根据胡杨生长的痕迹来判断沙漠里的水源方位。

胡杨自我调节体内水分的能力也是一流的，雨季来临时它会拼命储藏水分，以便应对干旱的天气；当干旱袭来，它还会抓紧时间掉落叶子，进一步减少自身能量和水分的流失。

由于令人赞叹的抗干旱能力，胡杨林成为荒漠地区一种非常珍贵的森林资源，也是防风固沙的主力军，被誉为“大漠英雄树”。

“土壤改良功臣”

胡杨在我国主要分布在新疆、甘肃、青海、内蒙古等地，能生长在高度盐渍化的土壤中，其细胞透气性较强，有不受碱水伤害的特殊能力。其躯干、树皮、主根、侧根，乃至叶片里都能吸收盐分，并能通过自身茎、叶里的泌腺把盐分都排出去。如果其树干的裂口处形成了白色或淡黄色的块状结晶，那说明它体内积累的盐分过量了，只能另寻部位排出。

当地人称这种块状结晶为“胡杨泪”。一棵成年胡杨每年能排出大量盐，这种自然而又强大的滤盐能力能够大大节约人工优化盐渍化土壤的成本，改善沙漠环境，使附近的生物量增加，所以胡杨是当之无愧的“土壤改良功臣”。

浑身是宝

胡杨成年后，它的直径可达 1.5 米，高可达 10 ～ 15 米，其木质纤细柔韧，耐水抗腐，不仅是上等的家具和建筑用材，也是造纸的好原料。其叶不仅是荒漠地区的上好牛羊饲料，也可以入药。它的枯枝也是优质燃料。闻名在外的“胡杨泪”不仅可以用于发酵面食，也可以用来制作肥皂。

趣味大发现

胡杨作为自然界一种稀有的树种，常被人们赞誉“长着千年不死，死后千年不倒，倒后千年不朽”。但是迄今为止，世界上还没有发现过一棵寿命达到 1000 年的胡杨。一般情况下，它的寿命大约为 200 年。

树冠最大的树

一提到“树林”这个词，大家脑海中可能会浮现成百上千棵树排列在一起的画面。但是自然界里有一种树只需要一棵就能“伪装”成一片树林，它就是榕树，其树冠是树木里面最大的，让我们来认识一下它“独木成林”的本领吧。

长“胡须”的树

榕树原产于亚洲的热带、亚热带地区，一般生长于潮湿炎热的热带雨林气候区，我国南方地区以及泰国、马来西亚、菲律宾等东南亚国家都广泛种植。

榕树是桑科下的一种常绿大乔木，高可达 25 米，胸径可达 50 厘米。

很多人好奇，榕树为什么会长着“胡须”呢？这是因为在热带雨林的气候中，它的主干的生长速度相比得到充足的阳光、雨水而疯狂生长的树枝和叶子要缓慢一些，树根从土壤中吸取到的营养成分常常来不及供应树冠，就全被侧枝吸取了，侧枝得到足够的滋养就会长出很多气生根，这些气生根会一直伸展到地面，钻进土里，长出新的树根，我们一般称这些新的树根为“支柱根”。但是当它们还没来得及钻进土里的时候就会形成向下垂挂的形态，看上去就像是树长了长长的“胡须”。

独木成林

一旦榕树的这些气生根形成更多新的树干，新的树干生新的树枝，再加上旧的树干树枝，榕树看上去就像拥有了很多条“手臂”，这些“手臂”向四面八方无限伸展，它们柱根相连，柱枝相托，交织在一起，加上茂盛的枝叶，树冠极容易造成遮天蔽日的景象，这种景象被人们称作“独木成林”。

在孟加拉国的热带雨林中，生长着一株郁郁葱葱的大榕树，从它树枝上垂下来的气生根多达4000余条，而后形成更多的支柱根，蔚然成林。记录表明，它巨大的

树冠的投影面积可达 1 万平方米，曾容纳千余人在树下遮阳。榕树拥有巨大树冠的这个特点，不仅能为很多南迁的鸟儿提供过冬的地方，还使它成了城市里合适的行道树树种，在我国南方的田间、路旁，榕树形成了一座座天然的凉亭，是过路人休息和乘凉的好场所。

趣味大发现

福建的省会福州，又被称作“榕城”。福州市有很多古老粗壮的榕树，有些老榕树甚至要 5 个人手拉手才能将它环抱住。其中最古老的一棵千年榕树位于福建省福州市国家森林公园内，又称中国“榕树王”。

树皮色彩最丰富的树

我们在大自然中能看到的树，其外表颜色大多数都是棕褐色的，但是有一种树的树皮颜色很不一样，呈现出黄、橙、绿、紫等色彩，看上去就像一道彩虹长在了树上或是被小朋友涂上了油彩，这种树叫作“彩虹桉树”，它是世界上树皮颜色最丰富的树。

北半球唯一的桉树

桉树这类树种大多原产于南半球，而彩虹桉树是迄今为止在北半球发现的为数不多的一种桉树，其学名为“剥桉”。它的原产地在印度尼西亚、菲律宾、巴布亚新几内亚等国家，

因为大量生长在菲律宾的棉兰老岛，所以它又被称作“棉兰老岛的口香糖”。彩虹桉树现在已经被几十个国家引种，包括马来西亚、斯里兰卡及中国等。

独一无二的树皮颜色

树皮为什么会有颜色呢？这是因为树皮里面存在色素。不一样的树种因为生长环境和自然演化的不同，所含色素的类型和数量也不一样。在植物学上，树皮分为三个部分，从内向外分别为栓内层、木栓形成层和木栓

层。中间的木栓形成层能不断地进行细胞分裂，向内分裂形成栓内层，向外分裂形成木栓层。大多数树种的木栓层中都含有一种叫作木栓质的棕褐色物质，所以它们看起来都呈棕褐色。世界上也有白色的树皮，比如白桦树，这是因为它的木栓质组织里的细胞中含有白色的白桦脂和软木脂。彩虹桉树能有不同的颜色是因为它的树皮会在不同的时间脱落，树皮在不断脱落和长出的过

程中颜色会有变化，新长出来的树皮为亮绿色，随着时间流逝，颜色逐渐变暗，由绿色变成蓝色，随后由蓝色变成紫色，而后又变成橙色和栗色。

上好的木浆原料

彩虹桉树如此美丽，人们却没有在植物园或者植物展览会上见到它的“芳容”，这是因为它的工业价值远远高于其观赏价值。彩虹桉树生长速度很快，不到几年就可以长成参天大树，是一种上好的木浆原料。现在世界上优质的木浆树木并不多，彩虹桉树就是其中一种。木浆作为一种重要的绿色资源，是造纸时极为常用的原料，它干燥且富含纤维，漂在水中，所含纤维四下散开的同

时变得更柔软，此外，用其制造出来的纸品化学残留少，广受欢迎。

趣味大发现

树袋熊虽然以爱吃桉树叶而出名，但如果带着彩虹桉树的叶子去喂树袋熊，它不一定愿意吃，这是因为在全世界几百种桉树里，树袋熊愿意吃的也只有30种左右。不过根据种群的不同，树袋熊的口味也不一样，澳大利亚南部的树袋熊爱吃多枝桉和蓝桉，北部的树袋熊则习惯以赤桉、脂桉、小果灰桉、斑叶桉以及细叶桉的叶子为食。

了不起的世界之最

建筑之最

JIANZHU ZHI ZUI

王旭东◎主编

SPM 南方传媒 | 广东人民出版社

·广州·

图书在版编目（CIP）数据

了不起的世界之最：全8册 / 王旭东主编．— 广州：广东人民出版社，2024.1

ISBN 978-7-218-17241-5

Ⅰ．①了…　Ⅱ．①王…　Ⅲ．①科学知识—少儿读物
Ⅳ．①Z228.1

中国国家版本馆CIP数据核字（2023）第252144号

LIAOBUQI DE SHIJIE ZHI ZUI

了不起的世界之最

王旭东　主编

出 版 人：肖风华

责任编辑：马妮璐
责任技编：吴彦斌
装帧设计：朝旭文化

出版发行：广东人民出版社
地　　址：广东省广州市越秀区大沙头四马路10号（邮政编码：510199）
电　　话：（020）85716809（总编室）
传　　真：（020）83289585
网　　址：http://www.gdpph.com
印　　刷：天津泰宇印务有限公司
开　　本：890mm×1240mm　1/32
印　　张：24　　字　　数：230千
版　　次：2024年1月第1版
印　　次：2024年1月第1次印刷
定　　价：138.00元（全8册）

如发现印装质量问题，影响阅读，请与出版社（020-85716849）联系调换。
售书热线：（020）87716172

前言

人类发展的驱动力，很大一部分来自无穷无尽的好奇心，因此人类对于未知事物有着永无止境的探索欲望。面对充满奥秘的世界，我们不禁想要知道：最高的山有多高？最大的动物是什么？最像地球的行星是哪颗？

我们在满怀疑问探索大自然的同时，不知不觉间也创造了许多难以想象的奇迹：第一盏电灯、最高的建筑、第一个进入太空的人……各种各样的“世界之最”彰显出大自然的独特魅力、历史的源远流长、宇宙的神秘莫测以及人类的无穷智慧。

为此，我们编写了《了不起的世界之最》系列丛书，按地理、动物、植物、宇宙、建筑、人类、国家、文艺八个主题，讲解一个个令人眼界大开的“世界之最”。本套丛书每册为一个主题，每篇内容紧扣每个“世界之最”的突出特点，并设置了生动的小标题，有助

于小读者快速理解相应的知识。

本套丛书注重内容的知识性与趣味性，选用大量有趣的真实事例，使用前沿数据资料，从少年儿童的认知水平以及阅读能力出发，用生动活泼的语言给小读者讲解众多新奇、罕见的科学知识，将小读者领进丰富多彩的科学世界，使小读者在开阔视野的同时收获知识，提高综合能力。

本套丛书体例编排注重各篇章间的逻辑层次和内在联系，海量的知识并非简单生硬地罗列，而是有着清晰的结构和明显的层次感；版式灵活多变，插图精美清晰、富有视觉冲击力，让知识一目了然，给小读者展示了一个个直观、真实、精彩的“世界之最”。

总而言之，本套丛书集合了诸多领域的科学知识，视角独特、内容全面、图文并茂，能够为小读者打开知识的大门，满足小读者旺盛的好奇心和强烈的求知欲，让孩子在阅读中锻炼探索能力，提高综合素养。

现在，请小读者翻开本书，去探寻那些令人大开眼界的“世界之最”、领略世界的独特魅力吧！

目录

世界上最长的建筑

长城是世界文化遗产，也是中华民族的骄傲。长城是中国及世界上修建时间最长、工程量最大的古代防御工程，也是世界上最长的建筑。

万里长城不止万里

长城始建于春秋战国时期，当时，各诸侯国为了抵抗别国的侵略就在各自的边境建造了分段的长城。公元前 221 年，秦始皇统一中国后，诸侯割据的局面结束，分散的长城被连接起来，沿线设置了戍所和烽火台，形

成了一个完整的防御体系。到了汉代，为了进一步加强北方的防御力量，又修建了全长近 1 万千米的外长城。

秦长城西起甘肃，东至辽宁，全长 5000 多千米。现在，我们在北京郊外八达岭看到的长城实际上是明朝初年建造的。西起甘肃嘉峪关，东至辽宁虎山，全长 8851.8 千米。实际上，经过多个朝代的加固与增建，长城的长度早已不止万里。经测量，国家文物局在 2012 年宣布中国历代长城的总长度为 21196.18 千米。

重要的防御工程

长城是一套完整的工程体系，由多个部分组成，如城墙、敌台、关口和烽燧。城墙是主体，是用砖、石砌成的。敌台建于城墙之上，主要用于瞭望和指挥抗击来犯之敌。关口常设在军事要塞或山势险峻地带，是一种军事孔道。关口外或长城外的制高点上，还有一种与敌台、城墙相呼应的建筑，它就是烽燧。这是一种用于传递军事情报的墩台式建筑，结构形式与城墙类似。台上备有大量干柴，遇到敌情时，白天焚烟，夜晚点火，层层传递，一直传到总烽燧墩台（又称总台），然后由总台

飞马驰报战斗指挥部。这种用烟火传递军事情报的方法是中国古代士兵们的独创。

万里长城是闪耀着中国古代文明火花的伟大建筑，它蜿蜒在崇山峻岭之中，将群山沿脊劈为两半，呈现出无比雄伟辽阔的气势，是世界建筑史上的奇迹，是中国人民的骄傲。

趣味大发现

我国民间一直流传着“孟姜女哭长城”的故事。传说在秦朝时，秦始皇下令抓壮丁修筑长城，孟姜女的丈夫也被抓去当了苦力。孟姜女去长城探望丈夫，却收到了丈夫的死讯，于是她悲痛欲绝，一连痛哭了几天，竟把长城哭倒了十多里。

世界上最大的金字塔

在茫茫无垠的撒哈拉沙漠东边的吉萨高地上，耸立着许多大小不一的金字塔，其中最大的一座便是著名的胡夫金字塔。它是世界上最大的金字塔，已经在此静静矗立了4000多年，是古埃及文明的象征。

人力建造的奇迹

胡夫金字塔建于埃及第四王朝第二位法老胡夫统治时期（约前26世纪初），是胡夫为自己修建的陵墓。胡夫金字塔几乎是一种实心的岩石结构，建立在一块巨大的凸形岩石上，塔基呈正方形，每边长约230米，4个斜面正对东、南、西、北四方，其选位、方向极为精确，

具有最大的稳固性，即使发生特大地震也不会崩裂。

胡夫金字塔高约 146.59 米，由 230 万块巨石堆砌而成，每个石块的重量为 1.5 吨至 50 吨不等，胡夫金字塔的总重量约为 684 万吨。如果用现代火车装载这些石块，则需要约 60 万节车厢。因此，胡夫金字塔还是世界上规模最大的单体建筑之一。据说，法老胡夫曾动用了 10 万多名工匠，花费了 30 年的时间才完成这座伟大的建筑。不过，在长久的岁月中，胡夫金字塔的顶部因风化而破碎，现在的高度为 136.5 米。在建成后的几千年岁月中，它一度是世界上最高的建筑。

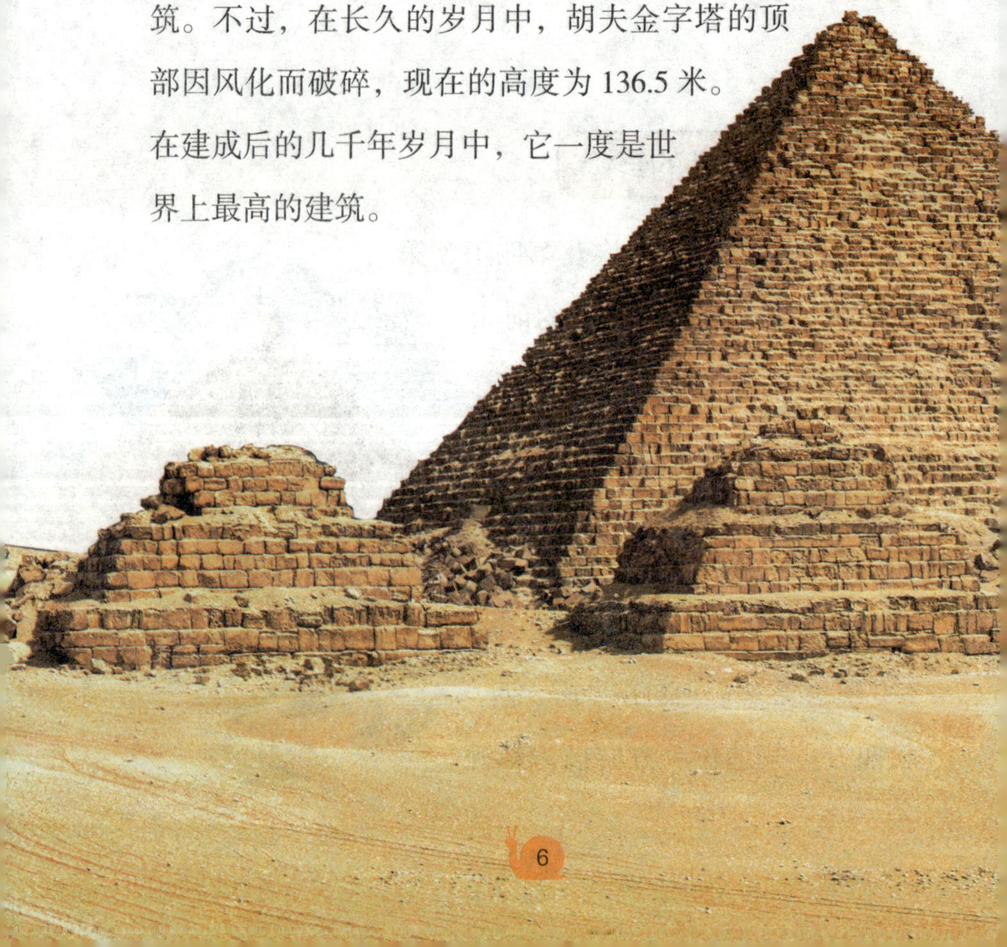

内藏玄机

胡夫金字塔不仅体积庞大，而且塔身的石块之间没有任何泥灰之类的黏着物，它完全是由石块相互叠垒建成的，石块之间的接面异常平滑，人们即使用锋利的刀片也难以插入两块石块之间的缝隙。

关于胡夫金字塔的内部构造，人们一直抱有强烈的好奇心。因此许多专家曾运用各种手段来一探究竟。实际上，胡夫金字塔

内部存在着一些未知的空间和通道。2017 年 11 月，一批专家在对胡夫金字塔进行探测后发现，其内部有一个巨大的神秘空间，其长度至少有 30 米，高数米，距离地面 60 ～ 70 米高，位于已发现墓室的上方。由于这个空间没有明显的入口，专家们没能确定该空间的结构和用途，不过它或许能成为解开金字塔建造方法之谜的关键。

2023 年 3 月，一些专家在胡夫金字塔内发现了一条长 9 米、宽 2.1 米的通道。这条通道位于金字塔主入口的上方，其具体结构和用途尚不明确。

趣味大发现

狮身人面像位于埃及吉萨的金字塔墓区，是埃及著名古迹。雕像坐西向东，面部以古埃及第四王朝法老哈夫拉的面容为原型。雕像高约 20 米，算上 2 只前爪全长约 72 米。数千年来，狮身人面像一直被黄沙掩埋至肩部，直到 20 世纪 30 年代末，埃及考古学家才终于将巨像从黄沙中解放出来。

保存最完整的古罗马建筑

罗马帝国曾经盛极一时，在建筑领域有着极高的水平，但由于历史悠久、战争损毁，古罗马建筑很少能完整地保留下来，但万神庙却经历了 2000 多年的风雨洗礼，成为世界上保存最完整的古罗马建筑。

奉诸神于一堂

万神庙位于意大利首都罗马市中心，始建于公元前 27 年，是罗马最古老的建筑之一。当时，罗马帝国的皇帝屋大维消灭了古埃及的托勒密王朝，为了纪念这次胜利，他的亲信阿格里帕下令兴建了这座神庙。

与希腊人为每个神明建造神庙的传统不同，罗马人习惯在一个神庙内供奉多个神明，而这座神庙供奉的是罗马全部的神明，因此被命名为“万神庙”，也叫“潘提翁”（即意大利语“诸神”的意思）。万神庙代表着罗马帝国精湛的建筑技术和极高的艺术价值，是古罗马最具代表性的建筑之一。

公元 80 年，万神庙大部分被火焚毁，仅剩下一个矩形门廊。公元 120—124 年，哈德良皇帝下令重建万神庙，他在矩形门廊的基础上修建了一个圆形神庙。后来又几经改建，才形成了今天的万神庙。

神圣的穹顶

万神庙兼具希腊和罗马的建筑风格。殿前的门廊宽约 34 米，由 16 根 12.5 米高的石柱组成，看上去就像古希腊的帕特农神庙。圆形神庙的底面直径为 43.3 米，高也是 43.3 米。底面、墙壁和穹顶均由混凝土和砖浇筑而成。

穹顶中央有一个直径 8.9 米的圆形孔洞，是整个神庙唯一的采光口。阳光从这里射入神庙，形成一道光柱，有一种宗教的神圣之感。虽然殿内没有其他采光口，但由于内部结构都是按照人体比例设计的，因此身处殿内并不会觉得压抑。而光滑的墙壁会不断反射声波，会增

强膜拜者祈祷声的共鸣，能起到坚定内心信仰的作用。

万神庙的精巧设计是古罗马建筑史的高峰，展示了古罗马匠人卓越的技术。这种由门廊与穹顶式圆形大厅组合的神庙设计，在后来被许多西方建筑所仿效。

趣味大发现

为了减少承重，建筑师曾在万神庙穹顶的内表面开凿了一些小室，可以用作国王、王后等重要人物的墓穴。到了近代，它又成了一些伟大的意大利艺术家的长眠之地。比如著名画家拉斐尔就葬在这里。

最大、最完整的木结构建筑群

在北京中轴线的中心，有一座世界闻名的巨大宫殿——故宫，故宫是世界上现存最大、最完整的木结构建筑群，是我国最具代表性的建筑之一，有着极高的艺术成就和历史价值，是人类文明的瑰宝。

皇权的象征

故宫，旧称紫禁城，是中国明、清两代的皇宫。故宫占地 72 万平方米，建筑面积约 15 万平方米，是世界上现存规模最大、最完整的古代木质结构建筑群。它始建于明永乐四年（1406 年），历时十余年才完工，明成

祖朱棣调动了国内所有著名的工匠，征集了数十万兵卒，耗费了巨大的财力、物力，终于建成了这座雄伟壮丽、气势非凡的宫殿建筑群。明朝灭亡后，清朝统治者又对局部建筑和区域进行修葺和重建，形成了现在的规模。

古时人们认为“玉皇”是居住在天宫之内的，天宫谓之紫宫（也称紫微宫），而封建皇帝自诩“天子”，其住所即相当于天上的紫宫。封建社会时期，皇帝居住的宫殿，四周被高大厚实的城墙围绕，戒备森严，严禁百姓靠近，故称之为“紫禁城”。可见当时的统治者利用建筑来烘托皇权的崇高与神圣。

无与伦比的杰作

紫禁城内部有一个显著的特点，那就是对称，各

宫殿沿着一条南北向中轴线排列，并向两旁展开，南北取直，左右对称。不仅殿堂建筑此起彼伏，互相对应，甚至连道旁的石兽石栏、城边的角楼、屋脊上的雕刻也都成双配对，相映成趣。整齐对称构成了宫城建筑的独特风格和宏伟气势，给人以稳重、博大、庄严的感觉。

故宫的布局十分严谨，整个建筑群由前后两大部分组成。前部以三大殿（太和殿、中和殿和保和殿）为中心，以文华殿、武英殿为两翼；后部由乾清宫、坤宁宫和东西六宫组成。这是根据中国古代“前朝后寝”的礼制设计建造的。整个故宫的布局思想和建筑艺术手法，都是为了突出封建帝王至高无上的地位和渲染皇宫非凡威严的气势。

故宫的建造和重修经历了明、清两个朝代，先后共有 24 位皇帝在此登基，历经数百年岁月，至今仍以其厚重的历史底蕴，诉说着这段跌宕的历史。目前，这一“宫殿之海”已被辟为故宫博物院，每年都吸引着大批游客前来参观。

趣味大发现

长久以来，人们关于故宫的房间数量争论不休，许多人都相信其数量为 9999 间半。但实际并非如此，专家曾测量出故宫共有房屋 980 座，共计 8707 间。这里的“间”与今天的房间概念不同，指的是 4 根房柱所形成的空间，并不是用墙来分隔的。

世界最长的跨海大桥

在我国的南海之滨，波涛之上，有一座桥跨越海天，无比壮观，是人类创造力的杰出见证，它便是港珠澳大桥。港珠澳大桥在2018年10月正式通车，全长55千米，连接起香港，珠海和澳门，被世界纪录认证机构认定为“世界最长的跨海大桥”。

独特的设计理念

港珠澳大桥主桥为三座大跨度钢结构斜拉桥，每座主桥均有独特的艺术构思。其中青州航道桥含有“中国结”文化元素，将最初的直角、直线造型“曲线化”，使

桥显得纤巧灵动、精致优雅。江海直达船航道桥的设计灵感取自“白海豚”元素，与海豚保护区的海洋文化相结合。九洲航道桥的设计灵感取自“风帆”，寓意“扬帆起航”。

充满困难的建设历程

港珠澳大桥的建设并非一帆风顺。如此庞大的工程背后蕴藏着巨大的技术挑战。如何在恶劣的海洋环境下，确保桥梁的稳定和耐久？如何在广阔的海域上，精准地将桥的各个部分连接起来？这些问题曾让无数工程师感到头疼，最终他们克服种种困难，用智慧和勇气，一次又一次地刷新着技术的极限，完成了港珠澳大桥的建设。

现代世界七大奇迹之一

港珠澳大桥是中国新的地标性建筑之一，被评为“2022 全球十大工程成就”之一，这是为什么呢？首先，港珠澳大桥建设规模巨大，桥面总铺装面积 70 万平方米；通航桥隧满足近期 10 万吨、远期 30 万吨油轮通行。其次，大桥设计使用寿命 120 年，可抵御较大地震、16 级台风、30 万吨撞击以及珠江口 300 年一遇的洪潮。最后，港珠澳大桥创造了外海筑岛的“中国速度”，用 221 天完成了两个人工岛筑岛的世界工程纪录，缩短工期超过 2 年，并实现了绿色施工。

港珠澳大桥是中国乃至当今世界规模最大、标准最高、最具挑战性的跨海桥梁工程，被誉为桥梁界的“珠穆朗玛峰”。

趣味大发现

港珠澳大桥最靠近珠海市的收费站设计成弧形，前面是一个钢柱，后面有几根钢索拉住，就像一个巨大的锚。大桥水上和水下部分的高差近 100 米，既有横向曲线又有纵向高低，整体如一条丝带一样纤细轻盈，把多个节点串起来，寓意“珠联璧合”。

规模最大的皇家园林

在河北省承德市内，保存着中国最后一个封建王朝清朝的皇家宫邸——避暑山庄。它是清王朝的夏季行宫，是由许多宫殿、山石、湖泊等组成的巨大皇家园林，是世界上现存规模最大的皇家园林。

古典园林的典范

避暑山庄，也称“承德离宫”或“热河行宫”，是清康熙皇帝为了安抚、团结少数民族，以巩固国家统一而修建的夏季行宫。它始建于清康熙四十二年（1703 年），

历经康熙、雍正、乾隆三朝，耗时近 90 年才最终建成。避暑山庄占地 5.64 平方千米，许多风格迥异的宫殿、庙宇因山就水，借势而建，取自然山水之本色，借江南塞北之风光，格调朴素淡雅，宫殿与天然景观和谐地融为一体，美不胜收。避暑山庄是中国园林史上一个辉煌的里程碑，被誉为“中国地理形貌之缩影”和“中国古典园林之最高范例”。

园林艺术之大成

避暑山庄主要分为宫殿区和苑景区两部分，宫殿区位于山庄南部，这里宫殿林立，布局规整，分为正宫、松鹤斋、万壑松风和东宫 4 组建筑。这些宫殿的作用各不相同，有的用来处理政务，有的用来举行典礼。

苑景区分为湖泊区、平原区和山岳区 3 部分。湖泊区兼具南方园林和北方园林的特点，秀丽典雅；平原区主要是草场和林地，其中还有数座蒙古包；山岳区面积极大，这里群峰环绕，密林幽深，可以阻挡西北寒风的侵袭，为山庄调节气候。

重要的政治作用

康熙皇帝和乾隆皇帝经常在承德接待漠北、漠南、青海、新疆的蒙古族、维吾尔族、哈萨克族，以及西藏和四川等地的藏族、苗族等少数民族的王公贵族，为尊重各民族的宗教信仰，避暑山庄内还建起了汉、蒙、藏等不同风格的寺庙，俗称“外八庙”。清政府在这里进

行了一系列的政治活动，以缓和民族矛盾，调节外交关系。这些寺庙是按照清朝统治者的意图，为实行“佛法两施”的政策而建造的，不仅高大巍峨，而且装饰华贵，金碧辉煌。屋顶除有金漆、彩画、琉璃瓦外，有的寺庙还用上了金瓦，大大超过了皇宫的规制。

趣味大发现

康熙、乾隆皇帝每年有半年时间在避暑山庄度过，嘉庆、咸丰皇帝在这里病逝。由于清朝皇帝大多会在避暑山庄处理政治、军事、民族关系和外交等国家大事，这里也曾发生过许多重要的历史事件，所以避暑山庄成了清朝的第二个政治中心。

海拔最高的古代宫殿

在我国西藏自治区的玛布日山上，海拔 3700 多米的地方，有一座常年被阳光照耀的宏伟宫殿——布达拉宫。它是海拔最高的古代宫殿，被誉为“世界屋脊的明珠”，是独一无二的人类文化遗产。

高原上的圣殿

布达拉宫位于中国西藏自治区拉萨市西北，是一座集宫殿、城堡和寺院于一体的宏伟建筑，占地面积 36 万余平方米，建筑面积 13 万余平方米，外观共 13 层，主楼高 117.19 米。宫殿由白宫、红宫组成。

红宫位于中央位置，外墙为红色。宫殿布局是围绕着多个灵塔殿展开的，又建造了许多经堂、佛殿。灵塔殿是红宫最主要的建筑，共有灵塔 8 座。据记载，仅镶包其中一座灵塔所用的黄金就多达 11.9 万两。西大殿是红宫内最大的宫殿。从西大殿上楼经画廊就到了法王殿，这座公元 7 世纪的建筑是布达拉宫内最古老的建筑之一，里面保存有松赞干布、文成公主及大臣的塑像。

白宫在红宫的下方，与扎厦相连，外墙为白色。扎厦位于红宫西侧，是僧众生活和办公的居所。它的外墙也是白色的，因此通常被看作白宫的一部分。白宫曾是当地宗教领袖的冬宫，也曾是原西藏地方政府的办事机构所在地，高七层。

佛教艺术宝库

布达拉宫不仅是一座伟大的建筑，里面还收藏、保存着大量珍贵的历史文物。宫内墙上绘有大量的壁画，构成一座巨大的绘画艺术长廊。参加壁画绘制的先后有近 200 人，用了 10 余年时间。壁画的题材有西藏佛教发

展的历史，文成公主进藏的过程，西藏古代建筑形象和大量佛像、金刚，是一部珍贵的历史画卷。布达拉宫各座殿堂中保存有大量的佛教艺术品，如唐卡（佛教卷轴画），以及金质、银质、玉石、木雕、泥塑的各类佛像。作为藏传佛教的圣地，每年到布达拉宫的朝圣者及旅游观光客不计其数。

趣味大发现

相传，在唐初，吐蕃赞普松赞干布为了迎娶文成公主，在当时的红山上建了 1000 间宫殿，取名布达拉宫。后来吐蕃王朝覆灭，布达拉宫毁于战火之中。后屡有修筑，清顺治二年（1645 年），布达拉宫大规模扩建，1693 年竣工。以后经历数代扩建，才达到了今日的规模。

面积最大的城堡

城堡是中世纪时欧洲兴起的一种建筑，充满古老的气息和神秘的色彩。世界上最大的城堡是位于捷克首都布拉格的布拉格城堡，它经历了上千年的风吹雨打仍然屹立不倒，是这座古老城市的象征。

布拉格的地标

布拉格有着悠久的历史，长期以来都是欧洲的重要经济、政治、文化中心，因此这里汇集了许多不同时期、不同风格的建筑。而整座城市最具代表性的建筑，非布拉格城堡莫属。

布拉格城堡建造于 9 世纪，有着悠久的历史。随着历史的变迁、统治者的更迭，布拉格城堡经历了多次扩建与修缮，成了集罗马式、哥特式、巴洛克式、文艺复兴式等多种建筑风格于一体的多样化城堡。现在，布拉格城堡是布拉格的政治中心，也是总统办公室所在地。

布拉格旧皇宫

布拉格城堡历经许多的重建与整修工作，内含 1 座旧皇宫、3 座教堂、1 间修道院，分别位于 3 个庭院中。其中，旧皇宫和圣维塔大教堂是如今城堡中最著名的两处旅游景点。

在过去，旧皇宫是波希米亚国王的住处，随着朝代更迭，经历过多次修缮。旧皇宫的中心是哥特式的弗拉迪斯拉夫大厅，这间大厅建于 15 世纪末，长 62 米，宽 16 米，高 13 米，是历史上捷克王国举行加冕仪式等重要活动的场所，如今捷克总统在这里举行就职典礼。

旧皇宫上层是新领地大厅，这里藏有许多古籍，就像一座古代的欧洲图书馆；下层是查理四世宫殿和仿罗马式宫殿大厅。1541 年，旧皇宫遭遇了一场大火，大部分房间被烧毁，因此剩余的部分大多是重建的遗迹。

圣维特大教堂

不论你从布拉格的哪个角度看，几乎都能看到圣维塔大教堂的雄姿。圣维特大教堂长 124 米，宽 30 米，高

33 米，两座耸立的尖塔高 97 米，中间的钟楼高约 100 米。该教堂用了近 600 年才建造完成，工程极为浩大，高耸的尖塔和精美的浮雕尽显其庄严华贵的皇家气质。

教堂外部雕梁画栋，遍布金彩装饰，有极高的艺术价值。走进圣维特大教堂，一眼就能看到两侧的彩色玻璃窗，图案丰富、颜色亮丽，光线透过彩色玻璃照进教堂墙壁的名画上，增添了浪漫气息与神圣感。教堂中间摆放着圣礼祭坛，地下是皇室陵墓，还收藏着古代统治者的金冠等珍贵文物。

趣味大发现

布拉格是一座欧洲历史名城，因为其古堡林立、建筑风格多样，所以有着“建筑教科书”“世界建筑艺术博物馆”等诸多美誉，它还是全世界第一个整座城市被指定为“世界文化遗产”的城市，被视为欧洲最美丽的城市之一，每年都吸引无数游人前往参观。

规模最大的帝王陵墓

秦始皇是我国第一位皇帝，他在位时能够掌控天下，在死后也想延续生前的威仪，于是他为自己建造了空前庞大的陵墓，来匹配自己千古一帝的身份。如今，秦始皇陵依旧是世界上规模最大的帝王陵墓。

千古一帝的归宿

秦始皇陵位于陕西西安的骊山北麓，规模宏大，分为内、外两城，平面均为南北长、东西窄的矩形。内城长 1300 米，宽 578 米；外城长 2173 米，宽 974 米。内

城的南部尚存一方锥形大土丘，据考证，陵丘原高 115 米，经过风雨侵蚀，现高 76 米，长 515 米，宽 485 米。

陵园城外西北角有一处石料加工场遗址，西南约 1400 米外有一个坟场，占地 1020 平方米，地下杂乱地堆积了四五厘米厚的人骨，据分析，这里可能是死去的修墓民工的埋葬处。皇陵东侧，还有陪葬的大冢 10 余处，南北成列，葬式的级别相当高，可能是殉葬的近侍亲属。秦始皇陵的形制，直接影响到汉代及后世的葬制。例如，墓顶绘天文星象，在汉、唐、宋、辽的墓葬中相当普遍；地面刻沟用水银灌注象征江河支脉；等等。陵墓的全貌仍在探索中。

公元前 206 年，项羽入关，烧毁了秦始皇陵的地面

建筑，又派人挖掘陵墓，但这次挖掘到底有什么成果、皇陵内部是否遭到了破坏，一直是个谜。

守护千年的“军队”

秦始皇陵四周分布着大量形制不同、内涵各异的陪葬坑和墓葬，现已探明的有 400 多个，其中兵马俑坑最为著名。1974 年，当地农民偶然在陵区内发现了随葬的巨大兵马俑坑，随后，国家对秦始皇陵的地下及周围进行了挖掘，终于让这支在地下埋藏了 2000 多年的庞大“军队”再次面世。

1974 年以来，人们在秦始皇陵周围先后发现了一、二、三号兵马俑坑，3 个兵马俑坑呈“品”字形排列。以一号俑坑为例，其总计出土身高 1.8 米至 1.97 米的陶武士俑近千件，和真马大小相似的陶马 32 匹。全坑埋藏的陶俑、陶马约 6000 件，排列得有条不紊。秦始皇陵兵马俑坑不仅是丰富的地下军事博物馆，也是雕塑艺术的宝库。兵马俑是我国考古史上的重大发现，被誉为“世界第八大奇迹”。而兵马俑殉葬坑，亦有着建筑史、工艺美术史、军事史及科学史等多方面的巨大意义。

趣味大发现

兵马俑坑的发现引起了世界范围内的轰动，为了妥善保护这些无价之宝，并便于人们参观，陕西省政府在一号俑坑上面就地盖起了一座博物馆，随后的几年，二号及三号俑坑展厅相继开放，使兵马俑博物馆成为我国面积最大的博物馆。

世界上最高的教堂

在西班牙的巴塞罗那，有一座已经建造了140余年的大型教堂——圣家族大教堂，它是世界上最高的教堂，也是巴塞罗那的地标性建筑。因其高耸壮观的外形与精美独特的设计，成为西班牙的著名旅游景点。

尚未竣工的世界遗产

圣家族大教堂，也叫神圣家族大教堂，简称“圣家堂”，是世界上唯一一座尚未竣工就被列入《世界遗产名录》的建筑物。

圣家族大教堂始建于1882年。1883年，西班牙著名建筑师安东尼奥·高迪接手主持设计工作，并按照自己的设计风

格对该教堂的图纸进行了一番改动，高迪将自己的余生都投入到圣家堂的建造中，但直至 1926 年他去世时，教堂也仅仅建造了四分之一左右。由于缺少投资，圣家堂的建造进程极为缓慢，仅能靠出售门票和慈善捐赠维持。并且由于战争等原因，其建造进程多次中断。

尽管教堂尚未竣工，但由于其出色的设计，在 1984 年，联合国教科文组织还是将其选为世界遗产。2021 年底，圣家堂的圣母楼封顶并完成了点灯仪式，官方预计大教堂将在 2026 年，即高迪逝世一百年的时候完工。

叹为观止的华丽殿堂

在最初，圣家族大教堂的设计者将它设计为新哥特式的教堂，但高迪接手后，打破了古典教堂设计的形式，将教堂设计为具有强烈个人风格的作品。

他为教堂设计了3个宏伟壮观的立面，面向东方的叫作“诞生立面”、面向西方的是“受难立面”、面向南方的是还未完工的“荣耀立面”。每一面上都有4座高塔，塔上刻有多种多样的植物、动物和人物的浮雕，每一面的主题和内容都不一样。共计12座高塔象征着基督教中耶稣的十二使徒。教堂中部还有6座尖塔，其中5座120米高的象征4位福音传教士和圣母玛利亚；中央最高的尖塔象征耶稣，高达170米。

圣家族教堂内部的构造极为复杂，整体设计以山脉、

洞穴、花草等自然景物为灵感，并且大多构造都不是平面的，而是由平滑的曲线和锯齿状曲线组合而成的。教堂内遍布彩色的玻璃窗以及生动的雕塑。整个建筑华丽无比，令人叹为观止，堪称建筑史上的一个奇迹。

这座仍在建造的大教堂吸引着世界各地的游人，人们都被它宏伟的外形和精巧的设计所震撼，相信竣工之后会更加惊艳。

趣味大发现

由于高迪在1883年对圣家族大教堂的图纸进行了改动，导致其占地面积发生了变化，并且这100多年来，它始终没有得到巴塞罗那市政府的认可，因此圣家堂一度成了世界上最高的违章建筑。不过在2018年，圣家堂付清了约2.8亿人民币的巨额罚款，巴塞罗那市政府终于为其颁发了建筑许可证。

面积最大的教堂

教堂是进行宗教传播、礼拜等活动的主要场所，也是许多艺术家大展才华的平台。世界上最大的教堂是位于梵蒂冈的圣彼得大教堂，它不仅是天主教的圣地，还是一座精美绝伦的巨大艺术品。

天主教圣地

圣彼得大教堂，又名圣伯多禄大堂、梵蒂冈大殿，位于梵蒂冈，是世界天主教会的中心，也是世界上最大的教堂。这座教堂集教堂建筑艺术的精华于一身，从开始兴建到最后完成，几乎跨越了文艺复兴到巴洛克前期。

圣彼得大教堂最早建于公元326—333年，曾毁于战乱，后重建于1503年，重建工期长达120年。教堂占地约2.3万平方米，主体建筑顶高约45.4米，可容纳超过6万人。教堂正面宽115米，8根石柱及5扇大门呈中心对称分布。教堂上方的中间位置立着耶稣的雕像，两旁则是他的十二使徒。教堂顶部是一个直径42米的圆形穹顶，顶高约138米。圆屋顶的内壁上有色彩明丽的图案和浮雕，最上端布满了“星辰”，令游客仿佛立于苍穹之下。

教堂前方是圣彼得广场，广场长340米，宽240米，被2个半圆形柱廊所围绕，由284根高大的圆柱和88根方柱组成，柱廊顶部有许多栩栩如生的人物雕像。广场中央耸立着一座41米高的方尖碑，广场两侧各建有一座美丽的喷泉。任何踏入广场的人无不被广场的精致、壮观所震撼。

艺术家云集

圣彼得大教堂之所以著名，不仅因为它是世界上最大的教堂，而且在于作为教皇的教堂，为之效力的是意大利最优秀的建筑师。前后主持这项工程的人员名单简直就是一本“建筑名人录”，比如布拉曼特、拉斐尔、米开朗琪罗、小莎迦洛、维尼奥拉、马丹纳、贝尼尼等。

名家聚在了一起，难免会产生分歧，而教皇也总是指手画脚。这导致圣彼得大教堂没能按照原设计建造，增添了许多新的设计，比如圣彼得广场。不管怎样，最终建成的圣彼得大教堂确实是一座极具艺术价值的华丽建筑。

趣味大发现

梵蒂冈是位于意大利境内的国中之国，是世界上国土面积最小的国家。这个国家虽然面积极小，却有着世界上最大的教堂。这是因为梵蒂冈是世界天主教的中心，在宗教上有巨大的影响力，并且从世界各处吸引了大量的投资，所以才能建起如此大的教堂。

最大的宗教建筑群

吴哥窟是柬埔寨吴哥王朝时期的佛教古迹，是世界上最大的庙宇类建筑，同时也是世界上最大的宗教建筑群。吴哥窟是高棉古典建筑艺术的最高成就，位列“东南亚三大奇迹”之一。

柬埔寨的国宝

吴哥窟以建筑宏伟与浮雕细致闻名世界，亦称“吴哥寺”，原名意为“毗湿奴的神殿”，中国佛学古籍称之为“桑香佛舍”。吴哥窟建筑庄严规整，比例匀称，平面呈矩形，长1000米，宽850米，寺庙周围有两堵石墙，内墙四角建有宝塔，外墙之外有壕沟环绕。

吴哥窟建筑的主殿位于3级平台之上，台基长215米，宽187米，高23米。每层平台的四周都砌着回廊，廊内有庭院、藏经楼、神龛等。每层平台均有石雕的门楼和上下相连的石阶梯，阶梯的栏杆上雕有巨蟒，两旁饰有石狮。在最高层平台上，矗立着5座尖顶宝塔，正中央最高的一座尖塔高42米，塔顶高出地面65米，其余4塔分别位于平台的四角。

吴哥窟还有众多丰富多彩的装饰浮雕，在回廊的内壁、廊柱、石墙、基石、窗楣、栏杆之上展现着印度教的神话和高棉王朝的历史元素。

重见天日的明珠

吴哥窟的建造者是神勇善战的高棉国王阇耶跋摩二世。9世纪初，他即位后便积极开拓疆土，兴兵占领邻国国土。到12世纪初，吴哥王朝的领地跨越马来半岛东海岸等地，但当时的君主叶苏利耶跋摩二世最伟大的贡献

还是兴建了吴哥窟。叶苏利耶跋摩二世之所以建造吴哥窟，是为了供奉印度教的毗湿奴并巩固自己的威望。由于毗湿奴代表的方向是西方，而西方代表死亡，所以高棉人也把吴哥窟称为“葬庙”。为了建造吴哥窟，吴哥王朝征调了全国最好的工匠、彩绘师、建筑师及雕刻家，历时 37 年才建造完成。整座建筑用砂岩重叠砌成，神庙中心塔最高，有顺着回廊逐次降低的高塔群，呈现出均衡美，充分展示了古代高棉人的建筑巧思。

15 世纪后，出于王朝迁都等原因，吴哥窟曾一度荒废，400 多年少有人问津。直到 19 世纪 60 年代，法国博

物学家亨利·穆奥在寻找热带动物时偶然发现了它，这颗明珠才重放光彩，然而由于岁月的侵蚀和人为的掠夺，吴哥窟已变得满目疮痍。但不可否认的是，吴哥窟是柬埔寨国家的象征，也是人类文明的瑰宝。

趣味大发现

吴哥窟又被称为“小吴哥”，是吴哥古迹中保存最完好的建筑。与“小吴哥”相对应的还有“大吴哥”，指的是吴哥城，是9～15世纪吴哥王朝最长久的国都。在这段时间，吴哥王朝建立了吴哥城、吴哥窟和许多寺庙，这些是人类文明的宝贵遗产。

最大的佛教石窟寺

敦煌这座古老的城市，是古代丝绸之路的必经之地，也是我国佛教艺术圣地。那里有着世界上规模最大的佛教石窟寺——敦煌莫高窟。莫高窟是无与伦比的佛教艺术宝库，被誉为“东方艺术明珠”。

佛教艺术圣地

莫高窟俗称“千佛洞”，位于甘肃敦煌东南，始建于十六国的前秦时期，历经十六国、北朝、隋、唐、五代、西夏、元等的兴建，历时千年。现有洞窟735个，壁画4.5万多平方米，泥质彩塑2400余尊，是世界上现存规模最大、内容最丰富的佛教艺术

圣地，它的重见天日被誉为20世纪最有价值的文化发现，它以精美的壁画和塑像闻名于世。

莫高窟是集建筑、雕塑、绘画于一体的立体艺术，古代艺术家在继承中原汉族和西域民族艺术优良传统的基础上，吸收并融合了外来的表现手法，发展出具有敦煌地方特色的中国民族风俗的佛教艺术品，为研究中国古代政治、经济、文化、宗教、民族关系、中外友好往来等提供了珍贵的资料，是人类的文化宝藏和精神财富。

精湛的雕塑技艺

莫高窟发展的全盛时期在隋唐，现存隋唐洞窟有 300 多个。禅窟和中心塔柱窟在这一时期逐渐消失，同时莫

高窟中有不同时期、不同风格的多种窟形，包括殿堂窟、佛坛窟、四壁三龛窟、大像窟等形式，其中殿堂窟的数量最多。塑像都为圆塑，造型艳丽丰满，风格更加中原化，并出现了前代所没有的高大塑像。

这一时期的莫高窟壁画题材丰富、场面宏伟、色彩瑰丽，艺术技巧达到空前的水平。如第 159 窟中一位菩萨全身着衣，内外衣衫层次分明，把身体结构显露得清晰可辨。衣褶线条流利，色彩艳丽绚烂，配置协调，身材修长，比例恰当，使人觉得这是一尊有生命力的“活像”。

流传千年的遗产

1900 年，在莫高窟居住的道士王圆箓清扫洞窟时发现了莫高窟的藏经洞，这是中国考古史上一次非常重大的发现。藏经洞内有5万多件古代文物，其出土文书多为写本，少量为刻本，汉文书写的约占5/6，其他则为古代藏文、梵文、怯卢文、粟特文、古和阗文、回鹘文、龟兹文等。文书内容主要是佛经，此外还有道经、儒家经典、小说、诗赋、史籍等，其中不少是孤本和绝本，对研究中国和中亚地区的历史都具有重要的史料和科学价值，现已衍生出专门研究藏经洞典籍和敦煌艺术的学科——敦煌学。

趣味大发现

敦煌莫高窟与山西大同云冈石窟、河南洛阳龙门石窟、甘肃天水麦积山石窟并称为中国四大石窟。1987年，莫高窟被列为世界文化遗产。

最大的角斗场

"永恒之都"罗马自古是浪漫和激情的代名词，古罗马建筑的每一块砖瓦都洋溢着欢纵、豪华、激情、才智、喧嚣和胜利，而罗马大角斗场便是这一切上演的舞台。它是罗马最有代表性的建筑。

罗马帝国的象征

罗马大角斗场亦称"科洛西姆"，是世界上最大的角斗场，也是最大的古代圆形剧场。被誉为"世界中古七大奇迹"之一。罗马大角斗场坐落在今天的意大利首都

罗马市中心的威尼斯广场南面。这座巍峨宏伟的巨大建筑已经在此矗立了近2000年，它的断壁残垣仍然诉说着昔日古罗马帝国的强盛与辉煌。

罗马大角斗场建于古罗马的弗拉维王朝时代，当时的罗马帝国十分强大，在建筑方面也有着极高的成就，封建统治者崇尚奢华，经常大兴土木，用百姓的血汗来满足自己的欲望。当时，罗马帝国民间流行人与人、人与兽的竞技活动，但始终没有一个足够大，并且能保证观众安全的竞技场。韦帕芗登基后，为了宣扬帝国的强大国力，下令建造一座巨大而安全的竞技场以供国民享乐。

公元72年，角斗场开始动工，公元79年完工。据说这座巨大的建筑物是罗马皇帝强迫4万名奴隶建造而成的。

现代体育场的样板

罗马大角斗场是一个巍峨壮观的圆形建筑物，从空中俯瞰，大角斗场如同一个巨大的圆形深盘，内环有圆形的阶梯式看台，外环有拱形回廊，中央平地是运动场。大角斗场占地2万平方米，呈椭圆形，长轴达188米，围墙高达57米，均由浅色大理石堆砌而成。

拱形回廊上下共分4层，下面3层分别有80个圆拱，最上层为实墙，以小窗和壁柱装饰，其柱形极具特

色。中央表演区的周围环绕着阶梯状的看台，看台按照古罗马社会森严的等级制度分布。有60排座位被分为前后4个区域，最前面的区域是皇帝和元老、官吏的座位，第二区是贵族和骑士的座位，第三区是平民的座位，最后则是给底层人民的站席。看台的下面3层分别有80个开口，可确保观众迅速疏散离场。

在入场时，观众要先找到自己应从哪个底层开口入场，然后再沿着楼梯找到自己所在的区域，最后找到自己的座位。整个角斗场的看台能够容纳5万至8万名观众，却因周到的入场设计而不会出现混乱和拥堵，今天的大型体育场依然沿用这种入场的设计。

趣味大发现

在韦帕芗皇帝下令建造大角斗场之前，尼禄皇帝曾在这里建造了一座皇宫，而皇宫中的人造湖成了角斗场的地基。由于下令修建竞技场的韦帕芗皇帝以及完成修建的提图斯皇帝，还有建造了最后一层建筑的图密善皇帝都属于弗拉维家族，因此这个角斗场也被称作“弗拉维圆剧场”。

占地面积最大的博物馆

说起法国卢浮宫，许多人都知道它曾是法国王室的宫殿，却不知道它也是一座博物馆。不仅如此，卢浮宫还是世界上规模最大、最古老的博物馆之一，这里陈列着无数珍贵的藏品，是世界闻名的万宝之宫。

曲折的历史

卢浮宫始建于1204年，当时只是国王菲利普·奥古斯特二世宫殿的城堡，主要用于存放王室的档案和珍宝，因藏品量大、丰富而闻名，当时就称为“卢浮宫”。查理五世时期，卢浮宫被作为宫殿。此后，王室贵族

们不断增建了华丽的楼塔和别致的房间。亨利四世在位期间，建造了卢浮宫最壮观的部分——大画廊。其后，法国历史上著名的国王路易十四又把卢浮宫建成了正方形的庭院，并在庭院外面修建了富丽堂皇的画廊。1792年，国民议会宣布，卢浮宫将属于大众，成为公共博物馆。1793年，卢浮宫艺术馆正式对外开放，成为一个博物馆。

宝藏与艺术的宫殿

卢浮宫位于巴黎市中心的塞纳河北岸，是世界闻名的艺术殿堂和万宝之宫。占地面积19.8万平方米，陈列面积5.5万平方米，藏品数量超过48万件。其中不仅有

大量希腊、罗马、埃及及东方的古董，还有法国、意大利的远古遗物。卢浮宫的诸多藏品中，维纳斯雕像、胜利女神石雕和《蒙娜丽莎》油画被誉为“世界三宝”。

大卢浮宫计划

卢浮宫博物馆闻名天下，不仅仅在于它的展品之丰富、之珍贵，更在于博物馆本身便是一座艺术建筑杰作。卢浮宫建筑整体呈“U”形，分为新、老两部分，老的建于路易十四时期，新的建于拿破仑时代。卢浮宫整体分为古希腊罗马馆、古代埃及馆、古代东方馆、绘画馆、雕塑馆和美术工艺馆6个部分。

20世纪80年代，卢浮宫越来越陈旧，为了让它恢复往日的辉煌，法国政府开展了“大卢浮宫计划”。该计划不仅重视重建卢浮宫，还广泛征求了扩建方案，邀请了许多著名建筑师对其进行改进设计。卢浮宫前的金字塔形玻璃入口，便出自华人建筑大师贝聿铭之手。另外，法国政府对卢浮宫的早期建筑区域进行了发掘，不仅扩大了其面积，还发现了许多尘封已久的藏品。

趣味大发现

玻璃金字塔一共有 5 座，最大的一座位于卢浮宫的中央庭院内，是卢浮宫的主入口。这座玻璃金字塔底边宽 34 米，高 21 米，4 个侧面由 673 块玻璃拼组而成。其不仅有极高的艺术价值，还能为博物馆的地下设施提供良好的采光。

世界上最古老的石拱桥

在河北赵县洨河之上，有一座已在此横跨了 1400 多年的石桥——赵州桥，它是世界上现存最古老的大型石拱桥。赵州桥有着“中国历史第一桥”的美誉，在世界桥梁建造史上有着极高的地位。

中国历史第一桥

赵县古称赵州，赵州桥因此得名。隋朝时，赵县的地理位置很重要，是华北交通要道。但由于夏季常发大水，阻断交通，为了维持南北交通的正常运行，朝廷

命修桥工匠李春在此修建一座大型石桥。最终，李春凭借首创的“敞肩拱”结构，建造了这座单孔圆弧敞肩石拱桥。

赵州桥全长 64.4 米，宽约 10 米，净跨径 37.02 米，全部用石料筑成。桥中间是车马道，两边是人行道，桥身两边有 44 根望柱，望柱之间的楼板上刻着各式各样的浮雕，线条流畅，雕工精美，将赵州桥点缀得雄伟壮丽。

敞肩拱桥的先河

赵州桥在我国和世界桥梁史上占有重要的地位，开创了世界桥梁史上敞肩拱桥设计的先河。

一般来说，我国古代在建造大跨度的石桥时会采用多孔形式，但赵州桥全桥却只有一孔，并且坡度极低。这种坦拱设计打破了我国圆形拱与半圆拱设计的惯例，增大了流水面积，降低了桥的坡度，有利于车马和行人行走。实心的拱肩也是普通石桥常用的结构，但赵州桥却在两个拱肩上各建了两个小拱，使拱肩敞开。这样加大了流水面积，节约了石料，减轻了桥身净重，还增加了桥的稳定性。

杰出的建筑工艺

李春在修筑赵州桥前，仔细地对洨河流量及两岸地质等情况进行了考察，经过考察，他决定将桥基放置在洨河两岸土地平坦、结实的地方，那里的土质密实，承

重能力强，是良好的天然地基。赵州桥的桥台则采用了低拱脚、短桥台、浅桥基的设计，这样可以有效防止大桥因重量太大而下沉。

建桥时，李春采用了纵向并列砌筑法。他将1000多方石块砌筑在一起，每一块长方石块的前后都有一定角度的斜面，石块以斜面相对互相咬合，使桥身形成一个牢固的整体。另外，李春还在洨河一侧的河岸筑起了一道金刚墙。这是为了防止河水冲刷桥基和桥台，而且金刚墙还和桥基、桥台相连，对增强桥的稳定性有积极作用。

趣味大发现

安济桥是赵州桥的别称。赵州桥建成后约600年，北宋哲宗皇帝赵煦取“利贯金石，强济天下，通济利涉，安全渡过，万民以福”之意，为该桥赐名“安济”。据考证，欧洲到19世纪中期才出现与赵州桥类似的敞肩拱结构，比中国晚了1200多年。

世界上最长的走廊

走廊是我国庭院建筑的重要组成部分，我国许多古建筑中都建有各类走廊，突出了建筑布局的变化，使庭院丰富多彩，富有情趣。世界上最长的走廊是北京颐和园长廊。

连通湖光与山色

长廊位于颐和园万寿山的南麓，沿昆明湖北岸东西延伸。东起邀月门，西止石丈亭，全长728米，共273间，其中有留佳亭、寄澜亭、秋水亭、逍遥亭4座亭子，分别象征春、夏、秋、冬4个季节。东西2段又各有短廊伸向湖岸，衔接着对鸥舫和

鱼藻轩 2 座临水建筑。在鱼藻轩北面又有一段短廊，连接着一座八面三层的建筑——山色湖光共一楼。整座长廊随湖岸的曲折而蜿蜒向前，穿花透树，对称地安排在排云门的两翼，就像一根彩带，把分布在万寿山南麓的建筑群连缀起来，不仅对建筑群起着装饰作用，而且使湖山之间的景色层次更加分明。

珍贵的艺术画廊

长廊不仅以“长”闻名，而且以彩画众多、技艺高超、内容丰富而著称。在长廊内顶部的廊间和梁枋上，都绘有精美的彩画，有人物、山水、花鸟等各种内容，共

8000多幅，其中仅西湖苏式的风景彩画就有546幅，据说是乾隆皇帝当年专门派画师到西湖临摹回来的。彩画中的人物故事，是我国历史故事、民间传说、古典小说、戏曲诗词集大成式的形象表现；反映的内容从远古的传说一直到清代，上下纵贯了5000余年的文明史，是极为珍贵的艺术遗产。20世纪以来，这些彩画经画工的多次重新绘制，旧貌换新颜，并增加一些新的内容，现有彩画14000多幅。游人至此，往往流连忘返，赞不绝口。

皇家园林博物馆

颐和园，前身是清漪园，坐落在北京西郊，与圆明园毗邻。它是以昆明湖、万寿山为基址，以杭州西湖为蓝本，汲取江南园林的设计手法而建成的一座大型山水园林。颐和园规模宏大，占地面积约 3 平方千米，园中有亭、台、楼、阁、廊、榭等各种形式的宫殿园林建筑 3000 余间、大小院落 20 余处、各种景点建筑物 100 余座，其中以佛香阁、长廊、石舫、十七孔桥、苏州街等最具代表性。颐和园是我国最大的皇家园林组群，也是保存最完整的一座皇家行宫御苑，被誉为“皇家园林博物馆”，也是国家 AAAAA 级旅游景区。

趣味大发现

在北京西北郊，有着庞大的皇家园林组群，历史上这里曾是皇家园林荟萃的地方。主要的园林有玉泉山静明园、香山静宜园、万寿山清漪园（颐和园）和畅春园、圆明园，俗称“三山五园”。到了今天，这一区域已成为闻名中外的旅游胜地。

最早的钢铁结构高塔

说起巴黎，有人会想到那里浪漫的风情，有人会想到赫赫有名的拿破仑，但相信更多人会想到埃菲尔铁塔。埃菲尔铁塔是世界最早的钢结构高塔，是巴黎的重要地标，也是法国文化的象征之一。

巴黎的地标

埃菲尔铁塔是法国巴黎的最高建筑物和游览中心，也是世界上著名的钢铁建筑。它矗立在市中心塞纳河右岸的战神广场上，是以设计师古斯塔夫·埃菲尔的名字命名的。铁塔于1887年1月动工，历时两年多，于1889年3月建成。

铁塔主体的材料全部是钢材，全塔高约320米，共有4层，除顶层外，每层都有供凭栏远眺的高栏平台，塔内还有通到塔顶的电梯。铁塔的第一层高57米，由4

个墩柱支撑着，下面有面向四方的 4 座大拱门。第二层离地面 115 米，第三层离地面 276 米。建筑结构在上部猛然收缩，形成直指苍穹的倒“Y”字形。登上塔顶，游人可以远眺晴空下的沙特尔教堂的尖顶钟楼，巴黎市内的所有建筑更是尽收眼底。

革命胜利的象征

铁塔自建成以来就成为巴黎这座有着悠久历史的城市的象征，成为法国的标志之一。那么法国人为什么会建造这样一座铁塔呢？原来，在法兰西第三共和国建立以后，为纪念 1789 年爆发的法国大革命，决定于 1889 年在巴黎举办一次轰动世界的国际博览会，其中一个重要项目就是要在巴黎建造一座千尺高塔。消息一经宣布，马上就有几百个建筑方案提出来，最后法国著名建筑师古斯塔夫·埃菲尔的设计方案被选中。

用钢铁创造奇迹的人

铁塔于 1887 年 1 月 26 日动工，但在修建过程中遭到了附近居民和一些文化界名人的反对，甚至有人把埃菲尔告到了法院。埃菲尔力排众议，始终坚持自己的信念——为现代科学与法国工业的荣耀，建立一个像凯旋门那样雄伟的建筑。埃菲尔在工作中一丝不苟，在为期

两年多的工程里，从未发生过任何伤亡事故。在埃菲尔的监督下，工程的资金得到了最有效的利用，耗资 780 万法郎，而当时的预算是 800 万法郎。1889 年，铁塔正式落成。在铁塔的落成典礼暨世界博览会开幕式剪彩时，埃菲尔将法兰西的国旗升到 300 多米的高空。埃菲尔因此被誉为“用钢铁创造奇迹的人”，为了纪念这位给巴黎人民带来荣耀的建筑师，人们将铁塔命名为“埃菲尔铁塔”。

趣味大发现

当地时间 2018 年 9 月 17 日，为应对越来越严峻的恐怖袭击，法国巴黎市政府给埃菲尔铁塔设计了防弹玻璃墙，玻璃墙设在铁塔南北两侧，由 450 块钢化玻璃板组成。整个项目耗资 3500 万欧元，约合人民币 2.6 亿元。

最著名的斜塔

在意大利托斯卡纳大区的比萨城中，有一座世界闻名的高塔，这座高塔的出名不因惊人的高度，也不因巧妙的设计，而因它是一座斜塔，它就是比萨斜塔。比萨斜塔是意大利最著名的建筑之一，也是宝贵的世界遗产。

斜而不倒之谜

比萨斜塔位于意大利托斯卡纳大区比萨城北面的奇迹广场上，是意大利比萨城大教堂的独立式钟楼，修建于1174年。比萨斜塔在开始建造时的设计是竖立的，但动工几年后，塔身开始渐渐倾斜，直到完工后还在持续倾

斜，但又斜而不倒。1990 年，意大利政府将其关闭，开始进行整修。在其关闭之前，塔顶已偏离垂直线 3.5 米。之后，比萨斜塔不断倾斜，但又从未倒塌的原因成了人们热议的话题。

许多专家曾对比萨斜塔的材料、结构、地质等多方面信息进行了充分的研究。有专家指出，建造比萨斜塔的每一块石砖都是一件石雕佳品，石砖与石砖间的黏合极为巧妙，有效地防止了塔身倾斜引起的断裂，成为斜塔斜而不倒的一个因素。

斜塔命运之争

还有专家根据比萨斜塔每年倾斜的速度推测出，斜塔将于 250 年后因塔身的重心超出塔基外缘而倾倒。但是比萨斜塔官方人员对这一看法进行了反驳，认为只按数学方式推算是不可靠的。另一些研究者调查发现比萨斜塔塔身曾一度向东倾斜，而后又转向南倾斜，他们同样认为，由于该塔在过去几百年间斜而不倒，因此不能断定比萨斜塔会在250年后倒塌。

当然，最关心斜塔命运的自然是比萨人，尽管他们也对斜塔的倾斜感到担忧，但更多的是骄傲和自豪，为自己的故乡拥有一座可与世界上其他著名建筑媲美的斜塔而感到自豪。他们坚信它不会倒下，他们有这样一句俗语："比萨斜塔像比萨人一样健壮结实，永远不会倒下去。"

斜塔修复工程

为了避免斜塔倒塌的结局，意大利政府曾多次尝试把斜塔重新竖直。如1934年，意大利政府在地基及四周喷入90吨水泥，实施基础防水工程，可塔身反而更加不稳，向周围移动，倾斜得更快。

从1990年开始，意大利斥巨资对斜塔进行修复，采用了地基应力解除法，原理是在斜塔倾斜的反方向（北侧）塔基下面掏土，利用地基的沉降，使塔体的重心后移，从而减小其倾斜幅度。到2001年，比萨斜塔已被“扶正”43.1厘米。到了2013年，比萨斜塔终于停止倾斜的趋势。调查发现，该塔的倾斜幅度在2001年至2013年间减少了2.5厘米。

人们目前还难以预料比萨斜塔今后的命运，但仍感叹它斜而不倒的壮观景象。

趣味大发现

苏州云岩寺塔（俗称虎丘塔）是一座斜塔，向北偏东方向倾斜。据初步测量，塔顶已偏离底层中心超过8米。由于苏州云岩寺塔是建造在一个南高北低的斜坡上，北面填土较多，南面填土较少，厚薄不一样，受压后收缩程度也不同，造成塔基不均匀沉降，而使塔身向沉降的方向倾斜。

世界上最高的建筑

随着现代建筑技术的突飞猛进，一座座高楼拔地而起，形成雄伟壮观的钢铁森林。它们不断刷新着世界最高建筑的纪录，目前世界上最高的建筑高达 828 米，它就是迪拜的哈利法塔。

世界第一高楼

哈利法塔也叫迪拜塔，位于阿拉伯联合酋长国迪拜境内，这座摩天大厦高 828 米，是目前世界第一高楼。不仅如此，该塔还拥有世界最多的楼层数——162 层。

哈利法塔有着如此多的楼层，其内部的设施也一应俱全，包括公寓、写字楼、健身馆和豪华酒店等，因此开发商称哈利法塔的住户足不出塔就能解决一切生活需要。哈利法塔的 37 层以下主要是高级酒店；45 ～ 108 层主要是住宅区；109 ～ 154 层主要是办公区；在该塔的 76 层有着世界最高的游泳池；143 层是世界最高的夜总会；158 层有着世界最高的清真寺。

“一览众山小”

对于没有恐高症的游客来说，在哈利法塔上俯瞰是一件非常享受的事情。在哈利法塔 122 楼的氛围餐厅，人们可以一边欣赏海拔 400 多米的美景，一边体验顶级的奢华美食；124 层设有观景平台，在这里游客透过玻璃幕墙可以将迪拜的景色一览无余，甚至能看到 80 千米外的伊朗。

有人或许会担心，哈利法塔这么高，坐电梯一定要等很久吧？不必担心，该塔设有 56 部高速电梯，运行速度达 17.4 米 / 秒，是世界上最快的室内电梯之一；还有可承载 40 多人的双层观光电梯，游客们可以在飞驰的电梯上一边欣赏窗外的美景，一边听着电梯里的音乐度过短暂的上行时光。

现代工程的奇迹

作为世界上最高的建筑，建造哈利法塔的工程之大令人震惊。该塔在建造时共使用 33 万立方米混凝土、6.2 万吨钢材及 14.2 万平方米玻璃，动用了大约 4000 名工人和 100 台起重机，整座塔的造价达 15 亿美元。

哈利法塔的设计也十分出色，为了打稳地基，工程师把近 200 根 1.5 米粗的混凝土柱打入地下 40 多米。同时将塔的基座及平面布局设计成三叉形，目的是提高塔的抗风能力、降低施工难度。建成后的哈利法塔，基座就像一朵 6 瓣的沙漠之花，极富伊斯兰建筑美感；主体由 3 个建筑部分合成一体，塔的剖面随着高度升高逐渐减小，形成一个倒“Y”形，犹如一把直插云霄的利剑，仿佛是未来时代的建筑。

趣味大发现

阿联酋政府建造哈利法塔的目的之一，是将“世界最高建筑”的称号带回中东。原来，埃及的胡夫金字塔在过去的几千年里一直是世界上最高的建筑。直到 1311 年，这一称号被英国林肯大教堂夺去，后来埃菲尔铁塔、克莱斯勒大厦、帝国大厦等相继成为过“世界最高建筑”。

世界上最大的圆拱门

在法国巴黎市中心的戴高乐广场上，矗立着一座高大雄伟的圆拱门，即赫赫有名的雄狮凯旋门。这是世界上最大的圆拱门，也是最早的凯旋门式建筑物。它和埃菲尔铁塔一样，是巴黎的地标性建筑。

胜利的标志

1805 年 12 月，法国皇帝拿破仑·波拿巴在奥斯特里茨战役中击败了俄奥联军，拿破仑从此威震欧洲，法国也成为欧洲大陆的第一强国。为了纪念这次伟大的胜利，拿破仑下令在星形广场（今戴高乐广场）上建起一

座雕塑，以此宣扬战无不胜的拿破仑军队的军威，并且还可以用来迎接外出征战、顺利凯旋的法国军队。

最终这个雕塑被确定为一座巨大的拱门，即雄狮凯旋门，设计任务由著名建筑师夏尔格兰负责。但在1814年，拿破仑政权被推翻，法兰西第一帝国灭亡，雄狮凯旋门的建造工程因此一度暂停。而拿破仑也在1821年去世，没能见到它的建成。1830年，建造工程重新开始。1836年，雄狮凯旋门终于建造完毕。同年7月29日，路易·菲利普一世举行了雄狮凯旋门的落成典礼。

巴黎的象征

雄狮凯旋门的高宽比接近1∶1，近似于正方形的造型看起来厚重坚实，给人一种大气磅礴的感觉。雄狮凯旋门高约 50 米，宽约 45 米，厚约 22 米，四面各有一门。各处均配以精美的雕刻。

雄狮凯旋门的外墙上刻有取材于 1792—1815 年法国战事史的巨型浮雕，门洞内侧刻有拿破仑用来宣扬战绩的 96 场胜利战役和 386 名立下战功的将领的名字。雄狮凯旋门的中央拱门高 36.6 米，宽 14.6 米，拱门两侧高高的石墩内设有旋转楼梯，可以通向雄狮凯旋门顶部内的小型历史博物馆，馆内陈列着大量有关雄狮凯旋门建筑史的图片和历史文件。

雄狮凯旋门顶部是一个平台，游客们登上去驻足眺望，可将巴黎圣母院、圣心教堂、协和广场、埃菲尔铁塔和卢克索方尖碑等巴黎名胜尽收眼底；环顾四周，还能看到巴黎市区的12条大道以雄狮凯旋门为中心向四面八方辐射出去。如果从空中俯瞰，这些大道就像一颗明星散发出的灿烂光芒，因此雄狮凯旋门又被称为“星门”。

1920年，雄狮凯旋门的下方增设了一处无名英雄墓，墓中埋葬着一位无名烈士，他代表在战争中阵亡的法国士兵。每年法国国庆日的阅兵仪式都会从这里开始，大量法国人也会来此献花悼念那些烈士，这为雄狮凯旋门添上了一抹悲壮的豪情。

趣味大发现

凯旋门作为一种建筑形式，始于古罗马时期，是统治者为了宣扬对外侵略功绩而修建的一种纪念性建筑。后来，欧洲其他国家的帝王也沿用这种方式来炫耀自己的功绩。凯旋门一般建在城市中的广场或主要街道上，形似门楼，由石块砌筑而成，上面刻有宣扬统治者功绩的浮雕。欧洲一共有100多座凯旋门，其中雄狮凯旋门最为著名。

世界上最大的图书馆

美国国会图书馆是世界上最大的图书馆，同时也是世界上最大的知识储备宝库，是世界上最重要的图书馆之一，在美国文化与历史上都有十分重要的地位。虽然它是一座图书馆，但也作为重要的旅游景点吸引着络绎不绝的游客。

读书的圣地

美国国会图书馆坐落在美国华盛顿国会山上，始建于 1800 年，是在美国国会的支持下，通过资助以及募捐建成的。它是美国历史最悠久的联邦文化机构，是美国知识与民主的重要象征。最初，美国国会图书馆的建造目的是满足美国国会的研究需要，不过，该图书馆的奠基人提出了“为适应以知识为基础的社会需要而不断改进服务”的宗旨。因此在两个多世纪的修建及发展过程中，美国国会图书馆成为无条件向所有 16 岁以上读者开

放的图书馆，并受到了全世界读者的广泛赞誉。

美国国会图书馆总面积达34.2万平方米，书架总长度约848千米，该图书馆秉承着“任何形式、任何领域和任何语言的知识都有用”的理念广泛收藏世界各地的书籍，馆中各类藏品总数超过2亿件。

知识的殿堂

美国国会图书馆采用了文艺复兴时代的建筑风格，将精巧的建筑艺术与图书馆的理念完美地结合在一起，使此馆成为一座知识的殿堂。

美国国会图书馆由3座建筑物构成，这3座建筑均以美国总统的名字命名，分别是杰斐逊大厦、亚当斯大厦和麦迪逊大厦。从上空俯瞰，图书馆呈“田”字形，中间是一个灰绿色的圆顶，上面立着一柄金黄色的火炬，寓意着“学习的火炬”。圆顶内部的天花板由无数玻璃镶嵌而成，有着极好的采光效果。

图书馆内部从顶层至地下室共有5层，中间3层是主体部分。主阅览室由许多组两根并立着的石柱支撑，两根石柱象征着文明生活与思索，走廊中还建有8座智慧女神的雕像，墙壁上是许多精美的壁画与石雕。因此，这里不仅是一座富丽堂皇的图书馆，还成了一处著名的旅游景点。

趣味大发现

虽然美国国会图书馆看起来传统且古老，但它也注重数字化和网络化发展。目前，馆中超过三分之二的书籍是经过数字化、以多媒体形式存放的。另外，工作人员还在开发一种全新的技术，目的是将图书馆资源共享到美国的各个学校及研究机构，最终甚至能让全世界共享国会图书馆资源。

最早的大型水利工程

在美丽富饶的成都平原上，有个完整的农田灌溉系统——都江堰，这是世界上最早的规模宏大的水利工程。自战国时期建成后一直使用至今，被誉为“世界水利文化的鼻祖”。

天府之源

都江堰建在岷江上。岷江是四川省的一条重要河流，流量相当大。战国时期，岷江两岸水患频发，经常淹没农田，给当地带来严重的灾患。为了彻底解决水患并引

水灌溉农田，秦昭王时蜀郡守李冰和他的儿子二郎，在前人治水的基础上，采用了“分流守江，筑堰引水”“引水以灌田，分洪以减灾”的治水方针，率领当地百姓在灌县（今都江堰市）附近修建了这项浩大的水利工程。

都江堰建成后，岷江汹涌的水流被驯服，川蜀地区不再受旱涝灾害的影响，农业灌溉自然也不成问题。而且水产养殖、交通水运等都有了稳定的发展，促进了川蜀地区农业经济的高度发达。可以说，没有都江堰就没有富饶的“天府之国”。

完善的生态工程

都江堰枢纽工程由鱼嘴、飞沙堰、宝瓶口 3 大部分组成，互相制约、调节，结构科学巧妙。为了变水害为水利，李冰根据川西的地理条件，借助地形引导水势，创造了无坝引水、自流灌溉的工程奇迹。

堤的前端建于岷江江心，形若鱼口，分岷江为内、外二江。外江是岷江正流，是主要的灌溉水源；而内江是人工渠道，既是灌溉渠道也是航运通道。内江水流经宝瓶口进入成都平原。鱼嘴上游建了百丈堤，用来引导江水和防护江岸。而鱼嘴两侧则建造了金刚堤，用来束江分水，调节岷江的水量，以避免水流泛滥。

飞沙堰是位于金刚堤下端、一道长约 300 米的分洪

减淤堤坝，以竹笼装卵石筑成。如果遇到特大洪水，飞沙堰将自行溃决，使进入内江的洪水泄入外江，以确保内江灌区的安全。宝瓶口岩壁刻着醒目的标尺，以观察水情。被斩断而留在宝瓶口右边的山岩称“离堆”，实际上它相当于节制闸，可起调节进水流量的作用。都江堰不仅能够自动调节水量，还可以自动分沙排沙，这一技术领先了西方上千年。

趣味大发现

《史记》中曾如此描述都江堰给四川地区带来的改变：“穿二江于成都之中。此渠皆可行舟，有余则用溉，百姓飨其利。”于是，四川地区有了“天府之国”的美誉，都江堰也因此被称为“天府之源”。

了不起的世界之最

人类之最

RENLEI ZHI ZUI

王旭东◎主编

SPM 南方传媒 | 广东人民出版社

·广州·

图书在版编目（CIP）数据

了不起的世界之最：全8册 / 王旭东主编．— 广州：广东人民出版社，2024.1

ISBN 978-7-218-17241-5

Ⅰ．①了…　Ⅱ．①王…　Ⅲ．①科学知识—少儿读物　Ⅳ．① Z228.1

中国国家版本馆 CIP 数据核字（2023）第 252144 号

LIAOBUQI DE SHIJIE ZHI ZUI

了不起的世界之最

王旭东　主编

出 版 人： 肖风华

责任编辑： 马妮璐
责任技编： 吴彦斌
装帧设计： 朝旭文化

出版发行： 广东人民出版社
地　　址： 广东省广州市越秀区大沙头四马路 10 号（邮政编码：510199）
电　　话：（020）85716809（总编室）
传　　真：（020）83289585
网　　址： http://www.gdpph.com
印　　刷： 天津泰宇印务有限公司
开　　本： 890mm×1240mm　1/32
印　　张： 24　　**字　　数：** 230 千
版　　次： 2024 年 1 月第 1 版
印　　次： 2024 年 1 月第 1 次印刷
定　　价： 138.00 元（全 8 册）

如发现印装质量问题，影响阅读，请与出版社（020-85716849）联系调换。
售书热线：（020）87716172

前言

人类发展的驱动力，很大一部分来自无穷无尽的好奇心，因此人类对于未知事物有着永无止境的探索欲望。面对充满奥秘的世界，我们不禁想要知道：最高的山有多高？最大的动物是什么？最像地球的行星是哪颗？

我们在满怀疑问探索大自然的同时，不知不觉间也创造了许多难以想象的奇迹：第一盏电灯、最高的建筑、第一个进入太空的人……各种各样的“世界之最”彰显出大自然的独特魅力、历史的源远流长、宇宙的神秘莫测以及人类的无穷智慧。

为此，我们编写了《了不起的世界之最》系列丛书，按地理、动物、植物、宇宙、建筑、人类、国家、文艺八个主题，讲解一个个令人眼界大开的“世界之最”。本套丛书每册为一个主题，每篇内容紧扣每个“世界之最”的突出特点，并设置了生动的小标题，有助

于小读者快速理解相应的知识。

本套丛书注重内容的知识性与趣味性，选用大量有趣的真实事例，使用前沿数据资料，从少年儿童的认知水平以及阅读能力出发，用生动活泼的语言给小读者讲解众多新奇、罕见的科学知识，将小读者领进丰富多彩的科学世界，使小读者在开阔视野的同时收获知识，提高综合能力。

本套丛书体例编排注重各篇章间的逻辑层次和内在联系，海量的知识并非简单生硬地罗列，而是有着清晰的结构和明显的层次感；版式灵活多变，插图精美清晰、富有视觉冲击力，让知识一目了然，给小读者展示了一个个直观、真实、精彩的“世界之最”。

总而言之，本套丛书集合了诸多领域的科学知识，视角独特、内容全面、图文并茂，能够为小读者打开知识的大门，满足小读者旺盛的好奇心和强烈的求知欲，让孩子在阅读中锻炼探索能力，提高综合素养。

现在，请小读者翻开本书，去探寻那些令人大开眼界的“世界之最”、领略世界的独特魅力吧！

目录

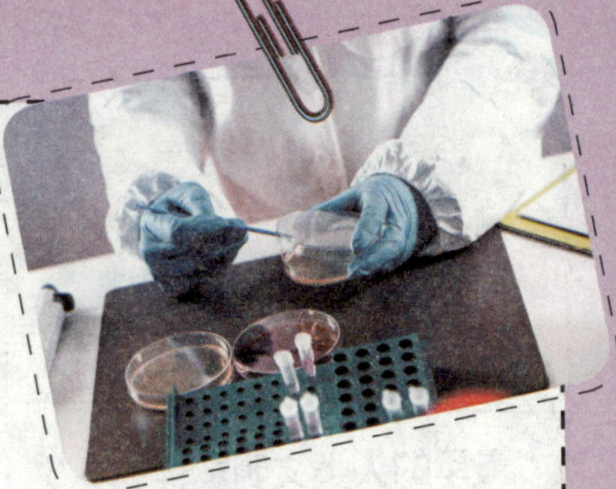

最早的人类

人类的起源有两种不同的概念：一种是指现代人，也就是智人的出现；另一种指人类彻底告别猿猴时代，成为真正的人。从现代生物学角度来讲，人类在与猿分离后就出现了。

里程碑式的发现

起初，西方学者认为人类出现在几千年前，也就是文明的曙光在西亚、北非出现的时间。后来，随着人类考古的不断深入，第一代人出现的时间越来越早了。

1959 年，肯尼亚考古学家路易斯·利基和他的妻子玛丽·利基在东非国家坦桑尼亚的奥杜瓦伊峡谷内发现了一个破碎的颅骨化石，并测定出这是生活在 175

万年前的古人类的化石。随后，他们又发现了距今 190 万年前的能人化石。这些里程碑式的发现，将人类的历史延长到约 200 万年前。

“露西少女”

说起最著名的古人类化石，非“露西少女”莫属。

1974 年，由英国、法国、美国科学家组成的国际考察队在埃塞俄比亚的阿瓦什低谷，发现了一具保存率达 40% 的猿人骨架。在过去，人们仅发现过化石碎片，这具空前完整的骨架引起了全世界的轰动。骨架的主人被科学家们认定为女性，生活在距今 330 万年前。科学家为其取名“露西少女”。

据研究，“露西少女”是从高处坠落而不幸身亡的。她身高1.1米左右，融合了人类和黑猩猩的特征，脑容量较小，通常直立行走。

最古老的人

随着在非洲发现的古人类化石越来越多，最早的人类的纪录也在不断刷新。2002年，法国和乍得的一个联合考古队在乍得的朱拉卜沙漠发现了一个古人类头骨。经过测定发现，这个头骨的主人生活在700万年前，是世界上迄今为止发现的最早人种，被称为“乍得人”。虽然乍得人的形体与黑猩猩比较相似，但因为其头骨平衡在脊柱上，能够直立行走，与猿类有本质区别，所以，乍得人是“人”而非“猿”。

根据现有的考古发现推断，第一代人类很可能出现在 700 万年前的非洲，此后数百万年间始终在非洲生活、进化，直到 200 万年前左右，才开始扩散到全世界。当然，这一切还需要科学家们继续研究和证实。

趣味大发现

迄今为止，中国境内发现的最早的猿人化石，就是 1965 年在今云南元谋上那蚌村的一个小山岗上发现的元谋猿人。元谋猿人属于晚期猿人，绝对年代为距今 170 万年左右。在元谋猿人化石发现地还发现了石器和用火的遗迹，可见元谋人是能制造工具和使用火的原始人类。

最早的人类文明发祥地

人类最早的文明出现在西亚、北非地区两河流域那肥沃的土地上。这片土地在地图上看起来好像是一弯新月，被称为“新月形沃地”。

苏美尔文明

考古发现证实，苏美尔人在大约公元前4500年来到了幼发拉底河与底格里斯河之间的沃土上，这里又称“美索不达米亚”，意为“两条河之间的土地”。他们说苏美尔语，种植小麦，驯化动物，还创造了人类最早的

文字之一——楔形文字，并逐渐建起了诸多城邦。就这样，人类最早的文明——苏美尔文明诞生了。

当时，苏美尔人至少建立了十余个城邦，如基什、埃雷克、乌尔、乌玛、拉尔萨和乌鲁克等。各城邦之间为了争夺资源和人口等，接连不断地发生战争，直到入侵者到来。由国王萨尔贡率领的阿卡得人，击败了自相残杀的苏美尔人，统一了各城邦，建立了阿卡得帝国。阿卡得帝国全盘接受了苏美尔文明，该帝国灭亡后，

苏美尔人的各城邦重新获得独立。几个世纪后，乌尔第三王朝建立，这是苏美尔文明最后阶段的鼎盛时期，这个王朝的第一代国王乌尔纳姆颁布的《乌尔纳姆法典》是迄今已知的人类历史上的第一部成文法典。

大约在公元前1894年，阿摩利人消灭了乌尔第三王朝，征服了两河流域，建立起以巴比伦城为中心的古巴比伦王国。

古巴比伦文明

古巴比伦王国继承了苏美尔人的很多文明成果。其中，古巴比伦王国的第六代国王汉谟拉比，将王国的统

治疆域扩展到整个美索不达米亚，实力达到鼎盛。汉谟拉比还颁布了著名的《汉谟拉比法典》，这是世界上迄今为止完整保存下来的最早的一部法典。

古巴比伦王国衰亡之后，两河流域在漫长的岁月中由活跃的亚述人主宰着，直到公元前605年，迦勒底人消灭了亚述帝国，建立了新巴比伦王国。新巴比伦王国国王尼布甲尼撒二世在世时，国力达到鼎盛，建造了“世界七大奇迹”之一的空中花园。公元前539年，波斯帝国消灭了新巴比伦王国。至此，古巴比伦文明独立发展的历史宣告终结。

趣味大发现

位于非洲东北部及亚洲西部尼罗河流域的古埃及、位于亚洲西部两河流域的古巴比伦、位于亚洲南部印度河流域的古印度和位于亚洲东部黄河流域及长江流域的中国，是国际上认可度较高的“四大文明古国”，实际上对应着世界四个主要的文明发源地。

最早的美洲居民

1492 年，受西班牙女王派遣的意大利航海家哥伦布，经过千辛万苦终于发现了一块“新大陆”。他认为自己到达了印度，并宣布这里是西班牙帝国的领土。实际上，他到达的是今天的美洲大陆。当时的美洲大陆并不是无主之地，那里的原住民曾创造了灿烂的文明。

玛雅文明

据推测，美洲大陆的原住民——印第安人，早在 3 万年前就从亚洲出发，穿过白令海峡到达北美洲，之后又逐步南迁，最终遍布整个美洲大陆。

迄今发现的美洲最早的文明，是位于中美洲的玛雅

文明。玛雅文明发祥很早，公元前 3 世纪玛雅人就发明了象形文字，建立起数百座富庶繁荣的城市。玛雅人在最大的城市——蒂卡尔的中心广场，修建了许多外形像埃及金字塔的神庙，这些神庙高大雄伟、纹饰精美，是玛雅文明辉煌历程的见证者。玛雅人在农业技术、工艺美术等方面具有较高的水平，精于雕刻和绘画，绘制了很多精美绝伦的壁画，但并没有掌握金属工具的制作。他们的天文、数学知识丰富，创造了复杂的历法。

10 世纪左右，玛雅文明开始衰落，城市逐渐被遗弃在丛林之中，仅存一些小城邦。16 世纪，西班牙殖民者来到中美洲，最后一个玛雅城邦在炮火中灰飞烟灭。

印加文明

12世纪末期，生活在南美洲西南地区、今秘鲁库斯科附近的谷地内的印加人，开始向四周扩张，逐渐形成了一个强大的国家，史称“印加帝国”。印加帝国在16世纪达到鼎盛，能够冶炼和加工铜、金、银等，有相对完善的道路系统。印加人没有创造出文字，采用结绳记事法。

1533年，印加帝国被西班牙殖民者消灭了。

阿兹特克文明

13世纪下半叶，阿兹特克人开始南下，来到今墨西哥中部的特斯科科湖畔定居，建立了特诺奇蒂特兰城（今墨西哥城）。到了15世纪中期，阿兹特克人开始四处扩张，实力越来越雄厚。经济的发展使得阿兹特克帝国在教育、科学、天文、历法、文字、艺术等方面都取得了突出的成就。

约 1521 年，正在蓬勃发展中的阿兹特克文明被西班牙殖民者消灭了。

趣味大发现

大约在 1 万年前，玉米还是墨西哥的一种杂草。后来，印第安人发现并培育了玉米。印第安文明与玉米有着密切的关系，故被称为“玉米文明”。15 世纪末，欧洲殖民者将玉米带出了南美洲，它很快成为种植最广泛的作物之一。玉米的培育，是印第安人为人类做出的卓越贡献。

世界最矮小的人种

世界上有一个“袖珍民族”，身高远比其他人种矮，且多数过着原始生活，以狩猎、采集为生。这个种族就是世界上最矮小的人种，通称“俾格米人”。

“袖珍民族”

俾格米人并不是对某个具体民族的称呼，而是古希腊人对非洲中部矮人的通称。今天，他们主要生活在非洲中部的刚果（金）、卢旺达、布隆迪、喀麦隆、乌干达等国。此外，大洋洲、东南亚等地也分布着少数矮人。

非洲的俾格米人又称“尼格利罗人”（亚洲等地的类俾格米人则被称为“尼格利陀人”），他们身材矮小，男性的平均身高仅有 1.3 ～ 1.4 米，女性的平均身高更矮。肤色呈暗灰色，比其他黑种人略浅。他们的头很大，臂长腿短，腹部凸起。俾格米人在青少年时期就比其他种族的人矮，有人推测是饮食结构的原因，也有人认为俾格米人分泌的胰岛素只含有极少的生长因子，因此长不高。

“森林的儿子”

俾格米人虽然身材矮小，但是体格强壮，多数生活在原始森林中。俾格米人实行一夫一妻制，男性往往以氏族为单位，靠狩猎、捕鱼为生，女性则忙于采摘果实。俾格米人没有统一的语言，他们能歌善舞、崇尚图腾、热爱森

林，将森林称为“万能的父母”，自称“森林的儿子”。

俾格米人曾遭受其他中非种族的排挤，后来又受到殖民者的残酷屠杀，今天人数已经很少了。中部非洲的各个国家致力于让俾格米人融入现代社会生活，已经有不少俾格米人走出了森林，但仍有部分俾格米人保留着原始生活方式。

趣味大发现

有人经过研究，认为世界上平均身高最高的种族是生活在非洲中部卢旺达和布隆迪的图西族。据估计，该民族的男性平均身高在 1.8 米。此外，欧洲国家荷兰男性的平均身高也达到了 1.8 米，女性平均身高在 1.7 米，被视为世界上平均身高最高的国家。

脖子最长的民族

在缅甸山区和泰国北部交界的地方，生活着一个奇特的民族，被称为喀伦族或巴当族，又被称为长颈族。该族的一些女性会往脖子上套很多铜环，使脖子变得越来越长。

古老的习俗

长颈族的女性并不是一出生就比其他种族的人脖子长。按照当地的古老习俗，女孩从五六岁起，就开始在脖子上套一只铜环。随着年龄的增长，铜环越来越多，脖子也越来越长。有的人甚至会戴几十只铜环，上面还装饰着银链和钱币，使脖子的长度达到30厘米以上。除了脖子，该族女性的手臂和腿上也会套许多铜环。而且一旦戴上这些铜环，终生都不能取下来。

长颈族为什么会流行这样的习俗呢？有人认为，这是因佩有为古代丛林中老虎众多，为了防止被老虎伤害，该族的人才在脖子和四肢上戴铜环。也有人推测，长颈族是一个崇尚凤凰的民族，他们觉得凤凰的长颈很美，于是在脖子上戴铜环，想让脖子跟凤凰的脖子一样长，而且头也会像凤凰的头一样前倾，最后成了世代沿袭的风俗。

残酷的“美”

有研究者发现，长颈族女子的脖子并不会因为套上铜环而长长。之所以显得脖子长了很多，是因为重达八九千克（有的女子浑身的铜环超过 20 千克）的铜环的重压，使得她们的肩骨、锁骨和肋骨发生了严重变形而下塌。

长颈族女性无论睡觉、说话、走路还是洗澡，都会因佩有铜环而极不便利。因此，很多女子开始除掉铜环。一些女性除掉铜环后，一段时间

内颈部都无力支持头部的重量，只能想方设法对头部加以支撑。直到今天，长颈族依然有人戴着很多铜环。幸运的是，在该族年轻女性中，这个习俗已不再是铁律，有些年轻女子会用少量铜环当颈部的装饰，但是不会影响脖子的正常生长。

趣味大发现

在埃塞俄比亚，也有一个以自残为美的民族，被称为“盘嘴族”“唇盘族”等。该族的女子以在嘴唇上挖洞并装上很大的陶土盘为美（吃饭、喝水时会摘下来）。盘子越大，就越受到男子的青睐。该族的男子则以在身上、脸上划出刀疤为美。随着时代的发展，这些习俗也渐渐走向衰亡。

世界最长的家谱

在中国有一个传奇的家族——孔家，孔家拥有世界上时间跨度最大、谱系最完整，同时也是最长的家谱，那就是“孔子世家谱”。

“万世师表”

孔子（前551—前479），名丘，字仲尼，是春秋时期宋国贵族后裔，出生在鲁国陬邑（今山东曲阜）一个没落的官僚家庭。他年少时生活贫困，当过管财务和畜

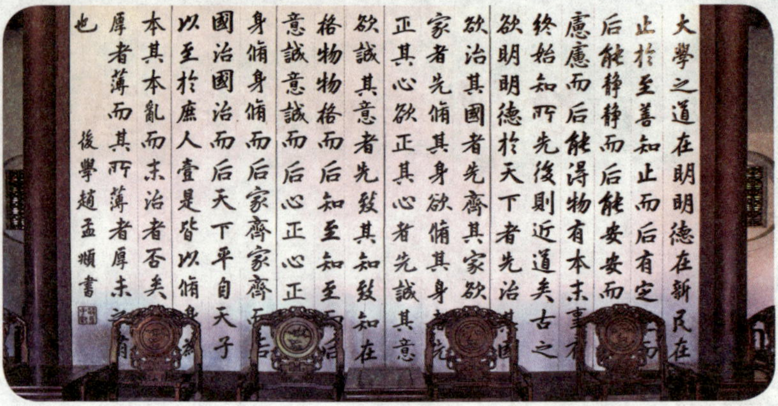

牧等事务的小吏。孔子聪明博学，年少时就成为远近闻名的学者，很多人不远千里来向他学习。孔子打破了过去知识被贵族垄断的惯例，前来向他学习的人，不管是什么身份、什么地位，他都会倾囊相授，从而培养出一大批优秀的学生。

孔子中年时期步入官场，当过鲁国的大司寇（主管司法），并代行宰相的职权。他由于打算削弱把持鲁国朝政的权贵的力量，遭到排挤，不得已带着弟子周游各国，希望有国君能赏识自己。孔子在各

国间漂泊了十余年，屡次遭遇危险，但他的学说并没有得到任何一位国君的赏识和发扬光大，只得回到了鲁国，专心以教学、著述为业。

孔子去世后，他的弟子继承了他的学说并发扬光大，形成先秦时期最显赫的学派——儒家学派。汉武帝时期，儒家思想被定为官方正统思想，孔子则被历代统治者尊为“文宣王”“至圣先师”等，得到的尊崇无以复加。

最完善的家谱

从西汉开始，孔子的后人就被封为奉祀君，并且允许世袭，成为最特殊的贵族家族。此后，无论政权如何更迭，孔子的后人始终被统治者视为维护统治的工具，一直受到封赏。到了北宋，孔子后人被封为衍圣公，历代都享受种种特权。

正是由于孔氏家族一代代都备受尊崇，因此他们也有能力将家谱修得完善、详尽。北宋时期，孔子第四十六代孙孔宗翰广泛收集资料，开始修孔氏家谱。此后，这份家谱经过历代重修，逐渐成为世界上延续时间最长、内容最详尽、谱系最完整的家谱。

趣味大发现

在春秋战国时期，儒家是“诸子百家”中最显赫的学派之一。除了儒家，还有道家、墨家、阴阳家、法家、名家、农家、小说家等学派。这些学派互相诘难、彼此争鸣，使得当时的思想文化取得辉煌的成就。

最古老的统治家族

今天，世界上还剩下 20 多个君主制国家，其君主可以世袭，担任实际上（或者名义上）的国家元首。其中，日本天皇是最古老的统治家族，天皇制则是世界历史上历时最长并仍在延续的君主制度。

“万世一系”

日本《古事记》及《日本书纪》等古代作品中，都将神武天皇视为第一代天皇。相传，神武天皇是日本人尊崇的天照大神的后裔，在公元前 6 世纪建立了大和王权。自神武天皇至第 15 代天皇——应神天皇，虽然在古书中都有记载，

但由于年代久远，加上神话色彩太过浓厚，因此难以断定其真实性。史上第一位由考古学证实存在的天皇是第10代天皇——崇神天皇；而自应神天皇开始，天皇的在位时间和事迹的可信度就大大提升了。

日本第一位女性天皇是第33代天皇——推古天皇，她立自己的侄子圣德太子为皇太子，在圣德太子的辅佐下派遣遣隋使，引进中国先进文化，制定“冠位十二阶”和十七条宪法，使得日本中央集权大大加强了。

到了第36代天皇——孝德天皇时，推行了著名的大化改新，正式更国名为日本国，全面学习唐朝的政治和经济体制，完善了日本的政治制度。

在第82代天皇——后鸟羽天皇时代，镰仓幕府成立。

皇室与幕府的矛盾日益激化，终于爆发战争，皇室战败后，天皇成为傀儡。此后600余年间，镰仓幕府、室町幕府和德川幕府相继把持了日本的朝政。

军国主义时代

1867年，在维新派人士的努力下，德川幕府倒台，第122代天皇——明治天皇夺回了权力，开始颁行一系列维新措施，使日本在很短的时间内就由一个落后的封建制国家一跃成为工业化国家。同时，日本也在明治天皇时期走上了军国主义道路。

在第124代天皇——昭和天皇统治时期，日本相继发动侵华战争和太平洋战争，给中国等国人民带来了深

重的灾难。日本无条件投降后，天皇作为象征性的国家元首被保留下来。日本现任天皇是第126代天皇——德仁天皇。

趣味大发现

日本天皇没有姓氏，以“以“十六花瓣八重表菊纹”（正面）和“十四花瓣一重里菊纹”（反面）为家徽，故称“菊花王朝”。天皇登基大典上，有指定的冕冠、冕服、礼服、玉座、佩饰，还有三件代代相传的神器：天丛云剑（草薙剑）、八尺琼勾玉和八咫镜。

有记录以来最高的人

人类的身高相差较大，谁是身高最高的人，是很多人感兴趣的问题。由于夸张和商业性的宣传，最高的人到底是谁难以考证。根据公开报道，有记录以来最高的人是罗伯特·潘兴·瓦德罗。

历史上的巨人

由于时代限制，历史上出现过的巨人的真正身高，都是模糊不清的。即使是在近代，有了相对公正的医学监督，一些巨人的确切高度可信度较高，但也并不是无懈可击的，其中还存在很多夸张和商业性的夸大宣传。

西方最著名的巨人就是与大卫王对抗的歌利亚，据称他有 2.9 米

高。但是，歌利亚是传说中的人物，并不可信。中国史书中最著名的巨人当属西汉末年的巨毋霸，据称他身高一丈（2.4 米左右），身体强壮，还能训练猛兽。

有记录以来，有确凿证据的最高的人，是患有早期肢端肥大症的巨人——罗伯特·潘兴·瓦德罗。

早逝的巨人

瓦德罗于 1918 年 2 月出生于美国伊利诺伊州奥尔顿市。他出生时，身高、体重都与常人无异，两岁时进行了一次脑疝手术，此后就开始不正常生长了。据记载，瓦德罗在 9 岁时就能将身高 1.8 米、体重 70 余千克的父亲抱上楼梯。父亲曾带瓦德罗去医院检查，医生认为

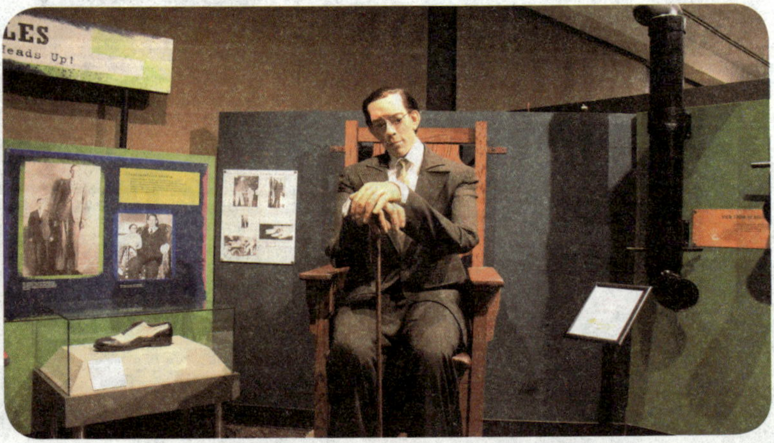

瓦德罗脑垂体长了肿瘤，患上了巨人症。17 岁时，瓦德罗的身高就达到了 2.45 米。到了 19 岁，他的身高超过 2.6 米，体重也达到 200 千克左右。瓦德罗很快成为名人，由于他性情温和、热心公益，还得到“温和巨人”的别称。

但是，这副沉重的身体让瓦德罗不堪重负，只能依靠木杖支撑。后来，他的脚踝还装上了特殊的金属圈，没有金属圈的帮助他就失去了行动的能力。1940 年，华盛顿大学医学院为 22 岁的瓦德罗测了一次身高，为 2.72 米。当年的 7 月 15 日，瓦德罗就在睡梦中去世了。他去世的原因是拐杖损坏导致他的膝盖和脚踝受伤，造成感染。虽然医生对他进行了治疗和输血，但瓦德罗的病情还是不断恶化，最终因败血症病逝。

趣味大发现

瓦德罗的身高有着无可辩驳的记录，他成为有记录以来最高的人。而有史以来最矮的人，还是众说纷纭。一般认为，最矮的男人是尼泊尔男子钱德拉·巴哈杜尔·唐吉，他的身高为 0.546 米。如今还健在的最矮的女性，是印度人乔蒂·阿姆奇，她的身高为 0.628 米。

人体最长的骨头

骨骼构成人体的支架，赋予我们基本的形态，并支撑和保护着人体。成人的骨骼由206块形状不同、大小各异的骨头构成。在这些骨头里，最长的是哪一块呢?

骨头中的“巨人”

人的骨头可分为长骨、短骨、扁骨和不规则骨四种类型，这些骨头共同构成人体的骨架——骨骼。成人骨骼由206块骨头组成，儿童的骨头比成人多一些，长大后，一些原本连在一起的几块骨头就合为一块了。

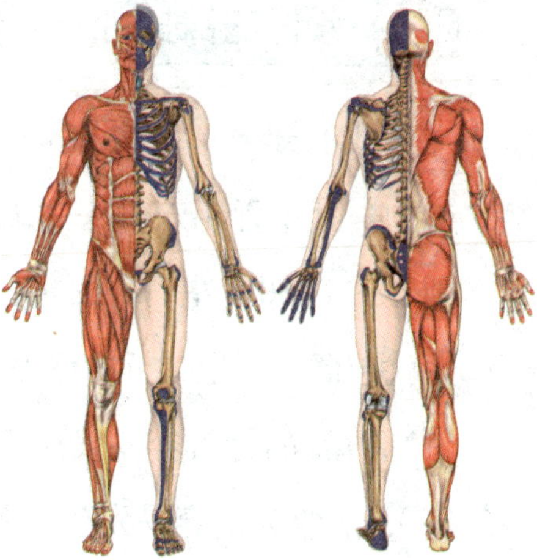

人体骨骼包括颅骨、躯干骨和四肢骨，以四肢骨的数量最多。其中，腿部的长骨——股骨是人体最长的骨头，通常占到身高的四分之一左右。股骨的上端为股骨头，与髋骨的髋臼组成髋关节；股骨头下方是细长的股骨颈，结构较为脆弱；股骨的下端则与胫骨上端和髌骨组成膝关节。

股骨的作用

在人体中，股骨起到很大的作用。股骨非常结实，与关节、肌肉、韧带等组织连成一个整体，支撑着人的全部体重。没有股骨，人就无法站立，也无法行走。有趣的是，人在跑动时，速度直接受股骨颈和股骨之间夹角大小的影响，因此在选拔运动员时，这一点总会受到关注。

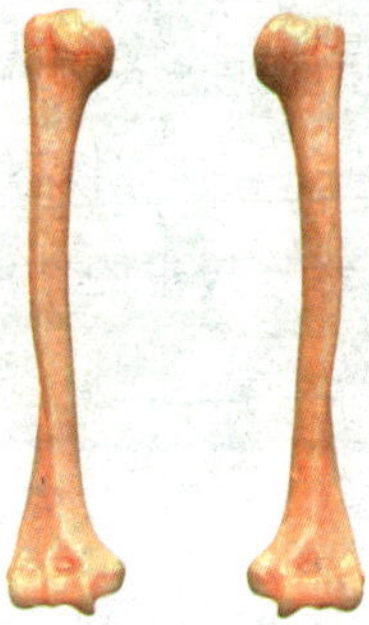

股骨的保护

我们知道，人的骨头一半是水，一半是矿物质和有机物。其中青年人骨头中无机物占 50%左右，到了老年则会占到 80%左右。无机物含量越高，骨头的弹性、韧性就越低，发生骨折的概率也就越高。

股骨的骨折容易发生在近侧端（靠近身体中心的一侧），老年人则容易发生股骨颈骨折。为了保护股骨，我们应该尽量避免搬运过重的物品、进行适度的体育锻炼、注意在饮食中补充钙质，同时也不能酗酒，因为长期酗酒容易诱发股骨头坏死等疾病。

趣味大发现

在人的左耳和右耳内，各有三块小小的骨头，被统称为听小骨。听小骨中最小的一块，因形状像一个马镫，故而被命名为镫骨。镫骨是人体最小的骨头，同时也是人体最轻的骨头。一般来说，镫骨只有大约 3 毫米长，在显微镜下才能看清。但是，镫骨却在听觉生理中具有举足轻重的作用，一旦发生病变，就容易影响听力，甚至导致耳聋。

人体最大的器官

说起人体的器官，你可能会想到眼、耳、鼻、口、舌等感觉器官，或者心、肝、脾、肺、肾等内脏器官。但实际上人体最大的器官，却是最容易被忽略的皮肤。

覆盖全身的器官

皮肤分为两层：第一层是比较薄的表皮，由胚胎时期的外胚层构成，包括小汗腺、大汗腺、皮脂腺、毛发等附属器官；第二层是较厚的真皮，由结缔组织构成，含有丰富的血管、淋巴管和神经末梢等。真皮之下则是疏松的结缔组织，富含脂肪，被称为皮下组织。我们身体的毛发，最初就是为了适应皮肤与外界不断变化的环境接触而形成的衍生物。

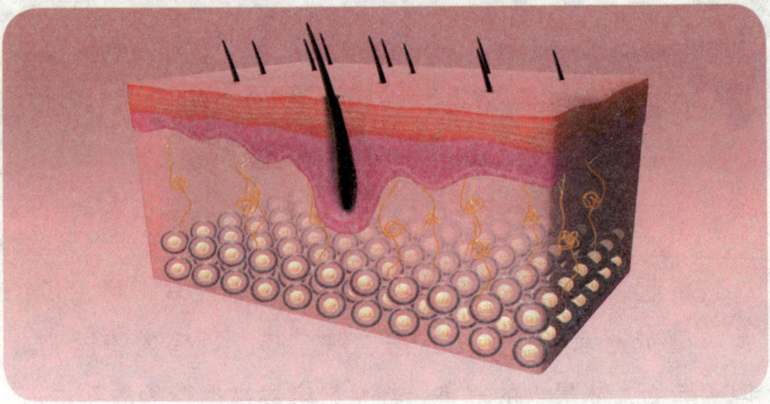

虽然皮肤覆盖全身，但很多人都不知道皮肤是身体的器官，而且是人体最大的器官，总面积可达 2 平方米以上，总重量可达体重的 15%左右。当然，由于皮肤厚度因人而异，个体的皮肤总重量占体重的比例不尽相同。但是，人体第二大器官——肝脏的重量最高也不过占体重的 5%。由此可见，皮肤作为人体最大的器官是实至名归的。

体表的“长城”

皮肤是人体表层一道温暖的“长城”，不但可以阻挡异物和病原体等的入侵，并防止体内组织液丢失，还能够分泌汗液和皮脂，并通过出汗和散发热量而调节体温，积极参与身体的代谢和免疫反应。此外，皮肤还是人体最大的感觉器官。研究表明，皮肤得到拥抱、抚摸或者按摩，就会起到止痛或镇静的作用。这是因为对皮肤的接触能够刺激大脑里内啡肽的产生，这是一种天然的镇痛剂。

在人的一生中，皮肤不停地再生，而且有着修复伤口的能力。但是随着年龄的增长，皮肤也会慢慢地损耗，逐渐失去弹性和美观。

趣味大发现

人的肤色主要有黄色、白色、黑色、棕色等，其中黄种人在世界总人口中所占的比例是最大的。人的肤色为何会有这么大的差异呢？通常认为，这主要是人类对居住地区气候的长期适应所致的。例如，生活在赤道附近的黑色人种，皮肤中的黑色素能够吸收阳光中过多的紫外线，避免皮肤遭到紫外线的伤害。

最稀少的人类血型

血型是一种由遗传决定的血液个性特征，每个人的血型都是终身不变的。常见的血型有 A、B、AB、O 四种类型，除此之外，世界上还有一些极为稀少的血型。

认识血型系统

人类有 30 多种血型系统，其中十分重要、常用的是 ABO 血型系统和 Rh 血型系统。血型是根据血液中红细胞所含的特殊抗原不同而进行区分的，我们以 ABO 血型系统为例：红细胞上只有 A 抗原，就是 A 型血；红细

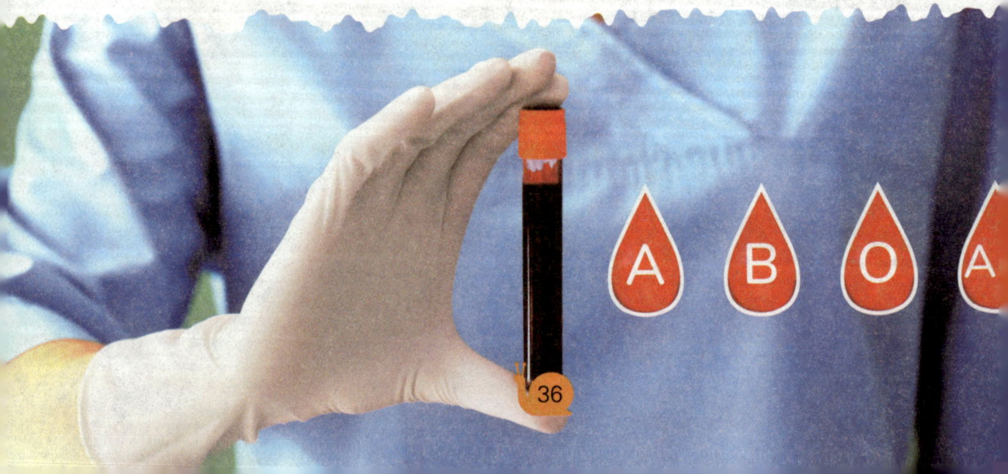

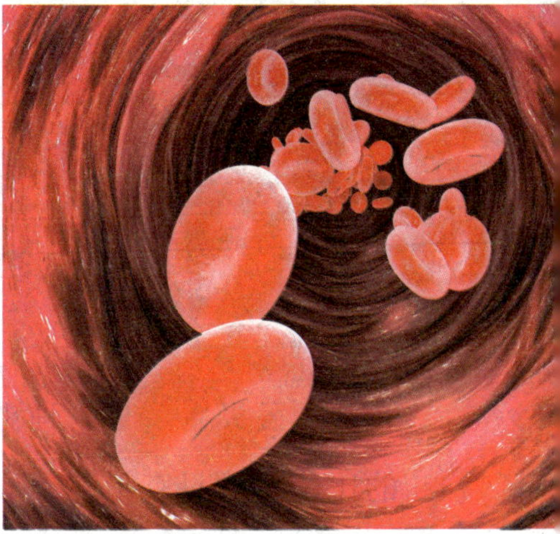

胞上只有 B 抗原，就是 B 型血；红细胞上 A、B 抗原都有，就是 AB 型血；红细胞上 A、B 抗原都没有，就是 O 型血。

人的血型会根据孟德尔定律进行遗传，子女的血型不一定和父母一样，但是可以根据父母的血型推断出子女的可能血型。血型系统常用在医学领域，特别是在输血时，只有血型完全一致，血液才能融合而不发生凝血。

稀有血型

Rh 血型系统是人类另一个重要的血型系统。东亚人种中绝大部分人为 Rh 阳性，Rh 阴性非常少；而在 ABO 血型系统中，AB 型血的人又是最少的。如果将二者重合起来，那么 AB 型 Rh 阴性的概率就少之又少了。据统计，东亚人种中 AB 型 Rh 阴性的概率不超过 1%，而在白种人中，这个概率要比东亚人种高很多 。因此，AB 型 Rh 阴性在我国被称为“熊猫血型”，是最为稀少的血型之一。

“孟买血”是一种更为稀少的血型，在我国所占的比例大约只有十几万分之一。而 ABO 血型系统的亚型——cisAB 血型，其比例更是低到几十万分之一。除此之外，稀有血型还有 10 余种，被发现的人数都很少。

趣味大发现

古时候，为了确定两个人的血缘关系，常采用“滴血认亲”的办法，主要是两种。第一种是滴骨法，即将活人的血滴到死者的骨头上，如果血渗入骨头，就认定双方有直系血缘关系。其实这种方法毫无根据，因为人骨表面有许多细小的孔洞，不是亲人的血液也能渗入。第二种是合血法，即将两个人的血液都滴入器皿内，只要融为一体就说明两人存在血缘关系。这种方法也不科学，因为即使有血缘关系，血液也不见得能融合；没有血缘关系，血液也有可能融合。这主要是由血型决定的。

人类消灭的第一个传染病

在人类历史上，天花曾是极为肆虐的烈性传染病，有人估计，天花曾夺走数亿人的生命。但是在 1980 年，天花成为人类消灭的第一个传染病。

天花肆虐已久

从几千年前开始，人类就饱受天花的侵害。有人估算，中世纪欧洲有三分之一的人死于天花。后来，随着欧洲人的殖民步伐，天花也开始在世界各地广泛传播，我国也饱受其苦。

天花是由天花病毒引起的，可通过接触和飞沫传播，患者会出现高热、头痛、全身酸痛、呕吐等症状，最后身上会成批出现斑疹、丘疹、疱疹和脓疱，最后结痂，脱痂后会留有痘瘢，也就是俗称的“麻子”。患者病愈后，终身都会具有免疫力。轻型天花病死率极低，但重

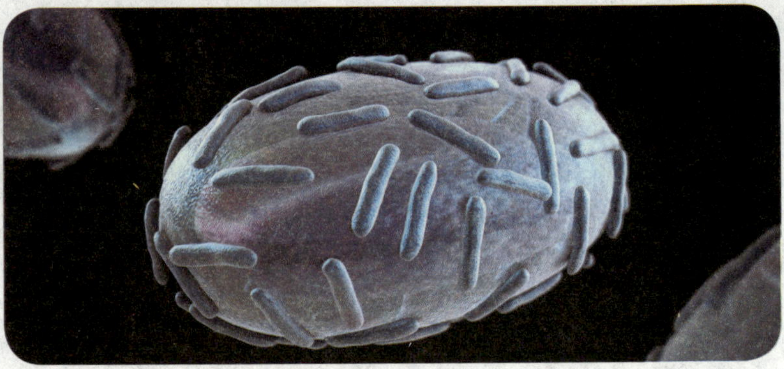

型天花的病死率在 25%以上。

人痘接种术问世

据史料记载，早在公元 8 世纪，我国就开始用鼻苗种痘法来预防天花。16 世纪，我国开始推广人痘接种术。人痘接种术通常是用棉花团蘸天花患者的痘浆，塞入没有出过天花的人的鼻腔中。还有的是将痊愈期天花患者的痘痂研成细末，放进细管中吹进没有出过天花的人的鼻腔内。

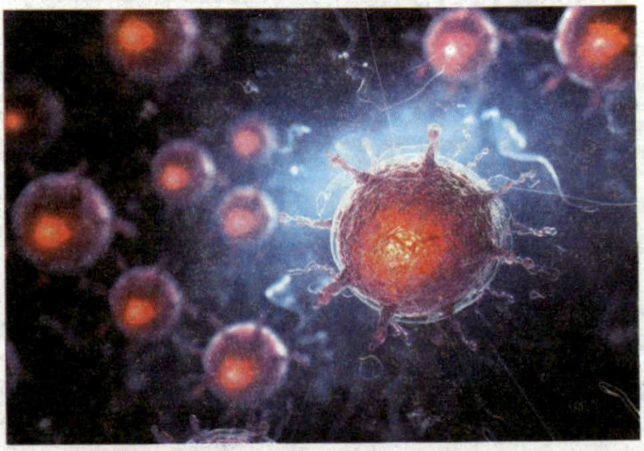

人痘接种术的原理就是采用毒性较低的天花病毒让人轻度感染，从而产生抗体。人痘接

种术是人工免疫法的先驱，存在很多缺点，例如接种人痘后病情太过凶险，甚至有一定的概率造成死亡。尽管如此，我国古代的人痘接种术还是挽救了不少生命，并传到了日本和欧洲。

牛痘诞生

1796 年，一位名叫爱德华·詹纳的英国医生，在人痘接种术的启发下，发现事先将牛痘的脓疱注射到人体内，人就会感染牛痘，只是感到轻微不适，却可以从此获得对天花病毒的免疫力。这一发现改变了人类的命运，并很快取代了人痘接种术，使天花的发病率明显降低。

1966 年，全世界开始普遍种痘，开展大规模的消灭天花的运动。1978 年，全球最后一位天花患者去世。1980 年 5 月 8 日，

世界卫生大会正式宣布“全世界及其所有人民赢得了摆脱天花的自由”。天花是第一种、也是迄今为止唯一一种在全球范围内被消灭的人类疾病。如今，只有少数实验室保留着天花病毒。

趣味大发现

1661 年，顺治皇帝患上重病，就皇位继承的问题咨询德国传教士汤若望。汤若望慎重考虑之后，推荐了顺治皇帝的第三个儿子玄烨。汤若望给出的理由很令人信服：玄烨已经出过天花，有了免疫力，没有再患天花的风险，有利于朝廷稳定。顺治皇帝同意了，玄烨在父亲去世后登上帝位，就是著名的康熙皇帝。

最早发现黄金分割的人

黄金分割又称“黄金律”“中外比”，是一个有趣的比例。有人认为，这个比例最能引起美感。目前认为，真正意义上最早发现黄金分割的人是古希腊数学家欧几里得。

伟大的“几何之父”

早在公元前6世纪，古希腊的毕达哥拉斯学派就研究过与黄金分割关系密切的正五边形和正十边形。后来，古希腊数学家欧多克索斯开始系统地研究黄金分割问题。欧几里得则在《几何原本》中系统论述了黄金分割，《几何原本》也由此成为最早的有关论著。

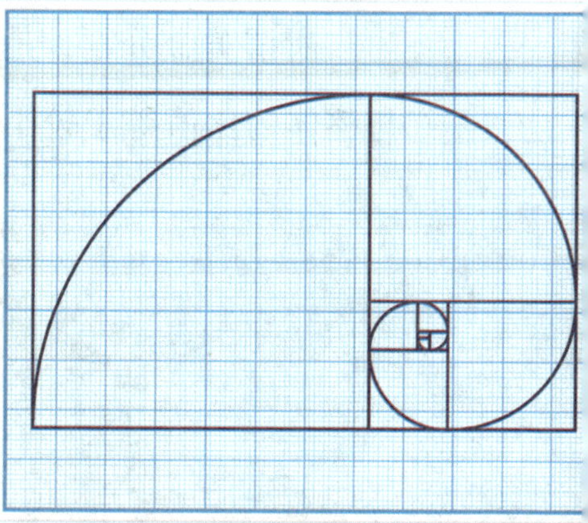

欧几里得（约前330—前275），古希腊数学家。关于他的生平，后人知之甚少，他可能在埃及的亚历山大城工作，并在那里创作了13卷《几何原本》。《几何原本》是几何学发展史上一部划时代的作品，建立了较为严密的几何体系，对后世产生了深远的影响。

黄金分割问题并非欧几里得首创，但《几何原本》却是第一部流传至今的首次提到黄金分割的著作。因此，很多人认为欧几里得才是真正意义上最早发现黄金分割的人。

无处不在的黄金分割

所谓黄金分割，是指将整体一分为二后，较大部分与整体的比值等于较小部分与较大部分的比值，这个比

值为 1 ：0.618。正因为这种比例在造型上比较悦目，才得名“黄金分割”。

黄金分割长期统治着西方的建筑美学，著名的帕特农神庙的宽与高的比例就接近黄金分割比。此外，人的身高和肚脐的高度比、肚脐高度和膝盖高度之比也接近黄金分割比。

建筑、设计、绘画、摄影、数学等方面都可以用到黄金律，它能够提升人们的视觉兴趣。黄金律甚至还被运用到音乐、科技、生物学等领域。当然，也不必将黄金律运用在所有艺术作品中，否则会让人感到单调乏味。

趣味大发现

意大利画家达·芬奇的名作《维特鲁威人》《蒙娜丽莎》《最后的晚餐》等都运用了黄金律。中国的国旗五星红旗也运用了黄金律：五角星的每条边，都恰好被与之相交的另外两条边黄金分割。

最先创立微积分的人

微积分是高等数学中研究函数的微分、积分及其有关概念和应用的数学分支。微积分的出现使数学研究进入空前繁荣的时期，对后世影响极为深远。那么，谁是最先创立微积分的人呢？说起来还有一段争论很久的公案。

天才间的争夺

有关微积分的思想早在古希腊时期就产生了，到了17 世纪，很多数学家开始探索微积分问题，而微积分的创立者通常被认为是英国物理学家、数学家艾萨克·牛顿（1643—1727）和德国哲学家、数学家莱布尼茨（1646—1716）。

牛顿出生于英国林肯

郡的一个村庄中，曾在剑桥大学学习，并成为母校的教授，还被吸纳为皇家学会会员。后来，他又被选为皇家学会会长，兼任皇家铸币厂的厂长，还被当时的安妮女王封为爵士。牛顿是人类历史上最有影响力的科学家之一，他提出了万有引力定律和三大运动定律，被誉为“近代物理学之父”。

莱布尼茨出生于德国东部的莱比锡市，父亲是莱比锡大学的教授。莱布尼茨 14 岁就进入莱比锡大学攻读法律，后来成为一名律师。由于职业原因，他奔波于德国各城镇，他在哲学和数学方面的很多成就都是在颠簸的

马车上完成的。莱布尼茨晚年曾任柏林科学院院长，并为汉诺威公爵（后来的英国国王乔治一世）服务。莱布尼茨除了创立微积分，还完善了二进制，他的乐观主义哲学和形式逻辑学说都有较大的影响。

在 1687 年以前，牛顿并没有正式发表过有关微积分的论文，但是他很久之前就曾把自己有关微积分的一些研究结果拿给朋友看，这些朋友中恰巧也有与莱布尼茨有来往的。1684 年，莱布尼茨发表了目前已知的世界上最早的微积分文献。牛顿得知后，认为莱布尼茨剽窃了自己的研究成果。莱布尼茨自然不甘示弱，双方进行了长期的互相指责和攻击，甚至使得英国和欧洲大陆的数学交流都停止了。

尘埃落定

有相当多的证据证明，莱布尼茨并不是剽窃者，他和牛顿是各自独立创立微积分的。而且，莱布尼茨创设

的微积分符号远远优于牛顿的符号，并沿用至今。而坚定崇拜牛顿的英国数学界拒绝使用莱布尼茨的符号，使得英国的数学研究未能跟上数学发展的时代潮流。

如今的数学界将创立微积分归功于牛顿和莱布尼茨两个人，微积分的基本定理被命名为牛顿－莱布尼茨公式。

趣味大发现

牛顿和莱布尼茨为争夺微积分创立权产生了激烈的争论，但这并不妨碍他们对对方的欣赏。争论产生后，莱布尼茨曾公开表示“在从世界开始到牛顿生活的时代的全部数学中，牛顿的工作超过了一半”。牛顿则称莱布尼茨为“最杰出的几何学家”。

发现化学元素最多的人

我们知道，人类目前已知的化学元素（包括人工合成的元素）已经达到上百种了。每一种新元素的发现，都包含着一名或多名科学家的心血，甚至是毕生精力。其中，英国化学家戴维发现了7种新元素，是发现化学元素最多的人。

天才化学家

汉弗里·戴维（1778—1829）出生于英国康沃尔郡彭赞斯城附近的一个乡村，父亲是个木器雕刻匠。戴维青年时代在药房当过学徒，对化学实验产生了浓厚的兴趣，并自学了大量化学知识。1799年，戴维发现少量的一氧化二氮（又名笑气），

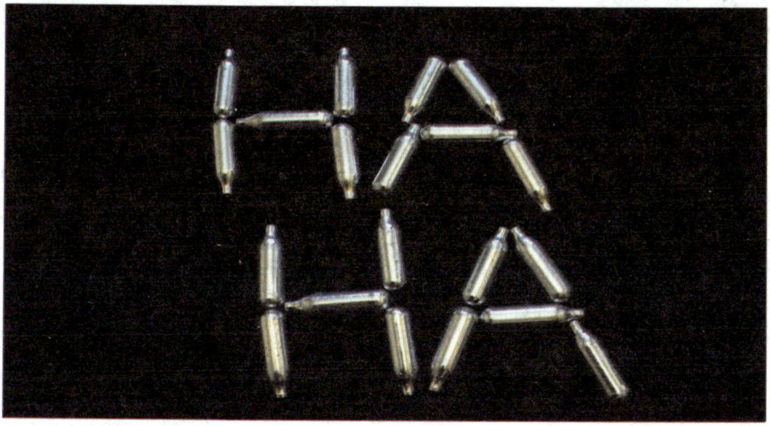

可以充当外科手术中的麻醉剂。这一惊人发现，让年仅21岁的戴维声名鹊起。

1801年，戴维被皇家化学学院聘为主讲，第二年就升为教授。1803年，戴维被选为英国皇家学会会员。1819年，戴维被封为男爵，次年被选为皇家学会会长。

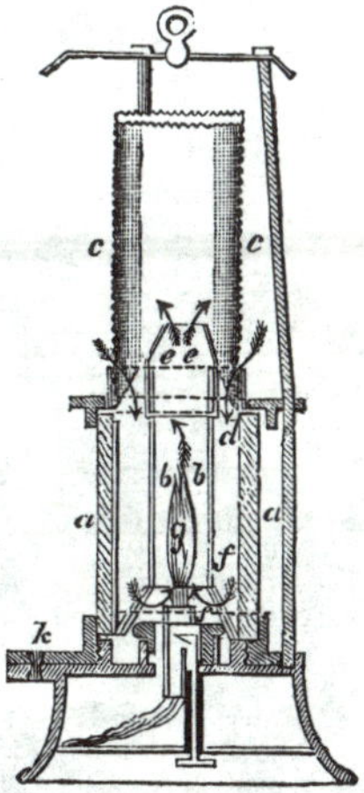

戴维的科学成就中，以电化学的研究最为突出。此外，他还发明了矿工所用的安全灯，并为了人道主义而放弃了专利，深受后人敬佩。

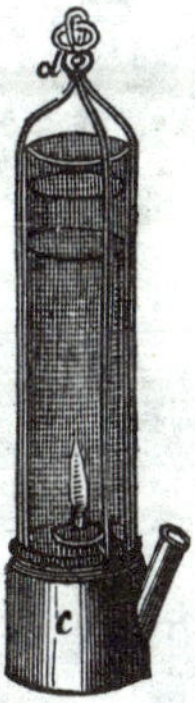

新元素的发现

1800年，意大利物理学家伏打发明了将化学能转化为电能的伏打电堆，人类第一次制造出可以产生稳定、持续电流的装置。戴维敏锐地意识到电流与化合物相互作用，有可能将物质分解为元素，于是开始认真研究各种物质的电解作用。

1807年，戴维组装了一个特大电池，选择木灰（即氢氧化钾，俗称苛性钾）进行实验。经过电解，戴维发现了一种新元素，那就是钾。这次实验的成功让戴维信心倍增，于是他用同样的方法电解了苏打，又获得了一种新的金属元素——钠。这两种元素是戴维在六个星期

的紧张实验中发现的，他还因过度劳累而病倒了。

从 1808 年 3 月起，戴维又开始对石灰、苦土（氧化镁）等进行电解，陆续发现了钡、镁、钙和锶。同年，戴维用强还原性的钾制取了硼。

在很短的时间里，戴维用电化学实验发现了 7 种新元素，让人惊叹。

趣味大发现

1813 年，戴维将一个贫穷的订书工聘为自己的助手，影响了人类的历史进程，因为这个订书工就是大名鼎鼎的法拉第。虽然戴维在晚年因忌妒法拉第的成就而打压他，但如果不是戴维对法拉第的培养，法拉第也不可能取得后来的伟大成就，这一点是不容抹杀的。

最早发现电磁感应的人

电磁感应定律的发现打开了电气时代的大门，改变了人类的文明进程。最早发现电磁感应的人，就是英国科学家法拉第。

艰难的成才之路

迈克尔·法拉第（1791—1867），出生于英国萨里郡纽因顿的一个贫穷的家庭，父亲是一名铁匠。父亲勉强供法拉第读了两年小学后，就不得不让他辍学，去当了一名报童，随即又到一名书商兼订书匠的家里当学徒。

在书商家里当学徒时，法

拉第得以阅读大量书籍，尤其是科学方面的书籍，并对电学产生了浓厚的兴趣。他利用废旧物品制作静电起电机，并进行各种简单的化学和物理实验。

法拉第的好学感动了书商的一名老主顾，这名老主顾设法帮助法拉第听了著名化学家汉弗里·戴维的演讲。法拉第鼓起勇气给戴维写信，表达自己献身科学事业的决心。戴维很欣赏这个好学且有才干的年轻人，于是邀请法拉第到皇家学院当自己的实验助手。此后，法拉第就一直在这里工作，直到晚年退休。

在戴维的指导下，法拉第开始独立进行研究工作，取得了几项化学研究成果。1824 年，法拉第成为英国皇家学会会员。

重大发现

从19世纪20年代开始，一大批杰出的科学家纷纷致力于电磁现象的研究，尤其注重研究用各种磁场来产生电流，可是都一无所获。法拉第也在进行相关研究，但由于戴维的有意阻挠，法拉第的科学研究曾在数年内毫无进展。戴维去世后，法拉第终于得以全力进行研究。

1831年，法拉第发现了电磁感应。此前虽然经历了无数次失败，但法拉第始终坚信：既然电流中可以产生磁场，那么磁场中也很可能会产生电流。于是，他把绝缘导线缠在一个粗铁环上，环内能够产生磁场，环上还有用于探测的线圈，与一个电流计连接着。经过反复实

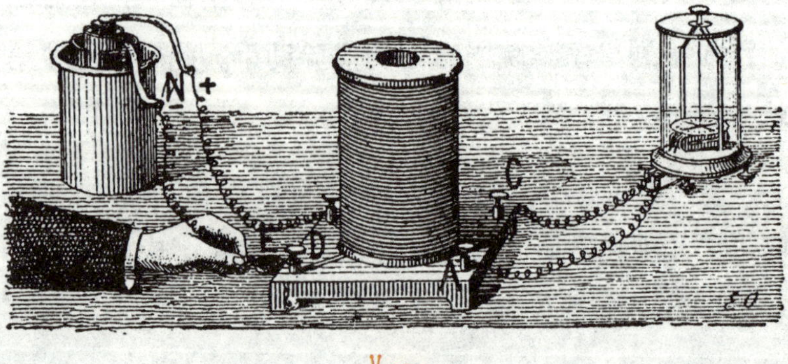

验，法拉第终于证实：当通过闭合回路面的磁通量发生变化时，就会产生电动势。这就是有着划时代意义的电磁感应实验。

电磁感应的发现使得人类在利用电能方面有了新的认识，加速了电气时代的到来。

趣味大发现

法拉第并没有接受过系统的数学训练，因此他虽然发现了电磁感应，但无法用严谨的理论展现出来，所以并没有立即产生应有的反响。1873 年，英国物理学家麦克斯韦（1831—1879）出版了杰作《电磁学通论》，电磁学理论的科学体系终于得以构筑起来。

最早看见微生物的人

除了人类能用肉眼看到的宏观世界，地球上还有微观世界。在那里，无数形态各异的微生物在以自己的方式活着。最早看到微生物的人，是荷兰生物学家列文虎克。

显微镜的改进者

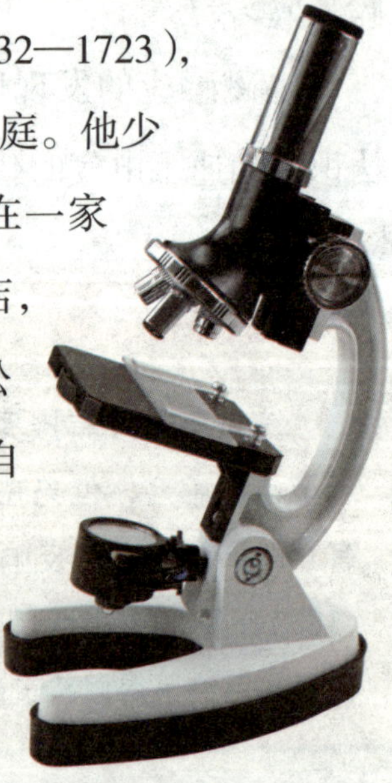

安东尼·范·列文虎克（1632—1723），出生于荷兰代夫尔特的一个商人家庭。他少年时期没有受过正规的教育，曾在一家布店当学徒，后来开了自己的布店，中年以后从事收入颇丰且工作轻松的市政事务工作，开始专心从事自己喜爱的事业——磨透镜。

列文虎克非常勤奋，且极有天赋，因此他磨出的透镜达到空前的放大倍率。他一生磨制了数百个透镜，还改进出上百种显微镜，一些他改进过的显微镜样式至今还在使用。

打开微观世界的大门

除了磨透镜，列文虎克还有一个爱好：用自制的显微镜观察各种物品。他观察过矿物、植物、动物等。大约在 1673 年，他看到了非常微小的“动物”，给它们画了图，还试图测算这些“动物”的大小。

由于缺乏科学训练，列文虎克无法将自己的惊人发现精准地描述出来，并将其上升为理论。于是，他将自己的发现寄给英国皇家学会，并在信中说“一个粗糙的沙粒中，就有 100 万只这样的小动物；一滴水中，就有

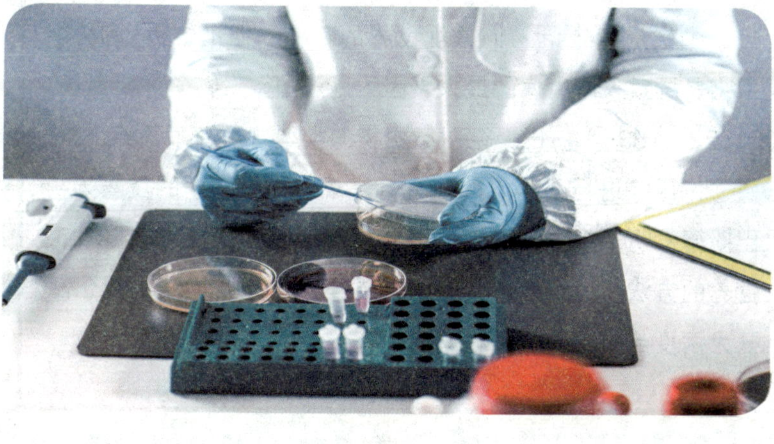

270多万个狄尔肯（这是列文虎克为微生物取的名字，意为'细小活泼的物体'）”。科学家们万分惊奇，几经周折，他们找到了质量较好的显微镜，证实了列文虎克的发现。

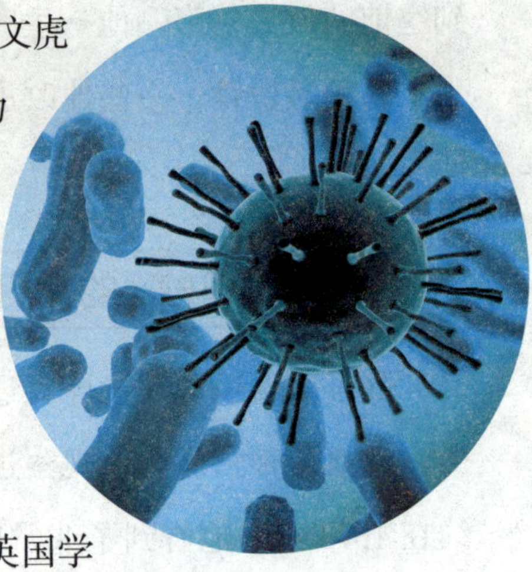

微生物的发现轰动了英国学术界，微观世界的大门也就此对人类敞开。为此，中学都没读完的列文虎克被吸纳为英国皇家学会会员，并受到英国女王的接见。

趣味大发现

列文虎克告诉人们微观世界的存在，但是告诉人们微生物是导致人体生病的最大原因的是法国微生物学家巴斯德（1822—1895）。巴斯德对微生物的类型、习性、营养、繁殖、作用等进行了深入的研究，是近代微生物学的奠基人。巴斯德发明了用低温杀灭牛奶中的细菌而又不影响其风味和营养的方法，这就是著名的巴氏消毒法。此外，巴斯德还是狂犬病疫苗的发明者。

最早发现基因的人

如今，人们已经普遍接受遗传的观点。而在 19 世纪，奥地利遗传学家孟德尔提出遗传单位（即基因）的概念时，却遭受了很长时间的冷遇，直到他去世后这个石破天惊的伟大发现才渐渐受到认可。

早期经历

格雷戈尔·孟德尔（1822—1884），出生于奥地利帝国西里西亚（今属捷克）的一个贫苦的农民家庭。他天资聪颖，学习成绩一直名列前茅。但是，由于家境贫困，他需要节衣缩食，常因营养不良而生病，严重时必须休学在家养病。

尽管如此，他还是考上了短期大学，并在一位教授的推荐下进入一所修道院担任见习牧师。后来，修道院还推荐他到维也纳大学进修。

在大学里，孟德尔学习了自然科学和数学，培养出了出色的研究能力。完成学业后，孟德尔一边从事牧师工作，一边在修道院所在地的一所学校任教，并积极进行遗传学方面的实验和研究。

著名的豌豆实验

从维也纳大学回到修道院不久，孟德尔就开始了长达 8 年的豌豆实验。他选了 20 多种豌豆的种

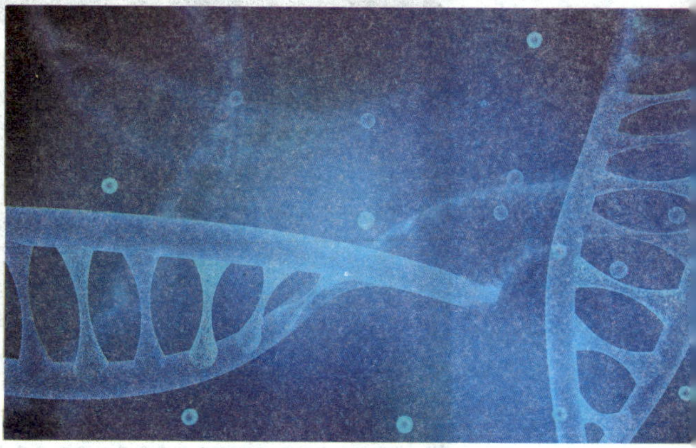

子，在修道院旁边开辟出一块地，开始种植这些豌豆。对于不同性状、不同代的豌豆的种种特征，他都进行了细致入微的观察和分析。这种严谨的实验需要极大的耐心，孟德尔将这些豌豆当作儿女来看待，倾注了大量的心血。

经过长期研究，孟德尔终于总结出了两条生物遗传的基本规律，就是后人所说的“孟德尔第一定律（即基因分离定律）”和“孟德尔第二定律（即自由组合定律）”。

长期被埋没

孟德尔发表了自己的研究成果后，并没有得到应有的重视。原因是他的观点太过超前，当时的生物界一时难以接受。但是，孟德尔对自己的划时代理论充满信心，他曾对友人说：“等着瞧吧，我的时代来到了。”遗憾的是，孟德尔生前并没有等到属于自己的时代的来临。中

年以后，他升任修道院院长，繁忙的工作使他无奈放弃了科学研究，直到积劳成疾而病逝。

孟德尔去世10余年后的1900年，多国生物学家终于“重新发现”了孟德尔的遗传定律，这一情况引起了巨大的反响，这一年也被称为生物科学史上划时代的一年，遗传学正式进入“孟德尔时代”。

趣味大发现

孟德尔总结出了遗传学的两条基本定律：基因分离定律与自由组合定律。后来，美国生物学家托马斯·摩尔根（1866—1945）又总结出基因的连锁和交换定律，遗传学的三大基本定律至此固定下来。

最早发现青霉素的人

青霉素又称盘尼西林，是 20 世纪人类最伟大的发明之一。它挽救了亿万人的生命，并开启了人类合成新药的时代。最早发现青霉素的人是英国细菌学家弗莱明。

前线的经历

亚历山大·弗莱明（1881—1955），出生于苏格兰，长大后考入了伦敦大学圣玛丽医学院，毕业后在母校的

研究室工作。第一次世界大战期间，弗莱明曾跟随老师赖特博士去前线研究致病细菌，为受伤的战士们治疗伤口感染。

在法国的一家野战医院内，弗莱明发现死在医院里的战士比牺牲在战场上的还多，他们绝大多数都是因为伤口感染去世的。弗莱明知道，这都是葡萄球菌惹的祸。于是，他想方设法寻找能够大量杀死葡萄球菌，又对人体组织无害的物质。

意外的发现

直到 1928 年，弗莱明还在实验室中不辞辛劳地研究着葡萄球菌。他在几十个培养皿里接种葡萄球菌，耐心

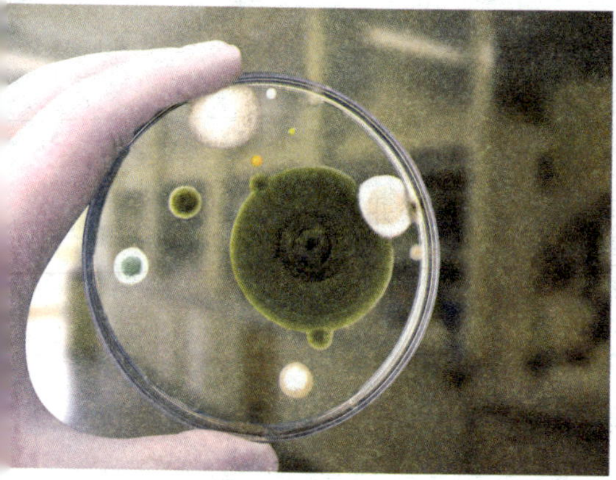

研究影响其变异的种种条件。每天他都会打开一个个培养皿的盖子，取出一点细菌菌落涂在载玻片上，用显微镜观察其形态。而在他打开培养皿的瞬间，空气中飘浮的细菌或霉菌就会趁机落到培养皿中，吸收其中的养料迅速生长繁殖，进而对正常的实验产生很大的干扰。一旦出现这种情况，往往只能重新培养细菌，所以科学家们最讨厌这些不速之客。

一个初夏的早晨，弗莱明又看到一个被污染的培养皿。他原本很生气，但无意间对这些青绿色的霉菌菌落进行观察时，却发现菌落周围原来成片生长着的葡萄球菌竟然全部死亡了。弗莱明意识到，这些青霉菌一定能够分泌某种杀菌物质。于是，他全力研究青霉菌的杀菌能力，结果发现其杀菌能力极为强大，而且不会对实验用的豚鼠造成任何危害。

伟大意义

1929 年，弗莱明将自己的发现发表了，但是并没有立即引起重视。后来，英国病理学家弗洛里、德国生物化学家钱恩先后对青霉菌进行研究、提纯，终于让青霉素成为一种可以批量生产的具有强大杀菌作用的药物，并迅速得到应用。为了表彰这一造福人类的贡献，弗莱明、钱恩、弗洛里于 1945 年共同获得诺贝尔生理学或医学奖。

在第二次世界大战期间，青霉素拯救了无数士兵的生命，被誉为“第二次世界大战中最伟大的发明”。根据学者估算，青霉素的发现至少能使人类的平均寿命提高 10 岁！

趣味大发现

青霉素是一种比较容易导致过敏的抗生素，可能出现皮疹、荨麻疹、发热、哮喘、过敏性休克等症状，严重的甚至会导致死亡。所以，使用青霉素之前应当进行皮试。此外，长期使用青霉素会使身体出现耐药性。

第一个环球旅行的人

在古代，尽管很早就有有识之士意识到地球是圆的，但绝大多数人还是认为地球是平的。麦哲伦进行第一次环球旅行之后，终于以无可辩驳的证据证实了地球是圆的。

航行前的准备

斐迪南·麦哲伦（约 1480—1521），出生于葡萄牙一个没落的骑士家庭，年轻时曾参加葡萄牙驻印度总督的远征队，积累了丰富的航海经验。他在东南亚参加殖民战争时，猜测大海以东就是美洲，并坚信地球是圆的，从而产生了环球旅行的念头。

回到葡萄牙后，麦哲伦就向葡萄牙国王申请组织船队进行环球旅行，

但没有得到批准。于是他来到西班牙，西班牙国王查理一世同意了他的航海请求。

1519 年 9 月，麦哲伦组织了以 5 艘船、200 多名船员组成的船队，从西班牙塞维利亚港出发，开始了这段艰难的旅程。

艰难的旅程

船队越过大西洋后，沿着南美洲的东海岸南下，次年在阿根廷南部过冬。随后，船队通过了火地岛与美洲大陆间的海峡（也就是后来的麦哲伦海峡），进入了太平洋。太平洋当时被称为“大南海”，因麦哲伦船队在这里没有遇到暴风雨和巨浪的袭击而被命名为“太平洋”。但是，在这段漫长的看不见陆地的日子里，船队无法补充新鲜食物，特别是水果和蔬菜，很多船员被可怕的坏

血病（即维生素 C 缺乏症）夺去了生命。

1521 年 3 月 16 日，麦哲伦率船队到达菲律宾，他欣喜若狂地发现自己已经实现了从西方绕到东方的理想。为了在菲律宾推行殖民主义统治，麦哲伦介入了当地小岛首领之间的内讧。在 4 月 27 日的一次战斗中，麦哲伦和一些船员被当地居民杀死。麦哲伦的助手埃里·卡诺率领剩下的船员继续沿着葡萄牙人熟悉的航路绕过好望角，在 1522 年 9 月 8 日回到了塞维利亚港。此时，5 艘船只剩下了 1 艘，船员只剩下 18 人。

重大意义

麦哲伦虽然在航行的最后时刻客死他乡，但他依然被视为人类历史上首次完成环球航行的航海家。这次航行用时 3 年，总航程超过 60000 千米。麦哲伦船队付出巨大的代价，证明了地球是圆的，全球各地的海洋是连为一体的。自此之后，“地圆说”和“地平说”的争论彻底落下了帷幕，麦哲伦也被誉为“第一个拥抱地球的人”。

趣味大发现

麦哲伦的环球航行堪称开天辟地的创举，不过他也是在前人的足印上完成这一创举的。1513 年，西班牙航海家巴尔沃亚穿过巴拿马地峡，在地峡的另一边望见了一片汪洋，就把那里称为“大南海”，实际上他看到的是太平洋。因此，他成为第一个横穿美洲大陆到达太平洋东岸的欧洲人，为麦哲伦的环球航行提供了依据。

最早到达两极的人

在想象中的地球自转轴的两端，有两个不动的点，那就是南极和北极。人类航海条件较差时，根本无法到达两极。20 世纪初，欧美探险家终于到达了两极。

踏上北极点

北极的主体是一片浩瀚的冰封海洋，从大航海时代开始，不断有欧洲探险家进行北极航行，无数人因此丧生。到了 19 世纪末，很多航海家都试图到达北极点，最后摘得“第一个踏上北极点的人”桂冠的是美国探险家罗伯特·皮尔里。

1909 年 3 月 1 日，皮尔里率领考察队从加拿大埃尔斯米尔岛的哥伦比亚海角出发，向北极进发。实际上，此前皮尔里已经多次冲击北极点了，但均因各种困难而失败，他还曾被极地严寒冻伤，失去了 8 根脚趾。这一次，他带上自己的朋友马修·汉森和 4 名因纽特人，乘

着由 40 余条狗拉着的雪橇向北极点进发，此外还有补给队给他们运送数吨物资。经过 30 多天的艰难行进，考察队终于越过漫长的冰原，在 4 月 6 日上午 10 时到达北纬 90°，即北极点。

皮尔里宣称自己首先踏上了北极点，但也有人认为第一个踏上北极点的应该是马修·汉森。此外，另一位美国探险家弗雷德里克·库克还提出自己早在 1908 年 4 月就到达北极点了。两人经过长期辩论，皮尔里占了上风，1911 年，美国国会认定皮尔里是第一个踏上北极点的人。然而，二人的宣称都未被广泛认可，争议到今天依然存在。

传奇的南极点竞赛

1910 年，英国探险家罗伯特·斯科特率队开始冲击南极点的旅程。途中，他听说挪威探险家罗阿尔德·阿蒙森的南极考察队也出发了，便开始争分夺秒地向南极挺进。1912 年 1 月 17 日，斯科特一行人终于到达南极点，却发现挪威国旗已经在那里飘扬了，旗上的便条上写着阿蒙森已经在 1911 年 12 月 14 日到达这里了。斯科特等人在返回补给点的途中不幸遇难，人们在斯科特的日记中得知了这一切。

趣味大发现

南极和北极，到底哪里更冷？答案是南极。南极在暖季气温为 −35 ℃至 −20 ℃，极端最低气温曾达到 −89.2 ℃，而且常年刮大风，是世界上最冷、风力最大的陆地；北极在暖季气温会上升到冰点以上，世界气象组织甚至在北极地区测到过 38 ℃的高温。可见，北极的温度比南极高多了。

第一个登上珠穆朗玛峰的人

珠穆朗玛峰是世界第一高峰，海拔 8848.86 米（2020 年数据）。征服这座高峰，是所有登山爱好者的终极梦想。最先实现这一梦想的，是新西兰登山家埃德蒙·希拉里。

征服世界之巅

埃德蒙·希拉里（1919—2008），出生于新西兰最大城市奥克兰的一个普通家庭。少年时代的他就喜欢登山运动。后来，他成为新西兰皇家空军的导航员，退役后重拾自己的爱好，加入登山俱乐部，不断练习攀岩和攀冰。

1951年，希拉里跟随远征珠穆朗玛峰的新西兰登山队来到了尼泊尔。在此之前，人类已经10余次向这个世界之巅发起挑战，均以失败告终。这支新西兰登山队也失败了，但提升了希拉里对珠峰的认识。

1953年，希拉里加入一支英国登山队，队员们分批从珠峰南坡向峰顶发起冲击。为了这次挑战，登山队做了充分的准备，但多数人还是因高寒、缺氧等问题坚持不下去而停下来休息，甚至退出了。5月29日，希拉里和他的向导——尼泊尔登山家丹增·诺尔盖在海拔8500米的营地里饱餐一顿，开始向峰顶进发。他们跟跪着越过冰层、爬过岩壁，终于在上午 10 时 30 分站上了峰顶。

两人在峰顶上待了 15 分钟，希拉里还为诺尔盖拍了一张照片。三天之后，英国女王向全世界宣布了这个消息，希拉里被女王封为爵士，诺尔盖则被授予乔治勋章。

无畏的探险家

在此后的岁月里，希拉里还攀登了喜马拉雅山脉的许多其他著名山峰，每一座山峰的海拔都在 6000 米以上。1958 年，希拉里又驾驶拖拉机通过陆路穿越了南极洲。1977 年，他驾驶汽艇沿恒河到达该河在喜马拉雅山脉上的源头。这一切都让希拉里成为 20 世纪最伟大的探险家

之一。

此外，希拉里也没有忘记给自己带来巨大声誉的尼泊尔。他晚年致力于为尼泊尔人民建学校、办医院、修桥梁等。希拉里的儿子也成了登山家，曾两次登上珠峰。

趣味大发现

1960 年 5 月 25 日，中国登山队的王富洲、贡布、屈银华首次从北坡登上珠穆朗玛峰峰顶；1975 年 5 月 16 日，日本登山队的田部井淳子从南坡踏上珠峰峰顶，成为第一个征服世界之巅的女性；同年 5 月 27 日，中国女子登山队的潘多成为第一个从北坡登上珠峰峰顶的女性。

第一个进入太空的人

人类对太空的好奇自远古时代就开始了，而人类第一次进入太空是在1961年，第一个进入太空的人是苏联航天员尤里·加加林。

背景介绍

第二次世界大战结束后，美国和苏联这两个超级大国形成两大阵营，开始在各个方面进行争霸，太空也成为两国的战场。

1957年10月4日，苏联成功发射了第一颗人造地球卫星，人类正式拉开探索太空的大幕。美国不甘示弱，随即发射了人造卫星

“探险者 1 号”，并成立国家航空航天局（NASA），致力于与苏联展开太空竞赛。

1961 年，苏联再次在太空竞赛中占得先机：人类第一位航天员加加林被送上了太空。这个史无前例的成就，在人类探索太空的历史上画下浓墨重彩的一笔。

“太空第一人”

尤里·加加林（1934—1968），出生于莫斯科西部的格扎茨克区，父亲是砌砖工，母亲是挤奶工。中学毕业后，加加林接受了成为冶金工人的训练，但是他热爱飞行，于是考入奥伦堡航空军事学校。随后，他正式参军，成为一名歼击机飞行员。

1959年，苏联开始选拔第一位航天员，加加林在3000多名报名者中脱颖而出，成为20名入选者中的一员，到莫斯科接受培训。苏联第一艘航天飞船的设计者科罗廖夫（他同时也是第一个月球探测器、第一个金星探测器、第一个火星探测器和第一次太空行走等工程的主持者）认为加加林有着“天生的勇敢，善于分析、吃苦耐劳和谦虚谨慎”等优点，选拔加加林为第一个进入太空的人。

英雄不白头

1961年4月12日上午，一枚重型火箭起飞，火箭顶端是一个球形容器，这个容器就是“东方1号”飞船。加加林身穿90千克重的橘红色太空服躺在飞船座椅上。此后的108分钟，飞船在轨道上绕地球一周，随后安全返回。

在完成第一次载人宇宙飞行的过程中，加加林没有受到任何伤

害，向世人证明人体完全能胜任火箭起飞时的超重负载，也能适应宇宙飞行中的失重环境。随后，加加林的照片几乎出现在全世界所有的报纸上，他还被授予“苏联英雄”的称号。

在 1968 年 3 月的一次例行训练飞行中，加加林和飞行教练乘坐的教练机意外坠毁，两人不幸身亡，当时的加加林年仅 34 岁。为表彰加加林的突出贡献，苏联在莫斯科繁华的列宁大街上建立了一座高 42.5 米的加加林纪念碑，碑顶是加加林的塑像。

趣味大发现

1965 年 3 月 18 日，苏联航天员阿列克谢·列昂诺夫在“上升 2 号”飞船飞行期间，穿好航天服、背上氧气筒，经过飞船一端的一个气闸室走出船舱，进入宇宙空间，开始了人类第一次太空行走。在 12 分钟的时间里，他被一根缆索拴着，飘在太空中，他的生理测量数据则被发回了地球。

第一个踏上月球的人

月球是地球唯一的天然卫星，在古人眼中，它是美丽而神秘的象征。美苏太空竞赛期间，月球也成为两个大国的战场，这次获胜的是美国，美国航天员尼尔·阿姆斯特朗成为第一个踏上月球的人。

阿波罗计划

1961 年，苏联成功将加加林送入太空。在此之前，苏联就已经发射了人类第一个月球探测器，苏联的第二个月球探测器还实现了在月球表面的硬着陆。受到刺激的美国唯恐苏联在载人登月上再次占据先机，于是在 1961 年开始实施阿波罗计划，任务是

实现载人登月飞行和对月球进行实地考察，而且为载人行星飞行和探测进行技术准备。

阿波罗计划开始后，进行了多次无人探测飞行和载人绕地飞行实验。1969年7月16日，“土星5号”火箭运载着“阿波罗11号”飞船升空，飞船上共有3名航天员。飞船进入环月轨道后，尼尔·阿姆斯特朗和巴兹·奥尔德林进入登月舱，与飞船分离，在月面实现了软着陆。接着，阿姆斯特朗成为第一个踏上月球的人。

“人类的一大步”

尼尔·阿姆斯特朗（1930—2012），出生于俄亥俄州沃帕科内塔的一个公务员家庭。他曾在普渡大学求学，期间曾在海军服役，后来获得南加州大学航空工程学硕士学位。朝鲜战争期间，阿姆斯特朗曾担任战斗机驾驶员，战争结束后当了一名试飞员。1962年，阿姆斯特朗通过申请，成为一名航天员。1965年，他成功执行了“双子星8号”飞船和“阿金纳”火箭的太空对接任务，这是人类历史上第一次太空对接。

1968年12月，阿姆斯特朗被任命为“阿波罗11号”飞船的指令长。1969年7月20日，“阿波罗11号”飞船的登月舱在月球表面着陆。由于登月舱的设计，使得阿姆斯特朗幸运地比登月舱飞行员奥尔德林先出舱门，成为第一个踏上月球的人。

在月球留下人类第一个脚印之后，阿姆斯特朗说出了一句盛传已久的名言：“这是（一）个人的一小步，却

是人类的一大步。”

随后两个多小时中，阿姆斯特朗和奥尔德林采集了约 22 千克月壤和月球岩石样本。7 月 24 日，“阿波罗 11 号”飞船成功返回地球。

这次轰动世界的登月飞行给了美国人极大的信心，此后又有 7 艘美国飞船飞赴月球，除“阿波罗 13 号”飞船之外都取得了成功，又有 10 位航天员踏上月球表面，进行了一系列科学活动。

趣味大发现

2019 年 1 月 3 日上午，中国的“嫦娥 4 号”探测器在月球背面软着陆，传回了世界第一张近距离拍摄的月背影像图。这是人类探测器首次在月球背面软着陆，月背的神秘面纱逐渐被揭开。

第一张黑洞照片

宇宙中有很多质量非常大、体积和密度无限小的奇特天体，任何物质靠近这些天体都会被吸进去，就连光也是如此。这些宇宙中的“无底洞”被称为“黑洞”。2019 年，人类终于得到了第一张黑洞照片。

黑洞发现史

1916 年，德国天文学家卡尔·史瓦西根据爱因斯坦的广义相对论，描述了一个神秘的天体，这个天体有无

与伦比的引力，在其影响范围内连光都无法逃脱。1969年，美国物理学家惠勒将这个天体命名为“黑洞”。

1974年，英国物理学家斯蒂芬·霍金发现黑洞可以通过吸积物质使自身质量增加，同时还在不断发出辐射，且黑洞的质量会因为辐射而渐渐变小，并在一场大爆炸中消失。这一发现是黑洞研究史上的里程碑。

黑洞是怎么来的

目前天文学家普遍认为，黑洞是由恒星演变而来的。当一颗巨大的恒星的能量消耗殆尽时，其核心就会在自身重力作用下不断收缩、坍陷，最终被压缩成一个密实的星体。由于其质量太过惊人，产生的引力会将任何靠近它的物体吸进去，一个黑洞就这样诞生了。科学家相信大多数星系的中心都有黑洞，包括我们身处其中的银河系。

黑洞“显形”

2019年4月10日，全球多国科研人员（中国科学院上海天文台也参与其中）合作的“事件视界望远镜”

项目发布了第一个重大成果：第一张黑洞照片。

这个黑洞位于室女座 M87 星系的中心，距离地球约 5500 万光年，质量约为太阳的 65 亿倍。该照片的核心区域存在一个阴影，周围环绕着一个新月状的光环。2022 年 5 月 12 日，“事件视界望远镜”项目正式发布了银河系中心黑洞人马座 A^* 的照片。

趣味大发现

1970 年，美国发射的第一颗 X 射线卫星观测系统“乌胡鲁”，发现了天鹅座 X–1 星的异常电波。科学家研究后认为，这颗亮星有一个看不见的“邻居”，使它的轨道发生了改变。而这个“邻居”，就是人类最早确定的黑洞。

了不起的世界之最

文艺之最

WENYI ZHI ZUI

王旭东◎主编

SPM 南方传媒 | 广东人民出版社
·广州·

图书在版编目（CIP）数据

了不起的世界之最：全8册 / 王旭东主编．— 广州：广东人民出版社，2024.1

ISBN 978-7-218-17241-5

Ⅰ．①了…　Ⅱ．①王…　Ⅲ．①科学知识—少儿读物 Ⅳ．①Z228.1

中国国家版本馆CIP数据核字（2023）第252144号

LIAOBUQI DE SHIJIE ZHI ZUI

了不起的世界之最

王旭东　主编

出 版 人：肖风华

责任编辑：马妮璐
责任技编：吴彦斌
装帧设计：朝旭文化

出版发行：广东人民出版社
地　　址：广东省广州市越秀区大沙头四马路10号（邮政编码：510199）
电　　话：（020）85716809（总编室）
传　　真：（020）83289585
网　　址：http://www.gdpph.com
印　　刷：天津泰宇印务有限公司
开　　本：890mm×1240mm　1/32
印　　张：24　　字　　数：230千
版　　次：2024年1月第1版
印　　次：2024年1月第1次印刷
定　　价：138.00元（全8册）

如发现印装质量问题，影响阅读，请与出版社（020-85716849）联系调换。
售书热线：（020）87716172

前言

人类发展的驱动力，很大一部分来自无穷无尽的好奇心，因此人类对于未知事物有着永无止境的探索欲望。面对充满奥秘的世界，我们不禁想要知道：最高的山有多高？最大的动物是什么？最像地球的行星是哪颗？

我们在满怀疑问探索大自然的同时，不知不觉间也创造了许多难以想象的奇迹：第一盏电灯、最高的建筑、第一个进入太空的人……各种各样的“世界之最”彰显出大自然的独特魅力、历史的源远流长、宇宙的神秘莫测以及人类的无穷智慧。

为此，我们编写了《了不起的世界之最》系列丛书，按地理、动物、植物、宇宙、建筑、人类、国家、文艺八个主题，讲解一个个令人眼界大开的“世界之最”。本套丛书每册为一个主题，每篇内容紧扣每个“世界之最”的突

出特点，并设置了生动的小标题，有助于小读者快速理解相应的知识。

本套丛书注重内容的知识性与趣味性，选用大量有趣的真实事例，使用前沿数据资料，从少年儿童的认知水平以及阅读能力出发，用生动活泼的语言给小读者讲解众多新奇、罕见的科学知识，将小读者领进丰富多彩的科学世界，使小读者在开阔视野的同时收获知识，提高综合能力。

本套丛书体例编排注重各篇章间的逻辑层次和内在联系，海量的知识并非简单生硬地罗列，而是有着清晰的结构和明显的层次感；版式灵活多变，插图精美清晰、富有视觉冲击力，让知识一目了然，给小读者展示了一个个直观、真实、精彩的“世界之最”。

总而言之，本套丛书集合了诸多领域的科学知识，视角独特、内容全面、图文并茂，能够为小读者打开知识的大门，满足小读者旺盛的好奇心和强烈的求知欲，让孩子在阅读中锻炼探索能力，提高综合素养。

现在，请小读者翻开本书，去探寻那些令人大开眼界的“世界之最”、领略世界的独特魅力吧！

目录

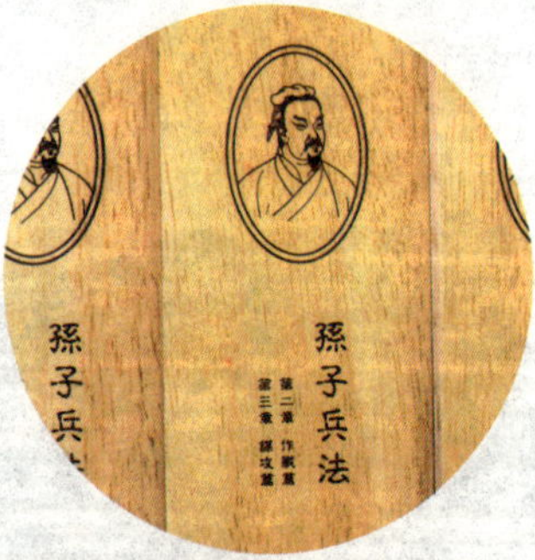
孙子兵法

世界最早的文字

文字的诞生是人类文明史上的一件大事。有人甚至断言，有了文字，人类才真正进入文明社会。目前已知世界最早的文字就是两河流域的楔形文字。

苏美尔人的创举

大约在公元前3500年，苏美尔人在两河流域的南部（大致在今伊拉克的东南部）从事农业生产，懂得了灌溉和使用金属工具。就在这里，出现了人类最早的文明——苏美尔文明。

大约在公元前3000年（一说在公元前3500年），苏美尔人创造了楔形文字。这是一种刻写在石头和泥板（泥砖）上的文字，所用的笔是削尖了

的芦苇秆或木棒、兽骨，下笔时印痕深而宽、抽笔时印痕细而窄，整体上看笔画呈楔状，或者像钉子头、箭头一样，因此被称为楔形文字。

从图画文字演变而来

早期的楔形文字属于图画文字，例如画一条鱼表示“鱼”字，画两条波浪线表示“水”字等。后来，随着社会发展，苏美尔人又开始用同一个符号来表示多个含义，例如“足”和“行走”在苏美尔语中含义相关，就统一用表示“足”的符号来表示。随后，苏美尔人又开始给文字加上一些限定性的部首符号，例如在人名前面加一个倒三角形，表示这是一个男人的名字。这样一来，楔形文字的体系就逐渐完备了，从图画文字逐渐演变为表意文字，进而可以用符号的组合来表示新的含义了。这个过程持续了上千年。

退场与重现

公元前18世纪，苏美尔人建立的王朝走向了衰亡，取而代之的是阿摩利人建立的古巴比伦王国。古巴比伦王国继承了楔形文字，并有了新的发展。著名的《汉谟拉比法典》就是古巴比伦国王汉谟拉比颁布并命人用楔形文字刻在黑色玄武岩圆柱上的，这是世界上现存的第一部比较完备的成文法典。

后来，楔形文字成为西亚很多古国之间交流时通用的文字体系。由于楔形文字复杂难写，人们不断对其进行简化，例如创造出用楔形文字书写的字母文字等。而在叙利亚的阿拉米人发明的阿拉米字母日益盛行后，楔形文字逐渐被边缘化，并在公元1世纪左右完全消亡了。

15世纪，刻着楔形文字的泥板进入欧洲人的视野，他们意识到这是一种失传了的西亚古文字。到了19世纪，楔形文字终于被破译了。直到今天，人们发现的几十万块泥板中，只有小部分得到了释读，其内容包括法律、经济等，还有不少记载神话传说的文学类泥板，最著名的自然是大名鼎鼎的《吉尔伽美什史诗》。今天人们对楔形文字的释读仍在继续，苏美尔文明和古巴比伦文明还将带给后人更多的惊喜。

趣味大发现

两河流域又称“美索不达米亚”，意思是两河之间的土地。所谓“两河”，就是今天依然流淌在阿拉伯半岛东部的底格里斯河与幼发拉底河。这两条河的下游土地肥沃，很早便发展出灌溉网络，成为人类文明的摇篮。从6000多年前开始，生活在这一带的苏美尔人、阿卡得人、阿摩利人、亚述人、迦勒底人等，创造出了辉煌的两河流域文明，影响极为深远。

使用人数最多的文字

世界上有数千种文字，得到广泛使用的却不多。其中，汉字是世界上最古老的文字之一，也是使用人数最多的文字，汉语则是使用人数最多的语言。

汉字演变

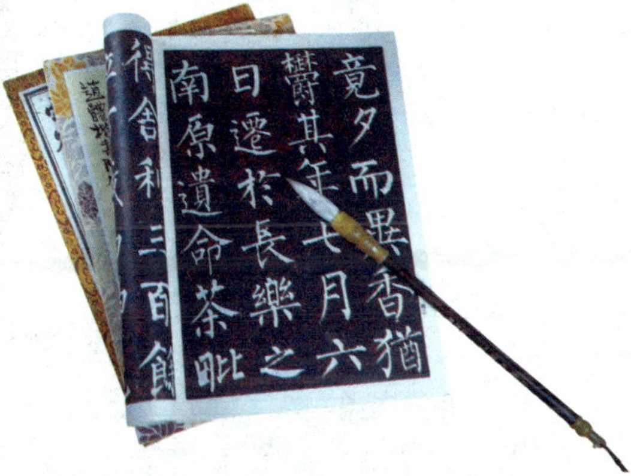

在我国的古代传说中，汉字是由一位名叫仓颉的史官独立创造出来的。这当然是不可信的，汉字是劳动人民在长期的生活实践中创造出来的，其演变也经历了漫长的过程。

根据考古发现来判断，汉字已经有了6000年左右的历史。现存最古老的可释读的文字是甲骨文。目前发现的年代最早的甲骨文是商朝晚期书写在龟甲和兽骨之上的，已具备了“象形、会意、形声、指事、转注、假借”等造字方法，是一种有着严密系统的成熟文字。同样在商朝晚期，金文也出现了，这是一种主要铸造在青铜器上的书体，在周朝成为主流。

秦始皇统一六国后，小篆成为规范文字，隶书通常被视为小篆的辅助字体，并逐渐取代了小篆的地位。接着，从隶书中演变出了通行至今的楷书与草书，又从楷书中发展出行书。楷书是现代通行的汉字手写正体字，行书、草书则与篆书、隶书乃至甲骨文、金文一起活跃在书法家的笔下。

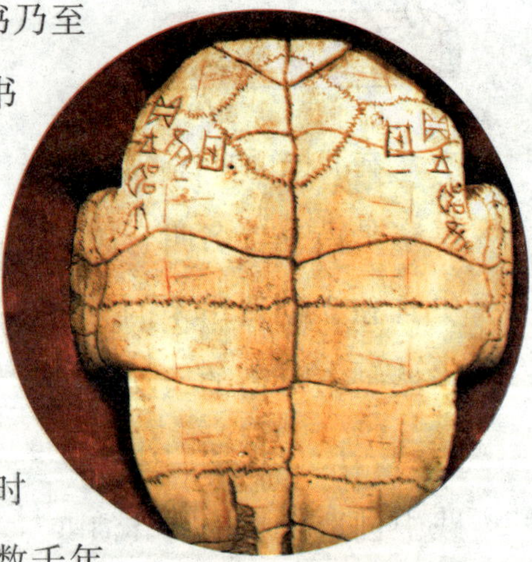

源远流长

汉字从上古时期一直传承到今天，是持续使用时间最长的文字。虽然经过数千年的时间，汉字的读音有了很大的差别，但是字形和字义却没有产生太大的变化。今天的人经过相对简单的学习，就能够读懂先秦文学家在 2000 多年前创作的文章，这在

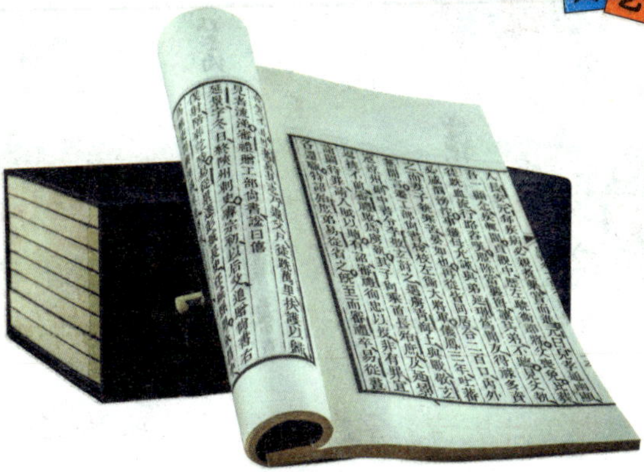

其他语言和文字中是无法想象的。

今天，全球以汉语为母语的人口大约有14亿，汉语还是联合国的工作语言之一。使用汉语的人，绝大多数也会使用汉字。汉字还对周边国家的语言和文字产生了重要影响，今天日语、韩语、越南语中还保留着大量的汉语借词、汉语书写体系文字等。

趣味大发现

汉字的数量有多少呢？遗憾的是，没人能够给出准确的答案，有人估计在十万个左右，其中常用的只有几千个。有学者统计，只要我们掌握1000个汉字，就足够日常生活所需了；掌握3000个汉字，就顺利阅读99%的书籍、报刊等资料。

世界最早的史诗

《吉尔伽美什史诗》是古代两河流域最有影响力的文学作品，这是一部长篇叙事神话史诗，共 3000 多行，用楔形文字刻在 12 块泥板上，是目前所知世界上最早的史诗。

古老的英雄史诗

传说，在两河流域南部苏美尔地区有个叫乌鲁克的城邦。那里有一位国王名叫吉尔伽美什，他三分之一是

人，三分之二是神。他总觉得在乌鲁克没有用武之地，就残酷地压迫人民，以此来宣泄心中的不满。人民忍无可忍，只得向诸神反映，祈求神的帮助。创造女神制造了半人半兽的怪物恩奇都来与吉尔伽美什对抗。

恩奇都来到乌鲁克后，与吉尔伽美什进行了激烈的搏斗，不分胜负，结果彼此惺惺相惜，成了好朋友，并决定共同治国，一起为乌鲁克人民立下不少功劳。他们先杀死了沙漠中吃人的狮子，又除掉了森林中害人的怪物芬巴巴，救下了被芬巴巴软禁的女神伊什塔尔。伊什塔尔向吉尔伽美什表达了爱慕之情，却遭到了拒绝。伊什塔尔觉得受到了侮辱，于是向她的父亲——最高天神安奴告状。安奴派力量巨大无比的天之公牛到乌鲁克城残害平民。在恩奇都的帮助下，吉尔伽美什战胜了天之公牛。

恩奇都遭到天神的报复死去了，吉尔伽美什痛苦万分，发誓要把恩奇都救活。他历尽艰辛找到了起死回生的药，却被一条蛇偷吃了。吉尔伽美什向神祈求再见恩奇都一面，于是司法之神创造了生死通道，让他和恩奇都的亡灵相见，整部史诗在恩奇都对死后世界的描述中结束了。

“世界文学奠基文本”

《吉尔伽美什史诗》原本在苏美尔人中口耳相传，到了古巴比伦王国时代，才被改编为巴比伦版本，用楔形文字刻写在泥板上。到了19世纪，英国学者发掘出这部史诗，经过整理发现该史诗共3000多行（其中有三分之一残缺了），刻写在12块泥板上。到了20世纪初，研究人员终于将这部史诗破译、译注完成，这部人类历史上已知的最古老的英雄史诗终于与世人见面了。

《吉尔伽美什史诗》歌颂了英雄对恶势力的反抗精神，情节曲折、想象丰富、扣人心弦。有的学者甚至认为，《吉尔伽美什史诗》堪称“世界文学奠基文本”。

《吉尔伽美什史诗》的史料价值同样不容忽视，古代西亚的政治、经济、文化，都在这部史诗中得到了一定的体现。

趣味大发现

世界很多古代神话与传说中都提到了大洪水，在《吉尔伽美什史诗》中，大洪水也是重要的母题，并出现了保留人和动植物的生命火种的船，与后来《圣经》中有关大洪水与诺亚方舟的记载一脉相承，因此，很多学者将《吉尔伽美什史诗》视作《圣经》的先驱。

世界最长的史诗

在“世界屋脊”青藏高原上，流传着一部波澜壮阔的英雄史诗，那就是《格萨尔王传》。在目前所知的史诗中，《格萨尔王传》是篇幅最长的一部。

“雄狮国王”的伟绩

《格萨尔王传》的内容共分为三部分。第一部分描写的是妖魔横行，生灵涂炭，天神之子投胎人间，取名觉如。觉如凭借天赐的神力和众神的帮助降妖伏魔，还要躲避奸人的陷害，在艰难困苦中不断成长。觉如 15 岁

那年，在赛马大会上夺魁，登上了岭国国王的宝座，改名格萨尔。第二部分是史诗的核心，号称“雄狮国王”的格萨尔王，率领岭国的大军南征北战、降妖伏魔，使得岭国日益强大，四方安定，百姓安居乐业。第三部分描写的是格萨尔王年老之后，眼见自己完成了使命，于是将王位传给侄子，自己重返天国。

“东方的《荷马史诗》”

《格萨尔王传》产生于11世纪，一说产生于13世纪或15世纪。作为一部卷帙浩繁的史诗，它并不是出自一人之手，而是在被称为“仲堪”（意为“精通讲故事的人”）的民间说唱艺人之间世代口耳相传，不断得到传播与加工，规模也越来越宏大，到了今天，已发掘出上百万行、数千万字，从篇幅来看，是不折不扣的世界最长的史诗。

《格萨尔王传》作为藏族人民集体创作的伟大史诗，结构宏伟、气势磅礴，塑造了一大批个性鲜明、有血有肉的角色，其中坚毅勇敢、一心为民的英雄格萨尔王尤其得到后人的推崇。《格萨尔王传》有着杰出的文学成就，被称为“东方的《荷马史诗》”。同时，它又是研究古代西藏地区阶级关系、社会历史、民族交往等的百科全书，学术价值和社会价值极高，已被列入世界非物质文化遗产名录。

趣味大发现

世界很多民族都有自己的英雄史诗，除最早的史诗《吉尔伽美什史诗》和最长的史诗《格萨尔王传》之外，还有古希腊的《荷马史诗》、印度的《摩诃婆罗多》《罗摩衍那》、英国的《贝奥武夫》、法国的《罗兰之歌》、西班牙的《熙德之歌》、德国的《尼伯龙根之歌》、俄罗斯的《伊戈尔远征记》等。

世界第一位女诗人

诗歌是人类的精神食粮，世界各国都诞生过大量的诗人，其中不乏女诗人。世界上已知的第一位女诗人，是古希腊人萨福。

“开天辟地”的女诗人

古希腊文明是西方文明的源头，那里涌现了很多杰出的诗人，例如荷马（代表作《荷马史诗》）、赫西俄德（代表作《神谱》《工作与时日》）等。大约在公元前 7 世纪，在今希腊的莱斯沃斯岛上，诞生了一位出色的女诗

人，她就是萨福。萨福不仅是古希腊诗歌的杰出代表作家之一，还是西方文明中已知的第一位女诗人。

根据目前的史料可知，萨福出身于贵族家庭，她个子矮小、面貌丑陋（也有研究者认为这是后世对她的恶意丑化），从小受喜爱诗歌的父亲的影响，也爱上了诗歌。她有着过人的才华，少年时期就创作出诸多优秀的诗歌。成年后，萨福与一位贵族结婚，还生了一个女儿。但是她很快对家庭生活产生厌倦，于是离开丈夫去了西西里岛，后来又回到故乡，建立女子学校，教女孩子们学习诗歌。有人说，萨福在一次失恋后跳崖自尽了，但也有人认为她是在家乡寿终正寝的。

“第十位缪斯”

萨福的诗以抒情诗为主，很多诗歌都对自己的学生——清纯可爱的少女们表达了赞美和怜爱之情。萨福在世时已经成为诗坛的领袖，她去世后，其诗作依然在古希腊流传不绝。她所运用的一种“三行长，一行短”的诗歌体裁，被称为“萨福体”，曾被很多欧洲诗人沿用。

相传，古希腊哲学家柏拉图曾深情地赞美萨福：“有人说共有九个缪斯——我想请他再数一数，这里有第十位：莱斯沃斯岛的萨福。”缪斯是希腊神话中的文艺女神，共有九位，柏拉图却将萨福称为“第十位缪斯”，显示出对这位诗人的崇高敬仰之情。

萨福一生写过九卷诗，流传下来的却很少。据记

载，中世纪时，教会以“伤风败俗”为由烧毁了萨福大部分诗作，今天仅存两首相对完整的诗——《给安娜多丽雅》和《美神颂》，此外还有一些残句。

趣味大发现

有人认为中国第一位女诗人是《诗经》中《载驰》一诗的作者许穆夫人，也有人认为是《悲愤诗》的作者蔡琰（字文姬）。此外，东晋的谢道韫，唐代的薛涛、鱼玄机、上官婉儿、李冶，宋代的李清照、朱淑真，近代的秋瑾等，都有出色的诗歌传世。

世界最早的寓言集

寓言是一种带有劝谕或讽刺意味的故事，结构往往很短小，却充满智慧哲理，耐人寻味，深受世人喜爱。其中，最著名的也是世界最早的寓言集是《伊索寓言》。

奴隶的杰作

相传，《伊索寓言》的作者是生活在公元前6世纪左右的古希腊奴隶伊索。但是，今天多数学者认为《伊索寓言》并非一时一人的作品，时间跨度也很大，应该是集体创作，伊索有可能是其中一位重要的作者。

有人推测，伊索是埃塞俄比亚人，出生在希腊，后来成为萨摩斯岛雅德蒙家的奴隶。传说他长得又矮又丑，但是聪明过人、见识广博、能言善辩，尤

其擅长讲故事，深受主人喜爱，被解放为自由之身。他获得自由后，来往各地，以讲故事谋生，还曾出入吕底亚国王克洛伊索斯的宫廷。伊索在晚年得罪了特尔斐人，被特尔斐人杀死。

伊索并没有写下他的寓言，他完全凭记忆口授。后来的人们将流传在民间的寓言故事，都归到这位著名的寓言家名下，后经拜占庭僧侣普拉努德斯等人的收集、整理、编订，家喻户晓的《伊索寓言》终于诞生了。

寓言文学的典范之作

《伊索寓言》收集了三四百个寓言，其形式简洁精练，语言浅显生动，内容隽永，耐人寻味。不少故事长期以来经常被后人引用，如著名的《龟兔赛跑》《狼和小羊》《农夫和蛇》《狐狸和葡萄》等。

这些寓言的主角大多是拟人化的动物，作者通过描写动物之间及人与动物之间的关系，反映当时的社会生活，表现奴隶、平民反抗压迫的斗争经验和生活教训。有的故事揭露和批判了统治者和富有者的专横霸道，对贫弱者的苦难处境寄予同情。如《狼和小羊》《狮子和野驴》，把贪婪、残暴的统治者比喻为豺狼、狮子，无情地抨击了他们的凶残本性。有的故事描写了机智的弱者战胜凶残的强者，如《狮子和狐狸》《猫与鸡》等，给被压迫者以巨大的鼓舞和有益的启迪。

《伊索寓言》中的许多作品蕴含着深刻的哲理，如《农夫和蛇》告诫人们不能怜惜像蛇一样的恶人；《猫与鸡》提醒人们要识破敌人的伪善，谨防受坏人欺骗；《狗、公鸡和狐狸》既说明了害人终将害己的道理，又包

含要善于运用智慧去战胜敌人的寓意；《农夫的儿子们》说明了团结就是力量，内讧容易被各个击破。

趣味大发现

《伊索寓言》与《克雷洛夫寓言》（代表作《大炮和风帆》《鹰与鸡》《受宠的象》等）、《拉·封丹寓言》（多为对伊索、古罗马寓言家费德鲁斯等的作品与印度寓言集《五卷书》中的故事的改编）并称“世界三大寓言”。

世界最早的军事理论著作

世界很多国家都流传着各类军事理论著作，这些著作为建军和作战等方面提出了众多行之有效的指导原则。世界军事理论史上有一部备受推崇的著作，那就是世界最早的军事理论著作——《孙子兵法》。

名将的智慧结晶

《孙子兵法》是春秋名将孙武一生智慧和心血的结晶。孙武，字长卿，后人尊称其为孙子、孙武子、“兵

圣”。孙武出生于齐国一个军事世家，是在具有军事传统文化熏陶的环境下成长的，后被吴王阖闾任命为将领，与吴国大夫伍子胥一道率吴军破楚，五战五捷，攻入楚国郢都，几乎灭亡楚国。立下旷世奇功之后，孙武急流勇退，过起了隐居生活。

根据史书记载，孙武在担任将领之前就创作出了 13 篇兵书，隐居后很可能根据自己的领兵作战经验对兵书进行了完善。孙武去世后，他的弟子对他的著作进行整理，命名为《孙子兵法》。

兵学圣典

《孙子兵法》是现存的最早形成战略思想体系的军事理论专著，总结了春秋末期及以前的战争经验，奠定

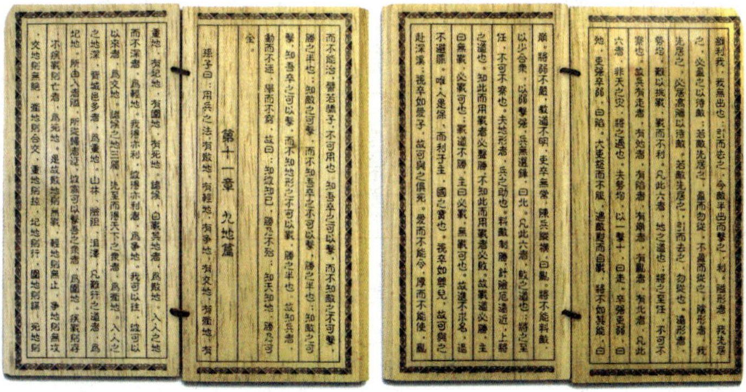

了中国古典兵学的理论基础。它自问世以来，得到了很多军事家、政治家、学者的重视。《孙子兵法》虽然只有13篇，约6000字，却被誉为“兵经”“百代谈兵之祖”。

《孙子兵法》包括“不战而屈人之兵”的全胜谋略，“威加于敌”的伐交谋略，“攻其不备、出其不意”的诡道谋略，“以迂为直、以患为利”的迂回谋略，快速突袭的速胜谋略，避实击虚的易胜谋略，“夺气攻心”的心理谋略等。这些谋略在当今社会被广泛地应用到政治、军事、经济和为人处世等方面。

世界性的影响

《孙子兵法》是我国乃至全世界流传时间最长、传播范围最广的军事著作，其影响力早已超越国界，被译为英、日、俄、法、德等语种，成为国际最著名的军事理论著作之一，在世界军事史上具有重要的地位，不少国家的军校将其当作教科书。

由于商场和战场的相似性，《孙子兵法》也被视为“商书”，精明的企业家们对此书十分关注，国外有的商学院还设立了专门研究《孙子兵法》的经济学课程。

趣味大发现

《孙子兵法》是北宋军事教科书集——“武经七书”之首。“武经七书”包括七部著名兵书，它们是：《孙子兵法》、战国名将吴起所著的《吴子兵法》、西周军事家吕尚所著的《六韬》与《司马法》、据称为汉初隐士黄石公所著的《三略》、战国名臣尉缭所著的《尉缭子》，以及唐代名将李靖所著的《李卫公问对》。

世界最早的悲剧作家

鲁迅先生说过：“悲剧将人生的有价值的东西毁灭给人看。”悲剧作为一种重要的戏剧类型，有着动人心魄的艺术魅力。古希腊悲剧作家埃斯库罗斯有“悲剧之父”之称，被视为世界最早的悲剧作家。

矛盾的诗人

埃斯库罗斯约公元前525年出生于希腊阿提卡的一个贵族家庭，公元前456年逝世于西西里岛上的杰拉城。据称，埃斯库罗斯一生写了70个剧本（一说90个），传下7部完整的悲剧：《乞援人》《波斯人》《七将攻忒拜》《被缚的普罗米修斯》《阿伽门农》《奠酒人》《复仇女神》。

埃斯库罗斯少年时经历雅典僭主希庇亚斯的暴政，青年时

看到雅典奴隶主民主制的建成。他拥护民主制度，提倡民主精神。他在《复仇女神》中称赞雅典为人民治理的城邦;《乞援人》中的借雅典王佩拉斯戈斯之口表述观点，认为重大问题必须取得人民的同意才能做出决定；在《被缚的普罗米修斯》中把宙斯描写成一个典型的专制暴虐的僭主；在《七将攻忒拜》中用攻打祖国、争夺王位的波吕涅克斯来影射曾企图借波斯入侵进行复辟的希庇亚斯。但是身为贵族，他看待当时的社会现实的眼光也不免带有傲慢与偏见。埃斯库罗斯的思想矛盾反映了雅典早期民主派的特点。

“悲剧之父”

埃斯库罗斯开始创作时，希腊悲剧尚处于早期发展阶

段，他对戏剧艺术有许多开拓性的贡献。

埃斯库罗斯注意形象的塑造，他笔下的角色很多都是意志坚强的伟大人物，他们的性格一般是固定的，不够深刻，也没有什么发展，故事情节大多比较简单。歌队在埃斯库罗斯的剧中占有重要地位，因此，剧中的抒情气氛十分浓厚。埃斯库罗斯的悲剧几乎都是三部曲，以连续发展的三个故事为题材。三部曲的创作比较困难，既要顾及每部曲本身结构的完整，又要顾及各部曲之间的联系。在埃斯库罗斯的毕生努力下，悲剧具有了完备的形式。因此，后人将他称为“悲剧之父”。

趣味大发现

埃斯库罗斯是古希腊三大悲剧作家之一，另外两位是索福克勒斯（代表作《安提戈涅》《俄狄浦斯王》）和欧里庇得斯（代表作《希波吕托斯》《美狄亚》）。三人中，埃斯库罗斯最为年长。公元前468年，年轻的索福克勒斯曾击败埃斯库罗斯，夺得戏剧节第一名。此后，索福克勒斯在戏剧节上就罕逢敌手，直到晚年被欧里庇得斯击败。

世界最早的喜剧作家

喜剧是一种靠夸张的手法、诙谐的语言和巧妙的结构引人发笑的戏剧，得到人们的广泛喜爱。目前已知最早的喜剧作家是一位古希腊作家，他就是阿里斯托芬。

“旧喜剧”代表人物

阿里斯托芬约公元前446年出生于希腊的阿提卡，此时“悲剧之父”埃斯库罗斯已经去世10年了。关于阿里斯托芬的生平，后人知之甚少。阿里斯托芬是一个小地主的儿子，他一生都是拥有少量土地的雅典自由民，大部分时间都是在雅典度过的。阿里斯托芬善于交际，性情和蔼可亲，但又以喜欢对朋友进行辛辣讽刺著称，还曾因为《巴比伦人》一剧嘲讽当权者而遭到指控。

阿里斯托芬比柏拉图年长20岁，又比苏格拉底年轻20余岁，与这两位杰出的哲学家都有交集。阿里斯托芬的早期喜剧《云》就是以苏格拉底为主要角色的，对这位哲学家极尽讽刺。据柏拉图回忆，苏格拉底在20多年后遭到审判，也与《云》有一定的关系，当然，这并非阿里斯托芬本意，但在无形中助长了雅典人对苏格拉底的不信任。柏拉图在自己的对话式作品《会饮篇》中曾将阿里斯托芬作为重要人物描写。约公元前385年，阿里斯托芬去世。

“喜剧之父”

阿里斯托芬一生写过40余部喜剧，流传下来的有11部。在阿里斯托芬之前，古希腊有无数喜剧作家，但他们的名字和作品都没有流传下来；而阿里斯托芬在世时，流行的喜剧已经开始注重更复杂的剧情和反复出现的角色，阿里斯托芬之前的作家的作品被评价为“粗俗”和“不够精巧”。这样一来，阿里斯托芬流传至今的作品就成为旧喜剧的唯一代表。

阿里斯托芬所作的《阿卡奈人》《骑士》《和平》

《鸟》《蛙》等，都是触及重大社会问题的政治讽刺剧，有着尖锐、深刻的特点。他的作品对后世喜剧的影响非常深远，因此得到“喜剧之父”的美誉。

趣味大发现

为什么古希腊的戏剧会蓬勃发展呢？这与古希腊繁荣的经济密不可分。频繁的海上贸易让雅典等城邦获得了巨额利益，具备了发展文化事业的基础，建设了大量剧院，并设立专门的奖项奖励优秀的戏剧作家。而古希腊宗教也是戏剧发展的重要推动力，戏剧通常在祭祀神明时上演，尤以酒神祭祀时上演的戏剧最为热闹。

世界最古老的地理书籍

地理学是一个古老而现代的学科，也是一门经世致用的学问。世界上的地理书籍数不胜数，其中已知最古老的一部地理书籍就是我国的《山海经》。

“上古社会生活的百科全书”

《山海经》大约成书于战国时期，其作者尚无定论。前人认为是大禹、伯益所作，经西汉刘向、刘歆编校，才形成传世书籍。现代学者均认为此书并非成于一时，作者也非一人。中国神话学专家袁珂先生则确切地说明：“以今考之，实非出一时一人之手，当为战国至汉初时楚人所作。”并且提出：“除《海内经》四卷作于汉代初年而外，

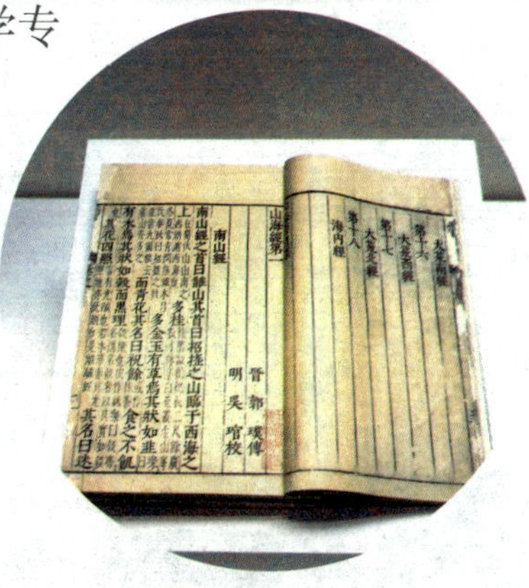

其余均作于战国时代。”

《山海经》由《山经》和《海经》两部分组成，共3万余字，篇幅并不长，内容却包罗万象，涉及天文、地理、神话、宗教、民族、动物、植物、矿产等诸多内容，对研究古代历史、地理、文化、中外交通、民俗、神话等有着很高的价值。因此，有研究者将《山海经》称为“上古社会生活的百科全书”。

难以归类的奇书

历代对于《山海经》的性质说法不尽相同，最初人们将它列入地理博物著作中，但作为地理书籍，《山海经》的实用价值很有限。明清时期，人们因《山海经》中的山峰、河流与国家难以考据，于是把它列入小说类书籍。今天的学者通常不会完全否定《山海经》在地理学上的价值，但更多是将它视为各种学科的综合体。其

中，最具有价值的是其对远古神话传说的记录，有学者甚至将《山海经》视为中国神话的渊薮。

《山海经》在地理方面的实用价值虽然有限，但并不影响它作为世界最古老的地理书籍的地位。相信随着研究的深入，《山海经》能够为我们提供更多上古时代的地理信息。

趣味大发现

《山海经》中有哪些神话传说呢？我们熟悉的精卫填海、夸父逐日、刑天舞干戚、黄帝战蚩尤、大禹治水、西王母传说等，都出自这部奇书。

世界最早的天文学著作

战国时期，齐国（一说楚国或鲁国）的天文学家甘德著《天文星占》一书，后人将其与魏国人石申（又名石申夫）所著的《天文》合为一部，称作《甘石星经》。这是世界上现存最早的天文学著作。

中国古代天文学

中国是世界上天文学发展最早的国家之一，几千年来积累了大量宝贵的天文资料，引起各国天文学家的注意。中国古代天文学萌芽于原始社会，到了秦汉时期，形成了以历法和天象观测为中心的完整体系。历法是中国古代天文学的主要组成部分，它不单纯进行计算朔望、

二十四节气和安置闰月等编撰日历的工作，还研究日、月食和行星位置的计算等一系列天文课题。

天象观测是中国古代天文学的另一项主要内容，其中包括天象观测的方法、仪器和记录。中国古代天文观测仪器主要是浑仪，同希腊用的黄道式装置不同，中国用的一直是赤道式装置。两千多年来，中国保存下来的有关日食、月食、月掩星、太阳黑子、流星、彗星、新星等丰富的记录，是现代天文学的重要参考资料。

《甘石星经》的重要地位

春秋战国时期，随着生产力的发展，天文学领域取得很多成就，其中集大成者就是《甘石星经》。《甘石星经》记录了水、木、金、火、土五大行星的运行情况，以及它们的出没规律。书中还测定了上百颗恒星的方位，记录了数百颗恒星的名字。这是世界上最早的恒星表。

甘德用肉眼发现了木星的卫星，石申则发现日食、月食是天体相互掩食的现象，这在当时是难能可贵的。为了纪念石申，月球上有一座环形山就是用他的名字命名的。

后世许多天文学家在测量日、月、行星的位置和运动时，都要用到《甘石星经》中的数据。因此，《甘石星经》在我国和世界天文学史上都占有重要地位。

趣味大发现

除甘德、石申之外，中国古代还有许多天文学家，例如东汉时期改进浑天仪的张衡、南北朝时期创制《大明历》的祖冲之、唐朝时期编制《大衍历》的一行、北宋时期改进浑仪的沈括、元朝时期编制《授时历》的郭守敬、明朝时期编译《崇祯历书》的徐光启等。

世界第一部长篇小说

长篇小说是一种篇幅长、容量大、情节复杂的小说形式，深受读者喜爱。在世界小说史上，第一部长篇小说有着突出的地位。目前已知世界上最早的长篇小说是日本的《源氏物语》，其成书年代一般认为在1001年到1008年间。

才女的杰作

《源氏物语》的作者是紫式部，本姓藤原，名字不详。因其长兄任式部丞，当时宫中女官往往以父兄之官衔为名，以示其身份，故称其为藤式部，后来她写成

《源氏物语》，书中女主人公紫姬为世人传诵，所以人们称作者为紫式部。紫式部自幼随父学习汉诗，熟读中国古代文献，还十分熟悉音乐和佛经。后来不幸家道中落，她嫁给了一个与她相差20多岁的地方官藤原宣孝，婚后数年丈夫去世，她过着孤苦的孀居生活，开始创作《源氏物语》。后来，她受当时的权臣藤原道长之召，入宫当皇后的女官，给皇后讲解《日本书纪》和白居易的诗。数年后她离开皇宫，之后不见记载。

"物哀"文学的先驱

《源氏物语》共54回，近百万字，分为两大部分。前44回写主人公光源氏极享荣华、陷入感情纠葛的一生，

这是作品的中心内容。后 10 回写光源氏之子薰（实为三公主和柏木大将的私生子）与宇治山庄女子之间错综复杂的爱情故事。小说历经 4 代天皇，跨越 70 多个年头，登场人物数以百计，仅主要人物就有几十人之多。

《源氏物语》浸润着浓厚的佛教色彩，透过光源氏的身世、用世、玩世、超世之苦，映射出“四大皆空”的佛学观念。但它并不是一部宣传宗教教义的宗教性文学作品。它思想上的真正价值在于展示了平安王朝宫廷的豪华奢侈、腐朽淫乱的生活，反映了贵族之间争权夺势、互相倾轧的人际关系，暴露了当时的日本门第为重、男尊女卑的不平等的社会现象。这就从客观上预示了旧贵族阶级必然崩溃、灭亡的趋势，具有一定的认识价值

和思想意义。

《源氏物语》在艺术上最大的成功之处是塑造了光源氏及众多女性形象，并通过这些形象反映了物哀、幽情等审美意向。作品流露出明显的现实主义倾向，被认为代表了日本古典现实主义文学的最高峰，给后世作家的创作提供了艺术借鉴。它所创立的物哀等美学传统一直被后世作家继承和发展，成为日本文学民族化的一大因素。

趣味大发现

日文“物语”一词，意思就是“故事”和“杂谈”。物语是一种日本古典文学体裁，产生于平安时代（公元10世纪初）。它在日本民间评话的基础上形成，并受到我国六朝、隋唐传奇文学的影响。这些物语脱胎于神话故事和民间传说，是向独立故事过渡的一种形式。

世界第一部科幻小说

科幻小说是科学幻想小说的简称，这类小说表现对未来世界科学技术的预见和幻想，科学事实与想象交织，能使读者获得独特的阅读体验。一般认为，世界第一部科幻小说是英国小说家玛丽·雪莱创作的《弗兰肯斯坦》。

众说纷纭

哪一部小说才是文学史上第一部科幻小说？这是一个争论已久的话题，其中三部小说的呼声最高：其一，是古罗马讽刺作家琉善创作的《一个真实的故事》，书中刻画出一个极富想象力的月球世界；其二，是17世纪德国天文学家开普勒创作的《梦》，书中部分内容描写的是一次神奇的月球之旅；其三，是英国小说家玛丽·雪莱在19世纪初创作的《弗

兰肯斯坦》。

由于科幻小说的边界比较模糊，因此，《一个真实的故事》和《梦》是否算作科幻小说，存在不小的争议。但是《弗兰肯斯坦》不同，无论从哪个角度来看，它都是一部真正意义上的科幻小说。因此，今天的学术界基本认为《弗兰肯斯坦》是世界第一部科幻小说。

文学史上著名的怪物

玛丽·雪莱是英国著名小说家，有“科幻小说之母”的美誉，她也是英国著名浪漫主义诗人珀西·比希·雪莱的妻子。1818年，玛丽·雪莱发表了小说《弗兰肯斯坦》。这部小说延续了18世纪流行的哥特式小说的恐怖、阴暗色彩，但又充满对科学的辩证思考。更重要的是，《弗兰肯斯坦》确立了日后科幻小说的基本范式，在科幻小说史上有着不可替代的地位。

《弗兰肯斯坦》又被译为《科学怪人》，书中创造出了一个文学史上著名的怪物。故事的主人公是一个名叫弗兰肯斯坦的疯狂科学家，他收集了已经去世的人的各种器官，在实验室中重新组合成一个怪物。这个怪物被闪电劈中后，竟然获得了生命。弗兰肯斯坦被怪物吓跑

了，怪物也逃出去了。怪物尝试融入人类社会，但不被接纳，于是对弗兰肯斯坦展开了血腥报复。最终，怪物毁掉了弗兰肯斯坦拥有的一切，自己也决定自焚。

《弗兰肯斯坦》的情节迂回曲折，极富吸引力，从出版的那一天起就引起了轰动，已经无数次被改编成戏剧、电影等，广受好评。

趣味大发现

19 世纪是人类科技井喷的时代，也是科幻小说蓬勃发展的时代。法国小说家儒勒·凡尔纳是科幻小说发展史上的一个关键人物，他创作了大量科幻小说，其中《海底两万里》《气球上的五星期》《地心游记》《八十天环游地球》等都是不朽的杰作，凡尔纳因此得到“科幻小说之父”的美称。

世界第一部推理小说

推理小说是一种描写侦破犯罪案件过程的小说，情节引人入胜，深受世界各国读者的喜爱。哪本小说是世界第一部推理小说存在较大的争议，通常人们认为是美国作家爱伦·坡创作的《莫格街凶杀案》。

强有力的竞争者

爱伦·坡的创作主要是在19世纪前期进行的，那时美国的浪漫主义思潮盛行，推动他创作了大量风格新颖的中短篇小说，其中就包括推理小说。实际上，早在16世纪，我国明代小说家安遇时就编写了一部短篇推理小说集《包公案》，又名《龙图公案》等。

《包公案》以北宋名臣包拯为主角，描写了包拯侦破一个

个奇案的故事。《包公案》通过一系列有关“人命”“奸情”“盗贼”“争占”等主题的案件，塑造了一个为民除害的清官形象。书中有的故事曲折生动，人物形象比较鲜明，但全书文意较差，思想性、艺术性平平，夹杂了一些因果报应、鬼神梦兆等封建迷信的内容，并极力宣扬忠君思想，这是不可取的。

《包公案》与现在流行的推理小说有很多不同的地方，因此，很多研究者有意无意地将它排除在推理小说范畴之外，转而将确立日后推理小说基本范式的《莫格街凶杀案》视为世界最早的推理小说。

“推理小说鼻祖”

美国小说家爱伦·坡一生创作了六七十篇小说，以浪漫主义的恐怖小说为主，仅有四五篇可以被纳入推理小说的范畴。虽然如此，爱伦·坡依然是不折不扣的“推理小说鼻祖”。这是因为他的小说将作案地点安排在严密封锁的密室，破案过程运用了严谨的逻辑和设身处地的推理，这些都被后来的推理小说继承下来了。

《莫格街凶杀案》发表于1841年5月，讲述的是法

国巴黎的莫格街发生了一起诡异的凶杀案，侦探杜宾和他的朋友“我”一起侦破此案。杜宾排除了粗心大意的警察的干扰，最终发现了真相。这个故事并不复杂，但杜宾对凶案现场的细致侦查和对凶手犯案过程的严密推理，让这个故事充满了绝妙的吸引力。

《莫格街凶杀案》引发了后世推理小说家的争相模仿，它在谋篇、布局与塑造人物等方面具有很多独创性，成为后来推理小说的经典写作范式。

趣味大发现

20 世纪初，推理小说进入黄金时代。以英国小说家柯南·道尔的《福尔摩斯探案集》为起点，各国涌现出一大批精彩绝伦的推理小说。其中，英国“侦探女王”阿加莎·克里斯蒂（代表作《东方快车谋杀案》《罗杰疑案》《无人生还》）、美国小说家埃勒里·奎因（代表作《罗马帽子之谜》《希腊棺材之谜》）等至今仍然受到推理小说爱好者的追捧。

世界最早的识字课本

如何让儿童开蒙识字，是很多为人父母者关心的事，这就需要有优秀的识字课本为指导。目前已知的世界最早的识字课本，是我国的《千字文》。

蒙学课本典范

《千字文》编成于南朝梁武帝萧衍在位时期（公元502—549年），编者是梁朝散骑侍郎、给事中周兴嗣。史书记载，梁武帝为了教皇子们书法，让大臣殷铁石从东晋著名书法家王羲之的书法作品中拓出了一千个不同的字，每个字一张纸。然后把这些无次序的拓片交给周兴嗣，让他编成有内容的韵文，取名《次韵王羲之书千字》，简称《千字文》。

《千字文》是一篇承上启下的作品。它那优美的文笔、华丽的辞藻，是《仓颉篇》《劝学篇》《急就章》等蒙学课本无法企及的，因此，在后世一直受到人们的重视，成为蒙学课本的典范。

一篇出色的韵文

隋唐以来，《千字文》大为流行，背诵《千字文》被视为识字教育的捷径。它不是简单的单字堆积，而是条理分明、通顺可诵、咏物咏事的韵文，其内容涉及自然、社会、历史、教育、伦理等多方面的知识。所选千字，大都是常用字，生僻字不多，便于识读。明清以来，一些学者称《千字文》为以有限文字而能条理贯穿的“绝妙文章”，不无道理。

因《千字文》流传甚广，后来的文书编卷以及其他需要编号的情况，都采用“天地玄黄”来代替数字。一些地区还出现了《千字文》的满汉、蒙汉对照本。历代不少大书法家都曾书写《千字文》，使《千字文》成为学习各体书法的范本。

影响远播海外

《千字文》作为一部有影响力的作品，很早就涉洋渡海，传播于世界各地。日本不仅有多种版本的《千字文》，而且出现了很多内容各异但都以《千字文》为名的作品。1583 年，朝鲜出版了以朝鲜语释义注音的《石峰千字文》。1831 年，《千字文》被译成英文。在此后数十年中，相继出现了《千字文》的法文本、拉丁文本、意大利文本等。

趣味大发现

古代蒙学课本有很多，但《三字经》《百家姓》《千字文》的影响最大，合称“三百千”。《三字经》短小精悍、朗朗上口，被奉为经典。《百家姓》是一篇关于中国姓氏的文章，也是以识字为主的综合性教材。

世界最早的百科全书

百科全书通常指汇集各学科知识的辞书，对各门类或某一（某些）门类的知识有着较为完备的阐述。世界很多国家都有大型的百科全书，而最早的百科全书诞生于我国明代，它就是著名的《永乐大典》。

规模空前的文化工程

1402 年，明成祖朱棣登上皇位，1403 年改年号永乐。他的皇位是通过战争从自己的侄子手中夺来的，所以他迫切需要做出一些成就，让世人承认他登上皇位是合理的。

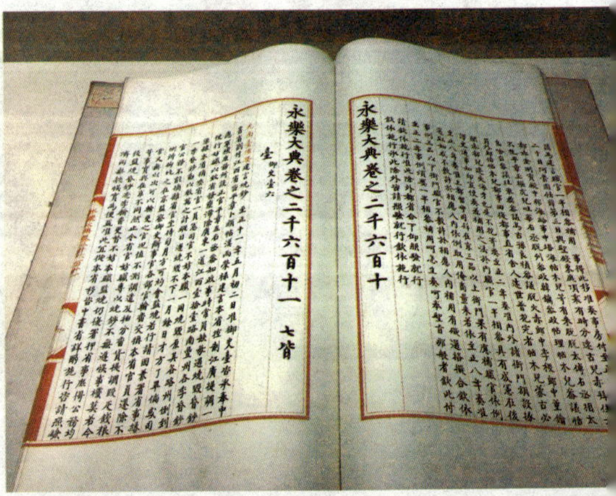

于是，明成祖派遣郑和七下西洋，创造了世界航海史上的壮举。而在文化事业

方面，他命翰林侍读学士解缙等百余人编纂一部大型类书，要将汉字诞生以来的“经、史、子、集百家之书，至于天文、地志、阴阳、医卜、僧道、技艺之言”都囊括在内。这是一个规模空前的文化工程，解缙等人在第二年就编纂成功了，取名《文献大成》。但是，明成祖觉得收录的书籍不够完备，便让太子少师姚广孝主持重修，解缙继续监修，并组织起数千人的庞大编修队伍，又花了三年多的时间终于定稿。这次明成祖非常满意，赐名《永乐大典》。

《永乐大典》的重要贡献

《永乐大典》收录了从先秦到明朝的七八千种典籍，

包括经、史、子、集，涉及文化思想、历史、宗教、文学、曲艺、工技、农艺、医学等各类内容，共有一万余册、两万余卷，总计超过3亿字。其规模之大、体例之成熟、内容之浩繁，在世界文化史上实属罕见。《永乐大典》不仅是我国最早、规模最大的百科全书，还是迄今为止世界上最早的百科全书。

《永乐大典》全文收录了大量后世已经残缺或佚失的珍贵书籍，如《薛仁贵征辽事略》、宋本《水经注》等，使得大量珍本秘籍得以保存原貌，为中华民族数千年知识财富的传承做出了卓越贡献。

凋零的命运

《永乐大典》成书后只抄录了一部，称为“永乐正

本”；到了嘉靖年间又重录了一部，称为“嘉靖副本”。大约在明末，“永乐正本”就下落不明了。“嘉靖副本”在清代被进入皇家档案馆的人偷走了千余册之后，又在英法联军洗劫圆明园时遭遇浩劫，被抢走了很多，到了1894年，仅存800余册。八国联军入侵北京后，《永乐大典》有的被毁，有的被侵略者带走，最终清政府只找到64册。

今天，原本有万余册的《永乐大典》，在国内外仅存400余册，其中200余册在国内，其他的在国外的图书馆、博物馆或收藏家手中。

趣味大发现

“永乐正本”的命运是历史上的一个未解之谜，因为它仿佛在一夜之间突然消失了。因此，很多学者猜测，“永乐正本”可能作为殉葬品，被埋入嘉靖皇帝的永陵中了。当然，这种假设并没有多少依据，即使假设成真，也并不意味着可以找到完整无缺的《永乐大典》。

世界最大的丛书

《四库全书》是一部规模空前宏大、卷帙浩繁的丛书。这套丛书内容极为丰富，对保存和整理古代文献具有重要意义。

“十全老人”的文治之功

《四库全书》是清朝乾隆帝组织编纂的。乾隆帝晚年标榜自己为“十全老人”，为了提倡文治，也为了稳定统治秩序，他采纳安徽学政朱筠的建议，广集民间遗书，于 1773 年在北京设立四库全书馆，任命皇六子永瑢领衔，由纪昀、陆锡熊、戴震等学者编纂一套大型丛书。

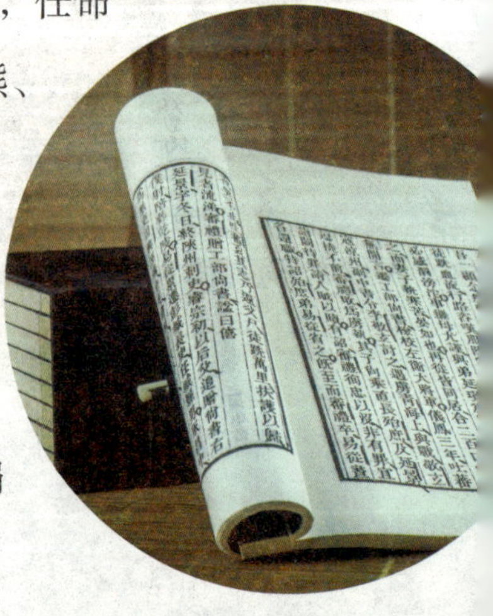

乾隆下令征集全国书籍，集中大量人力和物力，严格审查，花了十年时间，选出符合统治阶级标准的图书 3400 余种，编

成了近8万卷、3.6万余册、约8亿字的规模庞大的丛书——《四库全书》。由于《四库全书》将很多“不登大雅之堂”的医书、小说、话本等著作排除在外，因此，通常不被视为百科全书。

认识“四库”

“四库”是指“经、史、子、集”。其中，“经”指儒家经典和对儒家经典进行注释的著述，分为“易类”“书类”“诗类”“小学类”等。《四库全书》收录的经部著作包括《易经》《尚书》《礼记》《左传》

《论语》《孟子》等。

“史”指史书，分为“正史类”“编年类”“纪事本末类”“别史类”“史评类”“汇编类”等，收录了《史记》《汉书》《后汉书》《三国志》《资治通鉴》《战国策》等。

“子”指诸子百家的著作，分为“儒家类”“兵家类”“法家类”“农家类”等，收录了《老子》《墨子》《庄子》《荀子》《韩非子》等。

“集”指古代文学家的文集，分为“楚辞类”“别集类”“总集类”“词曲类”“诗文评”等五大类，收录了《全唐诗》《全宋词》《乐府诗集》《楚辞》《李太白集》《杜工部集》《韩昌黎集》等。

毁誉参半

《四库全书》作为人类历史上最大的丛书，为保存中国古代文献做出了重要贡献，因此，被誉为“我国乃至世界最大的文化工程”“中国文化史上的空前杰作”。但是，清朝统治者为了加强思想统治，在编纂《四库全书》的过程中，对古籍中不利于统治阶级的内容予以删除、改动，还有不少书籍遭到禁止和焚毁，严重摧毁了民族文化遗产。因此，吴晗先生曾痛心疾首地说：“清人纂修《四库全书》而古书亡矣！”

趣味大发现

《四库全书》的总纂官纪昀，字晓岚，官至礼部尚书、协办大学士、太子少保，是一位出色的文学家，他的《阅微草堂笔记》是一部志怪小说集。史载纪昀博学多才、性情诙谐，民间流传着大量有关他的趣事，他也由此成为家喻户晓的人物。

写作时间最久的文学作品

《浮士德》是德国著名作家歌德创作的诗剧，是一部号称“灵魂的发展史”的不朽杰作。歌德从20多岁开始构思这部作品，直到他去世前一年才完成，前后历经60多年，堪称写作时间最久的文学作品。

充满哲理的悲剧

《浮士德》以5个悲剧为主要脉络。浮士德是一个年过半百的老学者，他对生活感到迷茫，认为知识毫无用处，甚至产生轻生的念头。这是知识的悲剧。

魔鬼靡非斯特的化身来到浮士德身边，二人约定：魔鬼可以满足浮士德的所有要求，条件是只要浮士德感到满足，魔鬼就能拿走他的灵魂。浮士德和靡非斯特签订了契约，魔鬼让他恢复了青春。浮士德和少女玛甘泪产生恋情，但玛甘泪并不能满足浮士德对生活的渴望，两人的恋情以悲剧告终。这是爱情悲剧。

在靡非斯特的帮助下，浮士德得到罗马帝国皇帝的宠信，但上层社会的荒淫腐败让他对政治大失所望，转而追求古典美的宁静与和谐。这是政治悲剧。

浮士德的学生瓦格纳在曲颈瓶里造出了人造人何蒙古鲁士，在何蒙古鲁士的帮助下，浮士德与古希腊美人海伦结合，生下一子欧福良。欧福良不幸夭折，海伦也离浮士德而去。这是美的悲剧。

故事的结尾，浮士德在靡非斯特的帮助下获得了封地，役使百姓移山填海，打造人间乐园。这一伟大事业终于使浮士德感到满足，按照契约，他倒地而死。这是事业悲剧。

靡非斯特正要取走浮士德的灵魂，天使将浮士德的灵魂接到了天堂。

歌德的毕生之作

歌德20多岁时，创作了《浮士德初稿》；40多岁时，发表了《浮士德片段》；直到1808年，歌德年近60岁，《浮士德》第一部终于问世了；1831年，80多岁高龄的歌德病情严重，意识到自己时日无多，加紧写作，终于完成了《浮士德》第二部，次年初他就病逝了。

《浮士德》长达12000余行，凝聚了歌德的毕生心血。这部诗剧以文艺复兴以来的德国和欧洲社会为背景，写出了一个新兴资产阶级知识分子不满现实、竭力探索人生意义和社会理想的生活道路，是一部现实主义和浪漫主义结合的佳作。

趣味大发现

传说，浮士德的原型是生活在15世纪德国的真实人物，职业为占星师或巫师。他为了换取知识而将灵魂出卖给了魔鬼的传说，让他成为德国家喻户晓的人。在歌德创作《浮士德》之前，已有一些文学家创作过有关浮士德的故事，如英国作家马洛的《浮士德博士的悲剧》等。

世界最大的词典

词典是一种常用的工具书，包含的信息极为丰富。在全世界数不胜数的词典中，《牛津英语词典》（习称《牛津大词典》）堪称编辑时间最长、参加编辑人数最多、内容最丰富的词典。

延续 70 年的浩大工程

《牛津大词典》的编纂工作从 1857 年就开始了。那一年，英国语言学会提出了编纂新的英语词典的想法，倡议对盎格鲁-撒克逊时代以来的英语进行一次全面深入的考证和研究，以便对英语教学和英语文化传播发挥历史性影响。没想到，就是这样一个倡议，引出了一个 70 余年才完成的浩大工程。

根据英国语言学会的倡议，新词典的编纂工作开始了，但进度十分缓慢，直到1879年，这种状况才发生了实质性改变。当年，英国语言学会与牛津大学出版社主编詹姆斯·莫瑞达成协议，计划用10年时间出版一本能够收录一千多年来所有英语词汇的新英语词典，词典预计出4册、共6400页。这个“新英语词典”就是后来出版的《牛津大词典》。但是，词典并没有像预计的那样在10年内完成，而是用了近50年时间才“竣工”。1928年，《牛津大词典》第一版以12卷本的形式面世，共收录40余万条单词。可惜的是，词典的主编詹姆斯·莫瑞未能等到这一天，他在1915年就与世长辞了。《牛津大词典》自首次出版以来，一直处在不断修订的过程中。直到今天，该词典共收录50余万个词条，引用的例句达250余万个。

英语史巨著

一百多年以来，许多专家、学者和有心的读者参与了《牛津大词典》的编纂工作。由于词典涉及的领域非常广泛，负责编纂工作的人还特别聘请了各类专业人员，如数学、历史等专业和拉丁语等其他语言专业的人员。除了编辑，还有大量工作人员为词典的编纂提供技术支持，有的负责对特定领域提供咨询意见，有的负责打字和校对。当初编纂这部词典的时候，人们想用一部词典来见证整个英语历史的发展。因此，100 多年来，所有参与词典编纂的编辑都坚持着一条原则，那就是记录每一个单词的来龙去脉，追寻每一个单词的发展轨迹。如此

一来,《牛津大词典》已经不仅是一部词典，还是一部英语史巨著。

今天，英语是世界上使用最广泛的一种语言，已经成为英语国家扩大国际影响的得力工具，内容博大精深的《牛津大词典》在这个过程中发挥了重要的作用。

趣味大发现

牛津大学位于英国牛津郡，是一座享誉世界的高等学府。牛津大学是世界上最古老的大学之一，这里培养出了无数杰出的人才，其中包括70多位诺贝尔奖获得者。今天，牛津大学设置了30余所学院，还有若干研究生院。

世界最早的油画

油画是世界性的重要画种，是用快干油调和颜料画成的画，色彩效果和表现力都很丰富。油画诞生于 15 世纪，是由尼德兰画派画家扬·凡·艾克兄弟在传统绘画基础上改进而来的，兄弟二人画出了世界上最早的油画。

油画的诞生

油画诞生前，西洋画主要用丹培拉（一种用鸡蛋黄、亚麻仁油和树脂油等调和而成的颜料粉进行绘画的方

法）进行绘画，称作蛋彩画。蛋彩画材料制作工艺复杂、干燥快、不易覆盖，当时的画家很不满意，不断寻找新的绘画材料。终于，一对画家兄弟——扬·凡·艾克兄弟找到了使用油调和颜料的最佳配方。他们制作出的颜料颜色光亮、运笔流畅、干燥时间适中，而且可以层层敷设，画错之后易于修改。最重要的是，蛋彩画必须在精心制作的石膏板或墙面上绘制，而新的油画颜料可以在木板、布、纸上绘制，便于运输、展示和保存。

后来，又有很多画家对油画的材料和技艺进行完善，使油画最终成为在世界广泛流行的画种。

《根特祭坛画》

改进颜料后不久，扬·凡·艾克兄弟就将其应用于绘画中。目前已知最早的油画，就是二人在 1415 年开始绘制的祭坛组画——《根特祭坛画》。

当时，根特市长委托凡·爱克兄弟中的哥哥——胡伯特绘制根特的圣·巴冯教堂的祭坛画。胡伯特绘制了10年，还没有完成就去世了，他的弟弟扬继续绘制，终于完成了这幅绘画史上里程碑式的作品。

《根特祭坛画》是世界上第一件真正的油画作品，画在可以合拢的祭坛上，共分为12个部分，分上、下两段和左、右两翼，两翼平时是合拢着的。画面中有基督像、圣玛利亚像、天使像、亚当和夏娃等，还包括骑士、裁判官和隐者等宗教题材画。油画中对人物的描绘非常细致，色彩鲜明，辉煌艳丽，富有美感。

趣味大发现

油画诞生以后，出现了很多流派，其中影响较大的有巴洛克派、古典主义、浪漫主义、现实主义、写实主义、印象派、野兽派、达达主义、超现实主义等。

世界最著名的肖像画

俗话说："仁者见仁，智者见智。"要说哪幅画是世界最著名的风景画或历史画，不同的人会有不同的意见；而说到哪幅画是世界最著名的肖像画，则不会有太大争议，这幅画就是《蒙娜丽莎》。

人类史上的全能天才

《蒙娜丽莎》的创作者是列奥纳多·达·芬奇，他于 1452 年出生在今意大利托斯卡纳地区（当时属于佛罗伦萨共和国）的一个中产阶级家庭。达·芬奇从小聪明好学，尤其爱好绘画，于是就到著名雕刻家、画家韦罗基奥开设的画坊中学习绘画和雕刻。学成之后，达·芬奇回到家中开设自己的画坊，逐渐有了一点儿名气。30 岁时，达·芬奇离开佛罗伦萨去了米

兰公国，被米兰大公委任为军事工程师、宫廷画家及宫廷乐师等，在那里生活了 17 年之久。在此期间，他创作出了自己的代表作《最后的晚餐》。

再次回到佛罗伦萨时，达·芬奇已年过半百。1503 年，达·芬奇开始创作肖像画《蒙娜丽莎》，这幅画产生了巨大的轰动。1506 年，达·芬奇又回到米兰，开始全心全意进行科学研究。1513 年，达·芬奇应教皇之邀来到罗马，但他的科学研究被污蔑为“妖术”。1516 年，达·芬奇应法兰西国王之邀来到法国，担任宫廷画师，三年后，达·芬奇在法国病逝。

达·芬奇是将绘画表现水平发展到全新阶段的杰出画家，在军事、水利、地质学、物理学、生物学和机械工程等方面，达·芬奇也有不少建树，他的实验工作方法为后世科学家开辟了道路。后人将达·芬奇与米开朗琪罗、拉斐尔并称为“美术三杰”，并将达·芬奇视为人类史上罕见的全能天才。

“最神秘的微笑”

1503 年，佛罗伦萨商人吉奥贡多找到达·芬奇，委托他给自己的妻子画一幅半身肖像画。此时达·芬奇正致力于军事工程的研究，但吉奥贡多是达·芬奇之父的朋友，碍于这层关系，达·芬奇开始专心创作这幅肖像画。大约在 1505 年，这幅巨作正式完成。不知出于什么原因，达·芬奇并没有把《蒙娜丽莎》交给雇主，此后十余年，他一直将这幅画带在自己身边，直到生命终结。达·芬奇去世后，法兰西国王从他的弟子手中买到了这幅画，从此，《蒙娜丽莎》就

被收藏于卢浮宫，每年都有数百万人去欣赏这幅旷世杰作。

《蒙娜丽莎》为何如此闻名呢？一个重要的原因，就是画中人物那一丝含蓄的笑容，被誉为“艺术史上最神秘的微笑”，让人产生丰富的联想。同时，《蒙娜丽莎》是文艺复兴时期人们对女性美的审美理念、审美追求的典型代表，体现出浓厚的人文主义思想。

趣味大发现

14、15 世纪，欧洲的城市手工工场和商品经济迅速发展，新兴的资产阶级为了反映自身的利益和要求，借着复兴古希腊、罗马文化的名义提出了崭新的人文主义思想体系，目的是摆脱教会对思想的束缚。这场资产阶级思想文化运动开始于意大利，后来逐渐扩展到欧洲其他国家，在自然科学、诗歌、绘画、雕刻、音乐等方面取得了杰出成就，被称为“文艺复兴”。

世界最古老的乐器

音乐是人类的第二语言。演奏音乐，需要用到各种各样的乐器，如钢琴、小提琴、长笛等。世界上最古老的乐器是一种用兽骨制作的笛子，被称为骨笛。

贾湖骨笛

20 世纪 80 年代开始，在河南舞阳贾湖遗址相继出土了很多距今 7800 ～ 9000 年的骨笛，震惊了世界。这些骨笛是用鹤类的尺骨为材料，去除两端关节后钻孔制成的，最多有 7 个孔。贾湖骨笛通体棕亮，古朴美观，已经接近石化。最令人震撼的是，7 孔的骨笛经过修复，可

以吹奏出七个音调，演奏很多复杂的乐曲，声音清脆嘹亮，显示出当时的古人已经有了一定的乐理知识。贾湖骨笛的出土，对于中国音乐史来说，具有重要的意义。

世界各地的骨笛

贾湖骨笛出土早、数量多，是最著名的骨笛。实际上，贾湖骨笛远不是年代最古老的骨笛。在斯洛文尼亚，人们发现了 4 万余年（一说 6 万余年）前的骨笛，是用熊的股骨制作而成的。据推测，这个骨笛是当时生活在那里的古人类——尼安德特人制作的。不过，这个骨笛并不完整，还有人怀疑上面的两个孔是其他肉食动物咬的。

此外，在德国还发现了一支骨笛，根据放射性碳同位素测年法推测，是 3.5 万年（一说 4 万余年）前的古人制作的，材料是秃鹫的翅骨。这支骨笛被发现时只是 12 个断片，后来才组合成一支几乎完整的骨笛。这支骨笛有 5 个孔，因此，无法演奏复杂的七个音调。

骨笛还是骨哨

除能够演奏复杂乐曲的贾湖骨笛之外，其他年代更

为久远的骨笛到底是不是乐器，还存在较大的争议。很多研究者认为，那些钻孔很少的骨笛其实是骨哨，是古人用来诱捕鸟类或野兽的。当然，也有人坚称斯洛文尼亚的骨笛已经属于乐器。不管怎样，骨笛的确是目前发现的最古老的乐器，由此可以推测出音乐在远古人类的生活中扮演着重要角色。

趣味大发现

尼安德特人是世界著名的古人类之一，因其化石最早在德国尼安德特山谷被发现而得名。尼安德特人大约在35万年前由海德堡人进化而来，从大约12万年前开始统治欧洲，并在大约3万年前灭绝。尼安德特人的脑容量已经很大了，他们身形较矮，但极为粗壮。尼安德特人并不是现代人的直接祖先，而是与现代人分别独立进化的分支。也有研究称，它们是今天欧洲人祖先的近亲。

世界最大的青铜器

大约5000年前，人类进入了青铜时代，青铜器在人们生活中占据着重要地位。世界许多国家都出土过青铜时代的大量青铜器，其中最大的一件就是中国的后母戊鼎。

庄严雄伟的礼器

后母戊鼎制作于商朝后期，是商王祖庚（或祖甲）为祭祀母亲戊而制作的。这件形制巨大、造型庄严宏伟的青铜器，重832.84千克，高133厘米，口长112厘米，口宽79.2厘米。鼎呈方形，有两耳、四足，鼎身四面除中央无装饰外，遍布饕餮纹和云雷纹，还有牛、虎、鱼等动物的纹饰。

后母戊鼎的制作工艺十

分精巧，采用“陶范法”的造型方法铸造而成：先用土塑造出大鼎的泥模，再用泥模翻制陶范，最后将陶范合在一起，灌注铜液。后母戊鼎代表商朝高度发达的青铜文化，是已知最大的青铜器，堪称世界最珍贵的青铜器文物。

传奇的经历

后母戊鼎传奇的经历也是它名扬天下的重要原因。

1939 年抗日战争时期，河南安阳武官村的村民在殷墟遗址挖掘出了后母戊鼎，为防止日本侵略者发现，村民们将鼎埋入地下，抗日战争胜利后被重新挖掘出来，上交到当时的首都南京。蒋介石败退时，曾想将大鼎运走，却因搬运困难而放弃。最终，这件稀世珍宝被保存在中国国家博物院。

考古学家郭沫若对该鼎进行研究后，认为鼎腹内的三个铭文为“司母戊”，因此该鼎得名“司母戊鼎”，这个名

字沿用了几十年。但是，很多研究者不同意这个看法，他们认为这三个字应该是“后母戊”。经过诸多考古学家的讨论，该鼎的名字终于被认定为“后母戊鼎”。有关名字的争论激起了不小的波澜，也让这件国宝更加著名。

趣味大发现

鼎原本是古代贵族用来烹饪、盛放肉和鱼等的炊具，有三足的圆鼎，也有四足的方鼎。由于鼎往往形制较大、造型古朴，因此，贵族祭祀时常用鼎来盛放供品，鼎逐渐成为祭祀时的专用礼器。鼎因造价高昂而成为等级差别的标志。相传，大禹治水之后当上了天下共主，让九州进贡青铜，铸成了九个大鼎，称为九鼎。此后，九鼎就成为至高无上的王权的象征。

世界最大的石刻佛像

在中国四川省乐山市南岷江东岸，有一尊雄伟、庄严的佛像，那就是世界上最大的石刻佛像——乐山大佛。

造福于民的工程

乐山大佛是在盛唐时代开凿的。当时，凌云山脚下水势凶猛，路过的航船一不小心就会倾覆，在汛期还会发生航船撞上崖壁船毁人亡的悲剧。一位法号海通的僧人立志在这里开凿一尊弥勒像，让其保佑航船，同时警醒船上的人小心驾驶。

海通决心已定，就开始不辞辛劳地筹措钱财、招募工匠。

公元 713 年，乐山大佛开始修建。然而，大佛的头、胸初具雏形时，海通就圆寂了，工程不得已停了下来。

后来，剑南西川节度使章仇兼琼捐出 20 万两白银，主持大佛的续修工程，就连唐玄宗都支持这一宏大的工程。佛像开凿到膝盖时，章仇兼琼离开四川，这项耗资巨大的工程再次停工。40 余年后，剑南西川节度使韦皋捐出 50 万两白银，乐山大佛终于在公元 803 年全部完工，距开工已过了整整 90 年。

脚踏三江，背负九峰

乐山大佛位于凌云山麓，脚下就是岷江、大渡河与

青衣江汇流处；乐山大佛身后，则是凌云山的集凤、栖鸾、灵宝、丹霞、拥翠、望云、就日、兑悦、祝融九座山峰。乐山大佛就是在栖鸾峰临江一面的崖壁上凿成的，面对滚滚江水，与乐山城隔江相望。

乐山大佛高 71 米，额头宽 10 米，鼻子长 5.6 米，肩宽 28 米。大佛的头顶上有 1051 个螺髻，每一个螺髻都有一张大圆桌那么大；脚背宽 8.5 米，脚面上可以围坐 100 多人。

乐山大佛整体造型庄严脱俗，采取坐姿，体态魁伟、双肩阔大、比例匀称，佛像表情端庄慈祥，双目半睁半闭，其雕刻之精细、造型之生动令人叹为观止。

趣味大发现

乐山大佛历经千余年，为何依然大致完好呢？除历代的维护外，最重要的是其巧妙的设计。大佛的螺髻、两耳、胸部等处都有科学的排水、隔湿和通风系统，减少了侵蚀、风化的影响。

世界第一部电影

电影作为一种视听结合的综合艺术，受到广泛的欢迎，被称为继建筑、音乐、绘画、雕塑、诗歌和舞蹈之后的“第七艺术”。电影诞生于19世纪末，通常认为第一部电影的放映者是法国的卢米埃尔兄弟。

摄影技术的延伸

19世纪30年代末，摄影技术在欧洲诞生了。很快，摄影师和一些摄影技术的研究者不再满足于拍摄照片，

他们还想让照片动起来。19 世纪 70 年代，英国人迈布里奇决定运用连续拍摄技术，用 24 张照片展示出一匹马奔跑的姿态。这次拍摄共花费了数年时间才取得成功，为后来电影的诞生做了铺垫。

1889 年，美国著名发明家爱迪生和他的助手迪克森发明了一种活动电影摄影机，不久又发明了活动电影放映机。但是，爱迪生拒绝公开放映他拍摄的影片，因为他觉得人们对无声电影不会感兴趣。正在爱迪生致力于研究有声电影时，欧美各国很多发明家开始争当世界上第一部无声电影的放映者，产生最大影响的是法国的卢米埃尔兄弟。

“第七艺术”诞生

1895 年 12 月 28 日，在巴黎一家咖啡馆的地下室里，卢米埃尔兄弟公开放映了十余部无声短片。这些短片是兄弟二人运用改进后的摄影设备拍摄的，放映设备也是他们改进过的。放完全部短片需要 20 多分钟，前来付费观看的巴黎社会名流络绎不绝，卢米埃尔兄弟在一天之内连续放映了 12 次。

这些短片中，最先放映的是《工厂大门》，全长不足一分钟，拍摄的是下班后走出一家工厂大门的工人们。因此，有人认为《工厂大门》是世界上第一部电影。其他短片包括《拆墙》《代表们的登陆》《水浇园丁》《火车进站》等，都是对现实生活的记录。其中，《水浇园丁》具有一定的喜剧元素，被视为世界上第一部喜剧电影。

卢米埃尔兄弟的这次放映取得了空前的成功，因此，后世将二人称为“现代电影之父”，并将 1895 年 12 月 28 日视为电影诞生的日子。

第一部有声电影

电影诞生后不久，聚集在电影院中欣赏电影的观众越来越多，有剧情的长片和日益专业化的电影行业从业者纷纷出现了。

1910 年，爱迪生宣布他成功发明了有声电影。但是直到 1927 年，世界上第一部有声电影《爵士歌王》才在美国上映，不过片中的对话只有两分钟左右，次年，真正意义上的有声电影《纽约之光》问世。有声电影诞生并完善的同时，无声电影渐渐消失了。

趣味大发现

1905 年，由“中国电影之父”任庆泰执导、京剧大师谭鑫培主演的无声电影《定军山》上映，被视为中国电影诞生的标志。1931 年，由著名电影演员胡蝶主演的《歌女红牡丹》上映，这是中国第一部有声电影。

世界最著名的电影奖

第一次世界大战结束后，美国的电影基地——好莱坞迅速成为世界电影的出产中心。为了保持电影业的繁荣，美国电影艺术与科学学院诞生了。伴随该机构而出现的，就是世界最著名的电影奖——奥斯卡金像奖。

世界第一个电影学术机构

1927 年，每周去电影院的美国观众高达 1 亿人次，好莱坞则出产了全世界 70% 以上的电影。这种空前的繁荣，也伴随着巨大的危机，好莱坞遭到很多人的大肆攻击和抵制。一些有远见的艺术家和企业家敏锐地意识到，要想保持好莱坞的长期繁荣，必须建立一个电影学术机构，对每年的影片进行平等、冷静的评判，促进电影艺术的发展。

于是，1927年5月，美国电影艺术与科学学院在加利福尼亚州正式成立了，其成员都是当时电影业的知名人士。这是世界上第一个电影学术机构。

“黑领带晚宴”

美国电影艺术与科学学院最重要的工作，就是一年一度对有贡献的电影创作者进行评奖。1928年，包括最佳男主角、最佳女主角、最佳影片、最佳摄影等在内的12项评奖项目确定了。

1929年5月，第一届美国电影艺术与科学学院奖颁奖仪式在好莱坞举行了。宾客们都穿着晚礼服，系着镶有金丝的黑色领带，这场晚宴被称为“黑领带晚宴”。在这场具有划时代意义的晚宴上，默片《翼》获得了最佳影片奖，最佳男主角为埃米尔·强宁斯，最佳女主角为珍妮·盖诺，喜剧大师查理·卓别林和制作了第一部有声电影《爵士歌王》的华纳兄弟娱乐公司获得了特别奖。

改名“风波”

美国电影艺术与科学学院奖的奖杯是一尊手握长剑、站在电影胶片盒上的男性塑像。该奖为何会改名为奥斯

卡金像奖呢？比较通行的说法是，1931 年该院图书馆馆员玛格丽特·赫里奇看到奖杯后，说这个金色的小人很像自己的叔叔奥斯卡，学院成员和记者都觉得很有趣，于是就开始用奥斯卡称呼该奖项，“奥斯卡奖”这一别称日渐知名。到了 1939 年，美国电影艺术与科学学院开始正式使用这个名字。

今天，奥斯卡金像奖依然是世界上最著名、最有影响力的电影奖，全世界的电影人都以获得奥斯卡金像奖为荣耀，奥斯卡金像奖至今依然在为人类电影事业的发展做着贡献。

趣味大发现

奥斯卡金像奖是美国电影类的最高奖项，此外，美国电视类的最高奖项艾美奖、音乐类的最高奖项格莱美奖、新闻界的最高奖项普利策奖、计算机领域的最高奖项图灵奖等，都是具有国际影响力的重要奖项。

了不起的

世界之最

地理之最

DILI ZHI ZUI

王旭东◎主编

SPM 南方传媒 | 广东人民出版社

·广州·

图书在版编目（CIP）数据

了不起的世界之最：全 8 册 / 王旭东主编. — 广州：广东人民出版社，2024.1

ISBN 978-7-218-17241-5

Ⅰ. ①了…　Ⅱ. ①王…　Ⅲ. ①科学知识—少儿读物
Ⅳ. ① Z228.1

中国国家版本馆 CIP 数据核字（2023）第 252144 号

LIAOBUQI DE SHIJIE ZHI ZUI

了不起的世界之最

王旭东　主编

出 版 人：肖风华

责任编辑：马妮璐
责任技编：吴彦斌
装帧设计：朝旭文化

出版发行：广东人民出版社
地　　址：广东省广州市越秀区大沙头四马路 10 号（邮政编码：510199）
电　　话：（020）85716809（总编室）
传　　真：（020）83289585
网　　址：http://www.gdpph.com
印　　刷：天津泰宇印务有限公司
开　　本：890mm×1240mm　1/32
印　　张：24　　**字　　数**：230 千
版　　次：2024 年 1 月第 1 版
印　　次：2024 年 1 月第 1 次印刷
定　　价：138.00 元（全 8 册）

如发现印装质量问题，影响阅读，请与出版社（020-85716849）联系调换。
售书热线：（020）87716172

前言

人类发展的驱动力，很大一部分来自无穷无尽的好奇心，因此人类对于未知事物有着永无止境的探索欲望。面对充满奥秘的世界，我们不禁想要知道：最高的山有多高？最大的动物是什么？最像地球的行星是哪颗？

我们在满怀疑问探索大自然的同时，不知不觉间也创造了许多难以想象的奇迹：第一盏电灯、最高的建筑、第一个进入太空的人……各种各样的“世界之最”彰显出大自然的独特魅力、历史的源远流长、宇宙的神秘莫测以及人类的无穷智慧。

为此，我们编写了《了不起的世界之最》系列丛书，按地理、动物、植物、宇宙、建筑、人类、国家、文艺八个主题，讲解一个个令人眼界大开的“世界之最”。本套丛书每册为一个主题，每篇内容紧扣每个“世界之最”的突出特点，并设置了生动的

小标题，有助于小读者快速理解相应的知识。

本套丛书注重内容的知识性与趣味性，选用大量有趣的真实事例，使用前沿数据资料，从少年儿童的认知水平以及阅读能力出发，用生动活泼的语言给小读者讲解众多新奇、罕见的科学知识，将小读者领进丰富多彩的科学世界，使小读者在开阔视野的同时收获知识，提高综合能力。

本套丛书体例编排注重各篇章间的逻辑层次和内在联系，海量的知识并非简单生硬地罗列，而是有着清晰的结构和明显的层次感；版式灵活多变，插图精美清晰、富有视觉冲击力，让知识一目了然，给小读者展示了一个个直观、真实、精彩的“世界之最”。

总而言之，本套丛书集合了诸多领域的科学知识，视角独特、内容全面、图文并茂，能够为小读者打开知识的大门，满足小读者旺盛的好奇心和强烈的求知欲，让孩子在阅读中锻炼探索能力，提高综合素养。

现在，请小读者翻开本书，去探寻那些令人大开眼界的“世界之最”、领略世界的独特魅力吧！

目录

最大的大洲

亚洲全称“亚细亚洲”，意思是“太阳升起的地方”。无论面积还是人口，亚洲都是当之无愧的第一，中国便位于这里。

地理位置

亚洲位于东半球的东北部。东临太平洋，南濒印度洋，北达北冰洋，面积约为4400万平方千米，约占全球陆地总面积的29.5%。亚洲大陆与欧洲大陆相连，合称亚欧大陆，总面积约5416万平方千米，亚洲大陆约占总面积的五分之四。

亚洲和欧洲的分界线为乌拉尔山脉、乌拉尔河、里海、大高加索山脉、黑海、地中海和土耳其海峡，亚洲与非洲的分界线为苏伊士运河，另外，亚洲隔白令海峡与北美洲相望。

亚洲的大江大河

亚洲地域辽阔，河湖众多，受地形的影响，亚洲的大河多发源于中部山地、高原，呈放射状流向周边的海洋。注入北冰洋的河流主要有鄂毕河、叶尼塞河、勒拿河等；注入太平洋的河流主要有黑龙江、黄河、长江、珠江、湄公河等；注入印度洋的河流主要有印度河、恒河、怒江等。

亚洲内陆流域面积广大，主要分布在中亚和西亚的山地、高原、盆地等地区，代表河流有锡尔河、阿姆河、伊犁河、塔里木河、约旦河等。亚洲湖泊在数量上仅次于欧洲和北美洲，拥有许多著名的湖泊，如里海、贝加尔湖、死海、巴尔喀什湖等。

世界文明的摇篮

亚洲是最早迎接文明曙光的大洲，许多地方都诞生过灿烂的文明。世界四大文明发源地中，亚洲就有三个，分别是两河流域，印度河流域，长江、黄河流域。两河流域文明又称“美索不达米亚文明”，最早在两河流域建立文明的是苏美尔人，他们创造了世界上最早的文字——楔形文字。印度河流域文明又称“印度河文明”，是南亚次大陆已知最早的城市文化。长江、黄河流域文明又称“中华文明”，是世界上唯一一个没有断绝的文明。自文明诞生后，亚洲的经济、文化和社会发展水平在世界上长期居于领先地位，对世界的影响深远。

趣味大发现

亚洲是世界上人口最多的大洲，总人口已经超过40亿，约占世界人口的59%，亚洲东部和南部的人口稠密。亚洲的种族、民族构成较为复杂。其中黄种人数量最多，约占全亚洲人口的3/5，其次是白种人，黑种人最少。

最小的大洲

在七大洲中，大洋洲是面积最小、除南极洲外人口最少的一个大洲。虽然它的地方不大，但是有众多岛屿和海滩，比如大陆岛、火山岛和珊瑚岛等。与世隔绝的地理条件使这里诞生了奇异的动植物，良好的经济使这里一直民安物阜。

地理位置

大洋洲位于太平洋西南部、赤道南北的广大海域中，西北紧邻亚洲，东部和东北部隔太平洋与美洲大陆相望，

南部与南极洲隔海相望，西临印度洋。大洋洲主要包括澳大利亚、新西兰和新几内亚，以及波利尼西亚、密克罗尼西亚和美拉尼西亚三大群岛，陆地总面积 897 万平方千米，约占世界陆地总面积的 6%，是世界上最小的一个大洲。

大洋洲分为大陆和岛屿两部分，整体地势低缓，大部分海拔低于 600 米，仅有少数山地海拔超过 2000 米。大洋洲的主体部分为岛屿状大陆——澳大利亚大陆，大陆海岸线长约 1.9 万千米。澳大利亚大陆加上附近岛屿，面积约 770 万平方千米，约占全洲的 86%。

人口和民族

大洋洲的人口约 3200 万（2016 年），是除南极洲外世界上人口最少的一个洲。澳大利亚集中了全洲约 60% 的人口，各岛国人口密度差异显著。大洋洲 70% 以上的人口为欧洲人后裔，澳大利亚人、毛利人、巴布亚人、美拉尼西亚人、塔斯马尼亚人、密克罗尼西亚人和波利尼西亚人等原住居民约占总人口的 20%，此外还有混血种人、华人、印度人和日本人等。

大洋洲绝大部分居民使用英语，三大岛群上的居民分别使用美拉尼西亚语、密克罗尼西亚语和波利尼西亚语等。宗教信仰方面，绝大部分居民信奉基督教，少数信奉天主教、伊斯兰教、佛教和原始宗教等。

资源丰富

大洋洲自然资源十分丰富，矿物以镍、铝土矿、金、铬、磷酸盐、铁、银、铅、锌、煤、石油、天然气、铀、钛和鸟粪石等为主。大洋洲生物资源丰富，盛产松树、山毛榉、棕榈树、桉树、杉树、白檀木和红木等多种珍贵木材，还生活着喜湿或善攀缘的动物，如鸭嘴兽、树袋熊（考拉）等。草原地区的代表动物有大袋鼠、袋熊、袋獾，以及草鹦鹉等鸟类。大洋洲邻近海域，水资源十分丰富。美拉尼西亚附近海域、澳大利亚东南沿海及新西兰附近海域为主要渔场，盛产沙丁鱼、鳕、鳗、鲭和鲸等。

趣味大发现

大洋洲有个独占整个大陆的国家，那就是澳大利亚，澳大利亚被称为“世界活化石博物馆”。澳大利亚的古老物种很多，如袋鼠、袋狼、考拉、针鼹、鸸鹋、鸭嘴兽等。澳大利亚是世界上放养绵羊数量和出口羊毛最多的国家，被称为“骑在羊背上的国家”。

最冷的大洲

一提起南极，大家首先会想到企鹅，虽然企鹅比较耐寒，但是它们都生活在南极洲相对温暖的地带。南极洲绝对是世界上最寒冷的大陆，那里的温度低得超乎想象。

地球上最大的冰库

南极洲位于地球南端，是一块坐落着诸多的冰山和冰川、终年覆盖着冰雪的大陆。加上周边的岛屿和陆缘冰，南极洲的总面积为 1400 多万平方千米，其中超过 98% 的面积长年覆盖在冰雪以下。南极洲的冰层平均厚度 2000 多米，最厚的地方达 4750 米。

因此，南极洲蕴含的冰量十分充足，拥有超过 2500 万立方千米的冰量，占世界总冰量的 90%，南极洲被称为“地球上最大的冰库”。南极洲的淡水含量约达世界总淡水量的 80%，因为不受污染，所以此地成了人类最清洁的淡水后备水源供给地。

寒冷的环境

南极洲具有严寒、大风和干燥的气候特征。南极洲年均温为 –50℃，极端最低气温为 –89. 2℃，是世界上最寒冷的一块陆地。全洲的年平均风速为 17～18 米 / 秒以上，最大风速达 90 米 / 秒以上，是全球最多风、风力最强的地域。南极洲年平均降水量为 55 毫米，降水量最少的地方不足 5 毫米。

受严寒气候的影响，南极洲大陆上只生存着种类较少的昆虫及一些植物。相反的是，南极洲周围的海洋中及周边却热闹得很，企鹅、鲸、海豹、磷虾、海藻以及珊瑚等生物都在这里生活着。

移动的冰山

成千上万的冰山漂浮在南极洲四周的海洋中，这些冰山是由南极冰盖分离而形成的，它们顺着洋流的方向不停地改变位置。冰山尽管看起来十分壮丽，却给海上航行的船队带来了致命的危险。

趣味大发现

南、北两极不存在地震，由于两极地区被厚重的冰层所覆盖，地层会遭受冰层带来的强大压力，这种压力恰好和地层构造的挤压力保持平衡，如此一来地层便不会弯曲、倾斜，进而分散或减弱了地层的形变，因此不会产生地震。但是这种平衡只是相对而言，只要打破了这种平衡，南、北两极也会产生地震。

最大的洋

人们常用海来形容事物的博大、丰富，如“浩如烟海”“海量”“海阔天空”“海水难量”等。虽然海看上去无边无际，可跟洋比起来，它就小得多了。世界上共有4个大洋，面积最大的当数太平洋。

究竟有多大

太平洋在亚洲、北美洲、南美洲、大洋洲和南极洲之间，面积约1.8亿平方千米，占世界海洋总面积的50%左右。太平洋平均深度为3900多米，而在马里亚纳海沟的最深处可达11034米。专家经过推算认为，每过一年，亚洲大陆和美洲大陆都会靠近1至2厘米。换而言之，太平洋正在缩小，而大西洋正在扩大。现在，我

们也不用急于担心太平洋会丧失“大洋榜首”的地位，毕竟距离它降级成为第二大洋仍需很长的时间。

众多岛屿

太平洋岛屿众多，共约 1 万个，较大的岛屿近 3000 个，最大的岛屿是新几内亚岛，居世界第二。太平洋西部的岛屿多是大陆岛屿，如日本群岛、加里曼丹岛等；太平洋中南部的岛多为火山岛、珊瑚岛。

世界著名的大堡礁，在澳大利亚东北。岛上有茂密的热带森林，海水水质清澈，鱼虾潜游，航路曲折，是旅游胜地。大洋中部的夏威夷群岛，风景优美，沙滩洁净。

鱼类的天堂

太平洋中的生物，不管是海底植物、浮游生物，还是鱼类和其他动物，种类都比其他大洋多。太平洋浅海渔场面积大约是全球各大洋浅海渔场总面积的一半，海洋渔获量超过全球渔获量的50%，中国舟山群岛、日本、秘鲁、美国及加拿大西北沿海等都是全球知名的渔场，盛产鳕、鲱、鲭、鲑、鲣、鳟、鲽等鱼类。

趣味大发现

全球约85%的活火山和约80%的地震集中在太平洋地区。太平洋东岸的美洲科迪勒拉山系和太平洋西缘的花彩列岛是世界上火山活动最剧烈的地带，活火山多达370座，有“太平洋火圈”之称。

最小、最冷的洋

全球四大洋中，北冰洋的面积最小，可它的“气场”十分强大，动不动就“发脾气”，常年一副“冷若冰霜”的样子。

北冰洋在哪

北冰洋的名字（Arctic）源于希腊语，意思是正对着大熊星座的海洋。1845 年，伦敦地理学会将这个大洋正式命名为北冰洋。它的面积约 1475 万平方千米，与南极洲相当。平均水深为 1225 米，最大水深为 5527 米，仅为太平洋的马里亚纳海沟的一半。

两大奇观

北冰洋大部分地区位于北极圈内，属于寒带气候。冬季严寒，多暴风雪；夏季温凉，多云雾。虽然这里气候十分寒冷，但是有两大奇观。

第一大奇观：一年中，北冰洋差不多有一半的时间是漫漫长夜，名为“极夜”；而另一半时间一直明亮如昼，名叫“极昼”。

第二大奇观：身处北冰洋，经常能够欣赏到北极天空中的极光现象。极夜到来时，会出现绚丽的极光。

寒冷但不贫瘠

在大多数人的印象中，北冰洋地区是个银装素裹的地方。的确，寒冷的气候不利于北冰洋地区植物的生长，

在这里难以看到桃红柳绿的景象，岛上的主要植物有地衣、苔藓、小灌木以及一些草本植物。然而这并不代表北冰洋是个冷清的地方，这里还有诸多动物，例如大名鼎鼎的北极熊，还有北极狐、海豹、雪兔、驯鹿、鲸、鳕鱼、鲱鱼等。到了夏天，还会有诸多鸟类在西伯利亚沿岸一带嬉戏。

趣味大发现

原住居民因纽特人世世代代生活和居住在北极地区。在过去的漫长岁月中，他们过着一种没有文字、没有货币，却自由自在、自给自足的生活。随着时间的推移，因纽特人已经接受现代文明，生活发生了巨大的变化。

最大与最小的海

地球表面很大一部分是海水，这些海有着不同的大小和形状，世界上最大的海是南太平洋的珊瑚海，最小的海要数土耳其的内海——马尔马拉海。

海中“老大”

珊瑚海地处澳大利亚东北与新几内亚岛、所罗门群岛、新赫布里底群岛、新喀里多尼亚岛之间。珊瑚海面积约479万平方千米，相当于将近半个中国的领土面积，在海中是当之无愧的“大哥大”。珊瑚海平均水深2394米，海底向东倾斜，东侧新赫布里底海沟最深处达9165米。

美丽的外表下暗藏杀机

珊瑚海位于热带，海面平静，风速小，水质好，因盛产珊瑚而得名。俯瞰靛蓝的珊瑚海，我们会发现诸多珊瑚石平台、环礁岛，它们星罗棋布于宽广的海面上，美丽绝伦。世界最大的三个珊瑚礁群坐落在此地，分别是大堡礁、塔古拉堡礁和新喀里多尼亚堡礁，其中大堡礁的面积最大。

与其美丽的外观相比，珊瑚海的“个性”十分彪悍，尤其是在每年的 1 月到 4 月，珊瑚海在旋风的影响下变得“喜怒无常”，常常掀起惊涛骇浪。其余时间，此处大多数的珊瑚礁藏在水下，成为暗礁。这些暗礁对海上交通造成了严重阻碍，是船舶的“克星”。

大理石海

马尔马拉海是土耳其的内海，也被称为大理石海，地处亚洲小亚细亚半岛与欧洲的巴尔干半岛之间。它东西长约 270 千米，南北最宽处约 70 千米，面积 11350 平方千米，是全球面积最小的海。

马尔马拉海东北端经博斯普鲁斯海峡通往黑海，西南经达达尼尔海峡通往爱琴海、地中海、大西洋，剩下的部分被土耳其环绕，分隔了亚、欧两洲，是亚洲通向黑海、地中海、大西洋的重要通道，占据着非常重要的地理位置。

趣味大发现

马尔马拉海及邻近的地中海的水下地壳十分破碎，因此常常发生火山和地震，属于全球强地震带之一，闻名于世的埃特纳火山、维苏威火山就坐落在地中海区域。

最古老的海

在亚、欧、非三大洲之间有一片汪海，好似一个嵌于陆地间的长水槽，这便是全球最古老的海——地中海。

海上的交通枢纽

地中海地处亚、欧、非三大洲之间，东西长约 4000 千米，南北最宽处约 1800 千米，面积约 251 万平方千米，平均水深 1450 米，最大深度为 5121 米。地中海以亚平宁半岛、西西里岛和突尼斯之间的突尼斯海峡为分界线，

分为两部分。地中海东部经土耳其海峡（达达尼尔海峡和博斯普鲁斯海峡、马尔马拉海）与黑海相连；东南部经 19 世纪开通的苏伊士运河和红海沟通；西部经直布罗陀海峡与大西洋相接，最狭窄的地方只有 13 千米。地中海是联系太平洋、印度洋和大西洋的交通要冲，是亚、欧、非三大洲的交通枢纽。

“老资格”

现在的地中海是辽阔的特提斯海的残留海域。特提斯海的范围很大，向东穿过喜马拉雅山，直通古太平洋。那时，它的面积仅次于太平洋，而大西洋还没形成呢！后来，北面的亚欧板块与南侧的印度洋板块漂移并靠近，撞在了一起，挤出一个喜马拉雅山，特提斯海从此便退缩成现在的地中海。

地中海气候

地中海沿岸，夏季炎热干燥，冬季温和湿润，属于地中海气候。该地区植被叶质坚硬，叶面有蜡质，根系深，有适应夏季干热气候的耐旱特性，属亚热带常绿硬叶林。这里光热充足，是欧洲主要的亚热带水果产区，盛产柑橘、无花果和葡萄等，还产木本油料作物油橄榄等。

航海文明的发源地

地中海沿岸可以称得上是航海文明的发源地之一。此地诞生了诸多航海业很发达的民族，包括腓尼基人、克里特人、希腊人、葡萄牙人和西班牙人，也孕育了众多知名的航海家，如发现美洲的哥伦布，开通大西洋

和印度洋航线的达·伽马，带领的船队首次实现环球航海的麦哲伦等。地中海沿岸的意大利是欧洲文艺复兴运动的发源地，也是杰出的科学家伽利略的故乡。这些人物所做的贡献十分巨大，推动了人类近代科学和文明的发展。

趣味大发现

说到全球最脏的海，非地中海莫属。每年，地中海沿岸的国家都会把大量的废水和固体废弃物倒进地中海。而且地中海沿岸的叙利亚、埃及等国都出产石油，各个国家的石油港口加起来有 50 多个，这些港口在装卸石油的过程中容易对海水造成严重的石油污染，地中海所受污染的程度也因此而加深。

温度最高的海

提起大海，我们往往首先想到的是碧海蓝天。在炎炎夏日，在凉凉的海水里畅游一番，会让人神清气爽。但并非所有海水都是凉凉的，红海就是一个温暖的海。

红海的位置

红海是印度洋的附属海，它像是一条长着大嘴的鳄鱼，头朝西北尾朝东南斜卧着。红海长约 2100 千米，最宽的地方有 306 千米，面积约 45 万平方千米。东南侧经曼德海峡与亚丁湾连通，西北侧经苏伊士运河与地中海连通。

名字有来头

红海的名称源于古希腊语，指“红色的海洋”。关于红海之名从何而来，一直说法不一。有人觉得是远古时代驾船在近岸航行的人们在有限的交通和技术条件下，看到太阳光被红海两岸红、黄色的岩壁映射到海面上，令海上泛起红光；有人觉得是诸多色彩艳丽的贝壳令海水变红；有人觉得是大量黄中带红的珊瑚沙存在于近岸的浅海地带，使得水色深红；还有人觉得此海是全球温度最高的海，表层海水有利于红色海藻的繁殖，到了一定的季节，海水会因大量繁殖的红藻而变为红褐色，有时还把天空、海岸都映成艳红色，给人们留下了深刻的印象，所以这片海被命名为“红海”。

“发烧”的海水

红海水温很高，8 月，南、北均温分别是 32℃和 27℃。由于受副热带高压和信风带控制，红海两岸是热带沙漠气候，降水稀少，蒸发量大，全年高温。红海位于副热带高压带和信风带所控范围之内，腹背受北非与阿拉伯半岛热带沙漠气候的影响，全年干热，因此水面一直是热的。红海海底扩张使地壳产生了裂缝，岩浆顺着裂缝一直往上冒，使海底岩石的温度升高，所以海水底部有着非常高的水温。

最咸的海

红海平均盐度为41%左右，运河附近盐度高达43%。红海盐度高的主要原因有两点：首先，红海的东西两岸都存在沙漠，河流匮乏，并且此地终年酷热，海底也是地球释放地热的渠道，海水温度很高，使得年蒸发量远超年降水量；其次，红海的形状又长又窄，东南部狭窄的曼德海峡连接着印度洋，西北部只能经由苏伊士运河和地中海连通，海区较为封闭，很难与外面盐度相对较低的海水交换水体。所以，红海是最咸的海洋。

趣味大发现

一般来说，板块内部地壳比较稳定；板块与板块交界的地带，地壳比较活跃。红海位于非洲板块和印度洋板块之间的生长边界上，两个板块不断发生张裂运动，因此红海的面积不断在增大，也许未来会成为新的大洋。

最大的群岛

马来群岛是世界上最大的岛群，其岛屿分属多个国家，包括菲律宾、马来西亚、印度尼西亚、巴布亚新几内亚、文莱、东帝汶等，其中印度尼西亚是世界最大的群岛国，被赞为“赤道上的翡翠”。

群岛之中的“老大”

马来群岛，也叫南洋群岛，散布在印度洋和太平洋之间的广阔海域，共有 20000 多个岛屿。马来群岛北起吕宋岛以北的巴坦群岛，南至罗地岛，西起苏门答腊岛，东

至东南群岛，南北延伸3520千米，东西相距6000余千米，陆地面积247.5万平方千米，是世界上最大的群岛。

“灯火走廊”

在构造单元上，马来群岛可分为两部分。一部分为稳定性区域，主要包括加里曼丹岛的西南部和苏门答腊岛的东北部。这里与中南半岛仅隔巽他大陆架，地壳相对稳定，缺乏火山，也少地震。另一部分属于不稳定性区域，显然，除稳定性区域外的马来群岛，都属于不稳定性区域。这些地区处在三大板块的交界地带，时常发生地震，人们形象地称其为“灯火走廊”。马来群岛是地震、火山爆发数量最多的地区。

丰富的自然资源

马来群岛中部被赤道穿过，气候炎热多雨，土壤肥沃，非常适合种植热带经济作物。岛上经济以农业为主，耕种的农民大多在岛上定居，主要种植的农作物是水稻，也生产甘薯、木薯、玉米等。这里还出产胡椒、豆蔻、天然橡胶、棕榈油、烟叶、椰子、可可等农林产品。

马来群岛有丰富的森林资源，出产很多珍贵木材。主要矿产是石油，开采地分布于苏门答腊、文莱、巴布亚、加里曼丹岛等地。锡产量也很大，主要产区是邦加岛、印尼新及岛、勿里洞岛。另外，西里伯斯有镍矿，加里曼丹岛有铝土矿，菲律宾有金、铁、铜、铬、锰等

矿产。群岛煤储量不大，但水力资源丰富，只是没有得到充分开发。除此之外，马来群岛还有多种多样的动植物，种类丰富，形态万千。

趣味大发现

马来群岛的气候主要有两种类型。印度尼西亚群岛主要是热带雨林气候，全年高温多雨，无四季之分。但由于受位置（分居南、北半球）和地形等因素的影响，内部气候仍有差异。另外，菲律宾群岛北部为热带季风气候。

最大的岛屿

格陵兰岛是全球第一大岛屿，面积达 216.6 万平方千米，分别排名第二、第三、第四的新几内亚岛、加里曼丹岛、马达加斯加岛的面积加起来还不如格陵兰岛的面积大。

“绿色的土地”

格陵兰岛属于丹麦，位置在北美洲东北部，介于北冰洋和大西洋之间。这里海岸线曲折，深长的峡湾较多。

“格陵兰岛”意为“绿色的土地”，然而岛上不像名字显示出的那样生机盎然，全岛约五分之四在北极圈内，大部分面积都覆盖着厚冰，冰原的平均厚度达 1500 米，

中部最厚可达3400米。岛上非常寒冷，经常有暴风雪，全年平均气温低于0℃，只有南岸和西南沿岸地区7月的平均气温能达7～10℃。

动物的乐园

格陵兰岛虽然大部分区域被冰雪覆盖，但依然充满了活力，不单单是数万居民在这里安居乐业，还有很多动物在此处欢快地生活。很多鸟儿会在夏天飞到岛上享受日光浴，繁衍下一代。小雪鹀和雷鸟一整年都在岛上生活。此外，岛上还有北极熊、北极兔、北极狐、狼、驯鹿、麝牛、旅鼠等动物，周边的水域中则生活着鲸、海豹、鲑鱼、鳕鱼、比目鱼等。

格陵兰岛的植物种类并不丰富，多为苔原植物，如地衣、羊胡子草、苔草等，还有一些矮小的柳树、桦树、桤树丛等，不过也只是生长在部分无冰地区，分布很少。

日不落岛

格陵兰岛有着极地特有的极昼和极夜现象，纬度越高，极昼和极夜时间越长。在冬季，极夜持续时间长达数月，上空偶尔会有极光出现，非常绚丽夺目，格陵兰岛的夜空也因此有了一些生机。而在夏季，这里终日艳阳高照，因此格陵兰岛又有“日不落岛”之称。

趣味大发现

格陵兰岛的冰块是一种很好的冷饮剂，里面含有大量气泡，把冰块放到水里会持续发出爆裂声，人们称其为“万年冰”。这种冰纯度很高，也很洁净，在酷热难耐的时候喝上一口用其制作的饮料，让人顿感清爽。格陵兰岛的冰层厚两三千米，属于现代巨大的大陆冰川。

最大的珊瑚礁群

大堡礁是世界上最大的珊瑚礁群，天蓝、蔚蓝、靛蓝和白色交织在一起，十分漂亮。它就像一颗闪耀的明珠，给地球做了最好的装饰，即使在月球上也能看得见。

地理位置

大堡礁位于澳大利亚东北岸外、珊瑚海西部，北至托雷斯海峡，南达南回归线附近，绵延 2000 多千米。大堡礁最宽处达 240 千米，而最窄的地方仅有 19.2 千米，面积有 20.7 万平方千米，包括大量岛礁和浅滩。

伟大的“建筑师”

如此美丽壮观的大堡礁是谁建造出来的呢？它的“建筑师”可不一般，是直径只有几毫米的珊瑚虫。珊瑚虫是腔肠动物，能分泌石灰质“骨骼”，老的珊瑚虫死后，石灰质遗骸就留了下来，新的珊瑚虫继续发育繁衍，一代又一代的石灰质遗骸就这样越积越多，与贝壳、藻类等海洋生物的残骸聚结在一起，慢慢地就形成了珊瑚礁。这是一个十分漫长的过程，哪怕是在最好的条件下，礁体每年增加的厚度也只有三四厘米。大堡礁如此庞大的“建筑群”，自然需要无数代珊瑚虫历经很长时间才能完成。

多姿多彩的大堡礁

大堡礁中的珊瑚礁有各种颜色，如红色、黄色、绿色、紫色等，并且姿态万千，有海草形、灵芝形、鹿角形、荷叶形等。大堡礁里的热带海洋生物不计其数，有海绵、水母、管虫、海葵、海胆、海龟（其中包括珍贵的绿毛龟），以及鹦鹉鱼、天使鱼、蝴蝶鱼等各类热带观赏鱼，而且这里还生活着大海蛇、毒石鱼等令人生畏的

海洋生物。更令人惊叹的是，大堡礁几百个珊瑚礁群中，一大半都是活珊瑚。总之，大堡礁五彩斑斓而又壮观的珊瑚景观，每年都吸引着无数游客前来观赏。

趣味大发现

对沿海城市而言，珊瑚礁就是天然的堤坝，能够使脆弱的海岸线不受海浪侵蚀。所以珊瑚礁是人类极其宝贵的财富，它们不仅具有观赏价值，对渔业和旅游业的发展有重大贡献，还保护了人类赖以生存的家园。

最大的裂谷

东非大裂谷是地球上最大的裂谷，纵贯非洲东部，全长约 6500 千米，差不多是地球赤道周长的 1/6。坐在飞机上向下望东非大裂谷，一道巨型沟壑呈现在眼前，气势恢宏、景色壮美，令人赞叹。

地球上的“伤疤”

东非大裂谷是纵贯非洲东部的地理奇观，是世界上最大的断层陷落带，据说是由约三千万年前的地壳板块运动而形成的。有关地理学家预言，未来非洲大陆将沿裂谷断裂成两个大陆板块。

东非大裂谷从卫星照片上看犹如一道巨大的伤疤。这条裂谷带位于非洲东部，南起赞比西河河口，向北至马拉维湖北端分为东、西 2 支：东支裂谷带沿维多利亚湖东侧，向北经坦桑尼亚、肯尼亚中部，穿过埃塞俄比亚高原入红海，再沿红海向西北方向延伸到约旦河谷；

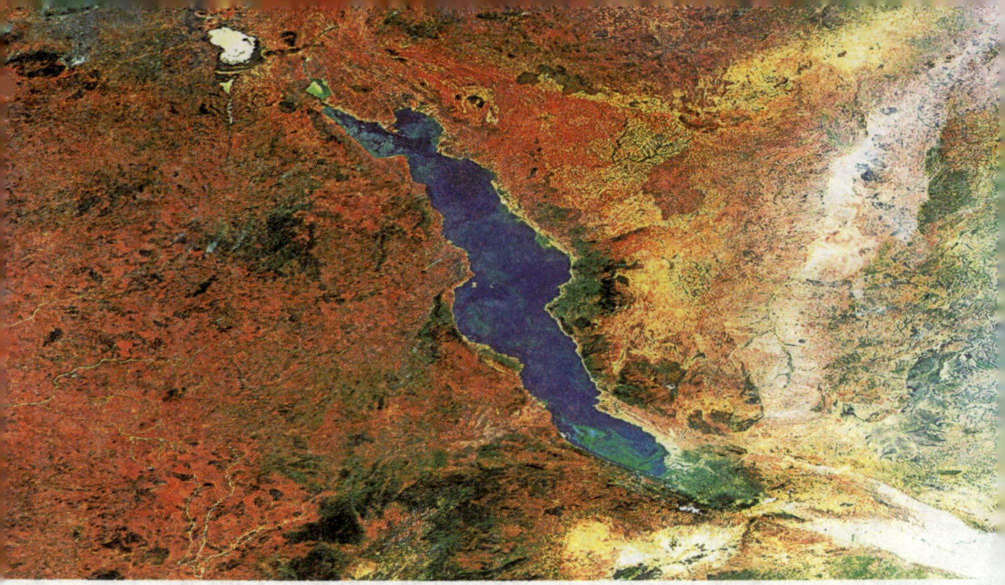

西支裂谷带大致沿维多利亚湖西侧由南向北穿过坦噶尼喀湖、基伍湖等湖泊，向北直抵尼罗河上游谷地，规模相对较小。东非大裂谷平均宽度 48～65 千米，裂谷带宽度较大，谷底大多比较平坦。

壮美的景观

如果只听“东非大裂谷”这个名字，很多人可能会把它和幽深、狭长、阴森等词语联系在一起，觉得那里肯定荒无人烟、怪石嶙峋。这样想可就大错特错了，东非大裂谷是一处天然蓄水地带，集中了非洲大部分湖泊，其中包括非洲第一大湖维多利亚湖、世界第二深湖坦噶尼喀湖。这些湖泊狭长弯曲，沿着大裂谷排成“一”字形，形成了一道亮丽的风景线。

东非大裂谷的湖区土地肥沃，植物生长茂盛，野生动物种类繁多，包括非洲狮、河马、大象、羚羊、犀牛、火烈鸟、秃鹫、鹈鹕等，各种动植物给这里增添了无限生机。

趣味大发现

东非大裂谷是人类文明的发祥地之一，这里曾经生活着许多古人类。1967 年以来，考古学家在东非大裂谷北部的图尔卡纳湖一带发现了许多古人类的化石和旧石器。

最大的峡谷

雅鲁藏布江像一把劈山巨斧，把喜马拉雅山从中间劈开，在下游南迦巴瓦峰周围有一个大拐弯，雅鲁藏布大峡谷就在此处形成，产生了独特的“水汽通道”，青藏高原内部由此可以持续接收到水汽，从而造就了青藏高原东南部的一片绿洲。

雅鲁藏布大峡谷

雅鲁藏布大峡谷旧称“底杭峡”，位于西藏自治区东南部、雅鲁藏布江切穿喜马拉雅山的转折处，长 504.6 千米，山峰与谷底相对高差达 6009 米，江面最窄的地方为 35 米，是世界上最大、海拔最高的河流峡谷。

形成原因

受到远古时期多次冰川作用的影响，此地产生了完整的古冰川“U”形谷，加上几百万年以来这里地壳的快速抬升和内部的地质作用，逐渐形成了雅鲁藏布大峡谷。

地球上最后的秘境

雅鲁藏布大峡谷有极为丰富的水资源，两岸有茂密的森林，动植物种类丰富，其中包括很多世界濒危物种，如红豆杉等。这里景色多样，涵盖了众多不同类型的自然风光：最上面是被冰雪覆盖的高山；往下就是高山灌丛草甸带；接着是高山常绿针叶林带；再往下是山地常绿阔叶林带；最后到了低山、河谷，为季风雨林带。

遗憾的是，雅鲁藏布大峡谷虽然植被丰富、景色绮丽，却有着环境恶劣、灾害频发的问题，使人们无法更好、更近距离地接触它，从而导致它与现代社会逐渐脱节。雅鲁藏布江下游的墨脱地区更是如此，成了高原上与世隔绝的“桃花源”，可以说是“地球上最后的秘境”。

趣味大发现

红豆杉是国家一级保护植物，它是一种常绿乔木，有天然高效的抗癌效果，但不具备较强的再生能力，是非常珍贵、稀有的野生植物，受到众多国家的重视和保护。

最高的山脉

喜马拉雅山脉位于我国西藏自治区和巴基斯坦、印度、尼泊尔、不丹境内，是世界上最高的山系，它仿佛一个硕大的屏风耸立在青藏高原南部，雄伟高峻，气势磅礴。

雪的故乡

喜马拉雅山脉的藏语意为“雪的故乡”，高耸挺拔的喜马拉雅山脉东西横亘、逶迤绵延，呈向南凸出的弧形，并矗立在青藏高原的南缘。喜马拉雅山脉西起克什米尔的南迦·帕尔巴特峰，东至雅鲁藏布江大拐弯处的南迦巴瓦峰，它不仅是东亚大陆和南亚次大陆天然的分界山，也是中国与印度、尼泊尔、不丹、巴基斯坦等国的天然国界山。

世界之巅

喜马拉雅山脉平均海拔约 6000 米，8000 米以上的山峰有 10 座。世界第一高峰珠穆朗玛峰就属于此山脉，其高度为 8848.86 米，有“世界第三极”的赞誉。这些高山的峰巅都位于永久雪线以上。早在古印度时期，就有很多朝圣者前来膜拜这些覆盖着冰雪的高山之巅，如今更是有众多世界各地的登山爱好者被喜马拉雅山脉的雄伟所吸引而前来挑战。

植被差异

由于喜马拉雅山脉海拔极高，导致南北坡的自然条件差异显著，且植被分布存在垂直差异。这种分布悬殊

的自然景观十分奇特，让人不得不惊叹大自然的造化之神奇。南坡低处温暖、湿润，由低向高分布着常绿阔叶林、高山针叶阔叶混交林、高山针叶林、高山灌木林带。而北坡寒冷干燥，降水较少，自然景观的垂直分布层次要比南坡少得多。

独特的文化

喜马拉雅山的顶峰终年白雪皑皑，在红日的映照下，更显得晶莹剔透、绚丽多彩。一旦漫天风雪来临，它就像被裹上一层乳白色的轻纱，犹如从茫茫太空中飘来的一座玉宇。千百年来，生活在喜马拉雅山区的人们利用山脉的山口地带，南北穿行。藏族和其他民族的居民在河谷阶地和缓坡上修筑梯田、开垦耕地，种植青稞、燕麦、玉米等作物，并引雪水灌溉，形成了独特的文化。

趣味大发现

喜马拉雅山脉是大陆板块碰撞形成的。据研究，该地区最早是一片汪洋大海，后来在地壳运动中，这一地区逐渐隆起，最终形成了雄伟的山脉。地质考察表明，喜马拉雅山脉仍在不断上升。

最长的山脉

安第斯山脉雄伟壮丽，仿佛一条巨龙雄踞在南美洲大陆上，其壮观景致令人震撼。

壮观的安第斯山脉

安第斯山脉是科迪勒拉山系南美洲部分的主干，长8900千米，是世界上最长的山脉。其北段支脉至特立尼达岛，南段到达火地岛，跨越委内瑞拉、哥伦比亚、厄瓜多尔、秘鲁、玻利维亚、智利、阿根廷七个国家，大部分山峰海拔在3000米以上，还有不少高峰海拔在6000

米以上。

南美洲西部的山脉大部分平行于安第斯山脉，并与海岸有相同的走向，与太平洋海岸大体上也平行，主要包括北、中、南三段。北段分布着山岭、广谷和低地；中段是印加文明发祥地，有高原和谷地；南段低狭破碎，冰川发达，雪线很低。

复杂多样的气候

安第斯山区有着复杂多样的气候和多种植被类型，呈明显的垂直分布，随高度、纬度和坡向的变化而有所不同。北段属于低纬度地区，主要是热带雨林气候，低地和低坡地带常年处于高温状态，年平均气温超过27℃，年降水量在 2000 毫米以上，植被类型以热带雨林为主。中段南北向气温年较差较大，降水量较少，主要呈现干旱地区的特征。南段属于中纬度地区，气候温凉湿润。

丰富的矿产资源

安第斯山脉不仅有壮丽的自然景观，还是大量矿产资源的蕴藏地。阿塔卡马沙漠地区位于安第斯山脉中段，这里锂的蕴藏量极其丰富，大约占世界已探明锂储藏量的 2/5。智利境内铜的蕴藏量约占世界铜蕴藏量的 1/4，居全球第一，被誉为“铜矿之国”，这正得益于安第斯山脉。另外，安第斯山脉森林茂密，林木资源丰富，南美国家的木材来源和造纸原料很大程度上依赖于此。安第斯山脉还有天然牧场且面积广大，促进了畜牧业的发展，拉动了南美的经济。

火山隐患

直到今天，安第斯山脉的火山隐患依旧存在。安第斯山脉属于环太平洋地震带的一部分，形成安第斯山脉的地壳仍在不断运动，处在火山活动期，极易形成毁灭性的火山和地震。

趣味大发现

在安第斯山脉，不同的海拔地区生活着不同的动物，但其生存上限是永久雪线。猫科类动物大多在海拔 4000 米以下生活，白尾小鼠一般生活在海拔 4000 米以上，羊驼、美洲驼、骆马主要生活区域的海拔是 3500 米至 4000 米，而安第斯神鹫可以飞到海拔 7000 米的地方。

最长的河流

尼罗河位于非洲东北部，是世界最长的河流，全长6671千米，流域面积287.5万平方千米，被誉为“埃及母亲河”“非洲河流之父”。

著名的国际河流

尼罗河位于非洲东北部，是一条国际河流。它发源于赤道南部东非高原上的布隆迪高地，流经卢旺达、布

隆迪、坦桑尼亚、肯尼亚、乌干达、刚果民主共和国、南苏丹、苏丹、埃塞俄比亚、埃及等国家，穿越世界上最大的沙漠撒哈拉沙漠，最后在开罗附近形成三角洲，分流注入地中海。

绿色走廊

尼罗河有定期泛滥的特点。几千年来，尼罗河每年6—10月泛滥。8月，河水水位达到高峰。10月之后，洪水退去，留下厚厚的淤泥，使土地肥沃起来。在尼罗河两岸的肥沃土地上，每年都能收获大量的棉花、水稻、小麦、亚麻、葡萄和各种蔬菜，形成一条“绿色走廊”。这里还有鳄鱼、河马、鹳、鹭、羚羊和各种鱼类等动物。

文明的摇篮

尼罗河流域是世界古文明发源地之一，埃及人的祖先早在8000多年前就已经生活在尼罗河两岸，尼罗河的确称得上是埃及人生命的“源泉”。经过漫长的发展，尼罗河沿岸地区诞生了古埃及文明。目前在尼罗河两岸已经发现了数十座金字塔，它们记录着古埃及的历史，

见证着人类文明的伟大和神奇。可以说，奔流不息的尼罗河就是古埃及文明的“摇篮”。

趣味大发现

尼罗河三角洲位于亚、欧、非三大洲的交界地带，地理位置十分重要，而且这块土地十分肥沃，为人类提供了巨量财富，因此历来便是兵家必争之地。闪米特人把战车和骏马带到了这里，帮助古埃及人建立了自己的王国。古希腊人漂洋过海来到这里，修建了亚历山大港，为人类文明增添了浓墨重彩的一笔。

含沙量最多的河流

黄河是中华民族的母亲河，它横贯中华大地，千百年来哺育着无数中华儿女，孕育了灿烂的中华文明。

奔腾的黄河

黄河是中国第二长河，发源于青海省巴颜喀拉山北麓，流经青海省、四川省、甘肃省、宁夏回族自治区、内蒙古自治区、陕西省、山西省、河南省，在山东省注入渤海。全长5464千米，流域面积79.5万平方千米。内

蒙古自治区托克托县河口以上为上游，长 3472 千米；河口至河南省郑州桃花峪为中游，长 1122 千米；桃花峪以下为下游，长 870 千米，流经华北平原。从高空俯瞰，奔腾的黄河水呈一个巨大的“几”字形，沿途接纳主要支流有 40 多条，其中著名的有洮河、湟水、无定河、汾河、渭河、洛河、沁河等。

黄河水力资源丰富，沿线有三门峡、青铜峡、刘家峡、龙羊峡、小浪底等大型水利工程。沿河重要城市有兰州市、银川市、郑州市、济南市等。

地上悬河

黄河是世界上含沙量最多的一条大河。据统计，黄河每年从中游带进河中的泥沙多达 16 亿吨，如果将这些泥沙堆积在一起，形成 1 米高、1 米宽的土墙，可以环绕地球 20 多圈。

黄河中游流经黄土高原，该地区植被稀少，土质松散，水土流失非常严重，大量泥沙进入黄河。尤其是夏季，降水集中，暴雨冲刷黄土，河水变成泥流，滚滚东去，黄河从这里开始泛黄。

黄河下游，河道宽阔，水流缓慢，中游带来的泥沙淤积在河床中，年复一年，泥沙不断淤积，使河床不断抬高，在下游形成“地上河”。在古都开封段，黄河河岸高出两岸的平地，最高处达10米以上，好像悬在空中，因此，此段黄河又被称为“悬河”。

九曲黄河十八弯

民间素来就有“九曲黄河十八弯”之说。所谓“九曲黄河十八弯”只是一种概括说法，用来形容黄河蜿蜒曲折的状态。黄河由巴颜喀拉山脉发源，自青藏高原一路向东南流去。行至玛曲时，遇到了四川北部高山的阻挡，于是河水掉头流向西北，形成了罕见的180°大转弯，流回青海。所以这里被称作“黄河第一曲”。“玛曲”在藏语中就是黄河的意思。

趣味大发现

黄河为我们造就了无数壮观的景色，其中最令人称道的莫过于壶口瀑布了。壶口瀑布是我国第二大瀑布，位于山西省吉县与陕西省宜川县之间。黄河奔流至此，被两山收成一束，犹如一个壶口，故名壶口瀑布。

落差最大的瀑布

安赫尔瀑布又名丘伦梅鲁瀑布，是世界上落差最大的瀑布。它位于南美洲委内瑞拉玻利瓦尔州的圭亚那高原卡罗尼河支流丘伦河上，河水从奥扬特普伊山顶部东缘沿陡壁跌落至丘伦河谷地，落差979米。

安赫尔瀑布名字的由来

20世纪30年代早期，美国飞行员安赫尔跟随一名淘金老人前往南美洲淘金。每一次淘金，他们都会收获

颇丰。淘金之前老人只是让安赫尔远远地在飞机上等候，从不让安赫尔跟随自己一起去那条被他称为“遍布黄金的河流”，后来老人去世了，安赫尔不知道老人口中“遍布黄金的河流”在哪里，便驾着飞机在密林之上寻找这条神秘的河流。安赫尔终其一生也未能发现这条河流，但他在 1935 年发现了世界上落差最大的瀑布，人们为了纪念他的伟大发现，就将这个瀑布命名为“安赫尔瀑布”。

壮观的多级瀑布

安赫尔瀑布分为两级，先泻下 807 米，从山顶直泻

到一个岩架上，然后再下跌172米，直至丘伦河谷地。从近处看，瀑布壮丽无比；从远处看，瀑布非常柔美。每当晨昏之际，山崖之上云雾缭绕，瀑布从悬崖上飞泻直下，仿佛一条银龙从天而降，发出轰鸣。

难睹“芳容”

如今，安赫尔瀑布的名气已经传遍全球，但是，很少有人能一睹它的“芳容”。

浓密的原始树林阻挡了游客们的视野，游客们也很难徒步走到瀑布的最底下。在雨季，由于降雨多，河水变得很深，游客们可以乘船进入。在一年中的其他时间里，游客们只能租用一架飞机，从高空俯瞰这条瀑布。

当乘坐飞机去看安赫

尔瀑布时，飞行过程是非常危险的，因为需要绕着大峡谷飞行。所以，每一位乘坐飞机去观赏这条大瀑布的人，都会被授予一张“无畏的冒险家”的证书。

趣味大发现

在安赫尔瀑布下游，有一个叫“卡奈马”的地方，这里瀑布众多，风景秀丽。人们可以观赏到河流两边密密麻麻的原始森林，也可以观赏到一条条银瀑，还可以探访印第安村庄，体验印第安人的原始生活。

最宽的瀑布

伊瓜苏瀑布是世界著名的瀑布之一，该瀑布的宽度达到了 4 千米，是世界最宽的瀑布。1984 年，伊瓜苏瀑布被联合国教科文组织列为世界自然遗产。

伊瓜苏瀑布的形成

“伊瓜苏”在印第安语中意为“大水”。伊瓜苏瀑布是南美洲最大的瀑布，位于阿根廷和巴西交界处的伊瓜苏河下游。伊瓜苏河是南美洲第二大河巴拉那河的一

条支流，伊瓜苏河水量充沛，自西向东奔流在巴西高原南部的巴拉那熔岩高原上。在距离伊瓜苏河与巴拉那河汇流点约 23 千米处，有一段深邃的峡谷，伊瓜苏河水从此峡谷陡峭的岩石上飞泻而下，落差达 82 米，十分壮观。阿根廷和巴西两国政府在瀑布附近建立了伊瓜苏国家公园，每年都有众多游客前来参观。

壮观的伊瓜苏瀑布

伊瓜苏瀑布非常奇特，它由 275 股急流和瀑布组成，一眼望去，就像被一把大梳子梳理过一样，十分壮观。

在洪水期，大量的水流汇聚在一起，形成了一个半环形瀑布群，在阳光的照射下更显壮观绚丽。

该瀑布的中部位置有一个水流最大、最猛的地方，被称为“魔鬼喉”，其景象被形容为“大海泻入深渊”。“魔鬼喉”在阿根廷和巴西都可以观赏到。

伊瓜苏瀑布的传说

关于伊瓜苏瀑布有一个美丽的传说：一个部落酋长的儿子站在河边向诸神祈祷，希望诸神能让他心爱的公主重见光明。之后，大地裂为峡谷，河流倾泻而下，他

被卷入其中，但他心爱的公主却重见光明，公主成为第一个亲眼看见伊瓜苏瀑布的人。

趣味大发现

在伊瓜苏瀑布所在地区，生活着大量稀有濒危的动物，其中包括巨獭和大食蚁兽。这里还有种类繁多的植物，在瀑布水汽的滋养下，这里的植物郁郁葱葱。

最大的湖泊

里海虽然被归类于湖泊，但是它完全配得上“海”这个名字，其面积甚至比某些海（如马尔马拉海）还要大。里海内部有许多岛屿，有时会出现大风大浪的景象，甚至连海啸都曾“光顾”这里，这些奇特现象使里海显得非常神秘。

里海的地理位置

里海位于亚、欧两洲交界处，南北长约 1200 千米，东西平均宽 325 千米，面积由 1929 年的 42.2 万平方千米减至 1995 年的 39.6 万平方千米，湖面低于海平面 26.6 米。

湖水北浅南深，最深1026米，是世界第一大湖。里海的水源主要来自伏尔加河、乌拉尔河等河流。

海的“远房亲戚”

里海明明是个湖泊，为什么叫它“海”呢？这是因为里海水面辽阔，经常出现狂风恶浪，犹如海的波涛；另外，里海的水是咸的，有许多水生动植物和海洋生物类似，如大叶藻类、海豹、鲟鱼、鲑鱼等；并且在地质历史时期，里海曾与黑海、地中海相通，后来由于地壳变动，与大海分开，才形成湖泊（地理上把这种湖泊称为海迹湖）。因此，人们就把这个世界上最大的湖泊叫作“里海”了。

丰富的自然资源

里海拥有丰富的石油和天然气资源。位于里海东部的曼格什拉克半岛、位于里海西部的巴库和里海湖底都盛产石油，里海也因此成为世界上重要的石油产区之一。里海湖底石油的生产范围很广，即使在距离湖岸几十千米的地方也能看到石油开采设施。此外，里海还具有丰富的生物资源，海豹等海兽以及鲑鱼、鲟鱼、银汉鱼等鱼类都在此繁衍生息。

趣味大发现

在距今 1 万多年前，里海仍是海洋，与黑海和地中海相连通，它们共同构成了古地中海。后来在地壳运动的影响下，厄尔布尔士山和高加索山逐渐隆起，使得里海被“孤立”起来，自此成为一个内陆湖。

最深的湖泊

贝加尔湖位于俄罗斯东西伯利亚高原南部，整体狭长弯曲，形似一弯新月，清澈透明的湖水也令人叹为观止。贝加尔湖是古代中国北方游牧民族生活的地区，在我国古书中叫作“北海”，著名的“苏武牧羊”发生地就是这里。

神秘的贝加尔湖

贝加尔湖长 636 千米，平均宽 48 千米，面积约 3.15

万平方千米，为世界第七大湖。贝加尔湖是世界上最古老的湖泊，至今约有 2000 万年历史，也是世界上最深的湖泊。

贝加尔湖是世界上储水量最大的淡水湖，其蓄水量达 23 万亿立方千米，约占全球地表淡水总量的 1/5，相当于北美洲五大湖水量的总和，超过整个波罗的海的水量。贝加尔湖有 300 多条河流补给，安加拉河是从贝加尔湖流出的一条大河，最后汇入叶尼塞河，注入北极圈以内的喀拉海。

丰富的生物资源

贝加尔湖地区生物资源丰富，分布着多种动物和植物，其中大多为该地区所特有，如全身透明的凹目白鲑、银灰色的著名珍稀动物贝加尔海豹等，除此之外，还有各种软体动物、海绵生物等。贝加尔湖也是俄罗斯的主要渔场之一，分布着多种鱼类，如杜文鱼、大马哈鱼、茴鱼、鲟鱼等。其中有一种贝加尔湖特产的鱼，叫胎生贝湖鱼，这种鱼的繁殖特性颇为奇特——由母鱼直接产下仔鱼。正因为湖内生物种类丰富，贝加尔湖又被称为“神圣的西伯利亚湖”。另外，贝加尔湖区还分布着多种鸟类。

贝加尔湖的植物有 600 多种，主要有苔藓类、莎草类、菊科等。贝加尔湖沿岸生长着松树、云杉、白桦和白杨等多种植物，森林密布，景色优美。

趣味大发现

贝加尔湖的湖水十分清澈，透明度高达 40 米。这一奇特现象的成因主要有两个：一是湖盆（地表上蓄积湖水的盆状洼地）比较深；二是湖里生存着许多能够分解动物尸体的端足类动物，它们对湖水有一定的净化作用。贝加尔湖的湖水还经常呈现出如宝石一般湛蓝的颜色，因此贝加尔湖还有“西伯利亚的明眸”之称。

最高的高原

青藏高原是世界上最高和最年轻的高原，有“世界屋脊”之称，也是我国面积最大的高原。青藏高原面积广阔、地势高耸，分布着许多湖泊，亚洲一些著名的大河也发源于此。

沧海桑田的见证

在距今2.8亿年前，青藏高原这片辽阔的地区仍属于古地中海的一部分。地质作用使得青藏高原逐渐隆起，

在距今8000万年前，藏北地区以及部分藏南地区彻底脱离海洋而成为陆地，地质学上把这一过程叫作“喜马拉雅运动”。时至今日，青藏高原仍在缓慢上升，因此人们把它叫作“世界上最年轻的高原”。

雄伟的青藏高原

青藏高原的平均海拔超过4000米，总面积约250万平方千米。青藏高原内部有冈底斯山、唐古拉山、念青唐古拉山等山脉，四周也环绕着许多大山，北面是祁连山和昆仑山，南面是喜马拉雅山，东面是横断山脉，西面是喀喇昆仑山。这些山脉的海拔大多在6000米以上，其中喜马拉雅山的部分山峰达到8000米以上。青藏高原内部由于山脉纵横交错而被分隔成许多盆地和宽谷，其中还分布着许多湖泊，如纳木错、青海湖等。此外，亚洲许多大河也发源于青藏高原，如黄河、长江、雅鲁藏布江、澜沧江、怒江等。

动植物的乐园

青藏高原的动植物资源十分丰富，因此有“动植物的乐园”之称，藏羚羊、黑颈鹤、雪豹、白唇鹿等动物以及巨柏、喜马拉雅红豆杉、喜马拉雅长叶松、干果榄仁、长叶云杉等植物都在这里繁衍生息。此外，就杜鹃花种类而言，青藏高原在世界上排名第一，因此又被誉为“杜鹃花王国”。

青藏铁路

我国在青藏高原上修建了著名的青藏铁路，它是我国新世纪四大工程之一，也是我国西部大开发战略的重要工程。青藏铁路以青海省西宁市为东部起点，向西沿着青海湖北岸绕行到达锡铁山，再向南抵达位于柴达木盆地里的格尔木，然后继续南行，翻越昆仑山，经过可可西里，翻越风火山、唐古拉山，经过西藏自治区的那曲、当雄，最后进入西藏自治区首府拉萨市，全长 1952 千米。青藏铁路最高点是唐古拉山口，海拔 5072 米。它是世界上最长和海拔最高的高原铁路。

趣味大发现

在世界屋脊青藏高原上，流淌着一条世界上最高的大河——雅鲁藏布江，发源于喜马拉雅山脉北麓的杰马央宗冰川，自西向东奔流在青藏高原南部，流经印度、孟加拉国后注入印度洋，全长 2900 千米（中国境内 2057 千米）。

最大的平原

亚马孙平原位于南美洲北部，整体呈西宽东窄的特点，是世界上面积最大的河流冲积平原，其境内流经的亚马孙河是世界上流域面积最广、流量最大的河流。亚马孙平原海拔较低，地势平坦，大部分地区的海拔不超过 150 米，因此又被称为“亚马孙低地”。

亚马孙平原

亚马孙平原是世界上最大的平原，其面积约 560 万平方千米。亚马孙平原北部为圭亚那高原，南部为巴西高原，两高原之间广阔的亚马孙平原占巴西国土面积的

1/3 以上。亚马孙平原地区的河流拥有丰富的淡水，世界上 20 条大河中的 10 条就分布在亚马孙平原上，其中以亚马孙河最为著名。

亚马孙平原的形成

亚马孙平原最初是一大片海洋，经过漫长的泥沙淤积，才逐渐形成现在的广阔平原。在这一过程中，发源于安第斯山脉的亚马孙河功不可没，它流经圭亚那高原

和巴西高原，把大量泥沙等物质带到这里，经过长时间的淤积，终于形成了亚马孙平原。

“地球之肺”

亚马孙平原有着世界上发育最典型、面积最大的热带雨林——亚马孙雨林。亚马孙雨林被誉为“地球之肺”，其面积在全球热带林木面积中的占比超过60%，在净化地球大气、促进地球大气循环、维持地球生态平衡等方面发挥着不可替代的作用。

亚马孙雨林有着丰富的植物资源，树木种类繁多，目前已发现的乔木种类就多达4000种左右，其中约1/3是特有种类。在这些乔木中，品质较好的树种有桃金娘

科、夹竹桃科、芸香科、棕榈科、樟科等。此外，亚马孙雨林还盛产多种经济林木，如红木、乌木、橡胶树等。

遗憾的是，近年来亚马孙雨林遭到不法商人的持续滥伐，面积不断缩小，亚马孙雨林正在经历前所未有的巨大危机，保护亚马孙雨林已经刻不容缓。

趣味大发现

亚马孙雨林中生活着许多奇奇怪怪的生物，例如一些外形独特的昆虫、凶恶残忍的食人鲳鱼，还有许多尚未被命名的神奇动物，它们为幽深的亚马孙雨林带来了一丝神秘的色彩。

最大的沙漠

撒哈拉沙漠位于非洲北部，它的面积约占非洲大陆的 1/3，是世界上面积最大的沙漠，有着“死亡之海”的称号。置身其中，我们可以欣赏到由一粒粒明亮的沙子所构成的广阔无垠的金色波浪，这种独特的沙漠环境为我们展现了大自然的神奇与壮美。

大荒漠

“撒哈拉”一词在阿拉伯语中的意思是“大荒漠”，撒哈拉沙漠也确实配得上这个名字。它横亘非洲大陆北部，东至红海之滨，西至大西洋海岸附近，南至北纬 14° 线（250 毫米等雨量线），北至北纬 35° 线（阿特拉

斯山脉和地中海以南），总面积约为966万平方千米，世界上没有哪个沙漠的面积能超过它。

不少人以为撒哈拉沙漠完全是一片黄沙漫漫的区域，其实这是一种错误的认识。撒哈拉沙漠的大部分地区是裸露的岩石高原、砾石平原、山地和盐滩，沙子所覆盖的地方只占1/5左右。撒哈拉沙漠跨越许多国家，如埃及、苏丹、利比亚、突尼斯、摩洛哥等。

恶劣的环境

撒哈拉沙漠的环境非常恶劣，这里几乎见不到生命存在的痕迹。撒哈拉沙漠降水稀少，荒凉贫瘠，地表大多是岩漠、砾漠和沙漠，没有适合生物生存的良好条件。撒哈拉沙漠中部有许多高山和火山，海拔3415米的库西山是其最高峰，其他大部分地区是盆地。骆驼是人们出行最常用的交通工具之一。20 世纪以来，才陆续建设了公路和航空线。

撒哈拉沙漠以热带沙漠气候为主，全年炎热干燥。大部分地区的年降水量在 50 毫米以下，即使是降水较丰沛的边缘地区，年降水量也不超过 250 毫米。撒哈拉沙漠的年平均气温超过 25℃，7 月份的气温最高，一般超过 35℃，最高能达到 50℃以上。无论是从降水还是气温方面来看，撒哈拉沙漠都无法为人类提供舒适的居住环境。但是天无绝人之路，沙漠中分布着一些绿洲，为人类提供了基本的生活条件。

丰富的矿产资源

20 世纪 50 年代以来，人们在沙漠中陆续发现了丰富